한반도 전쟁 시나리오

일러두기
단행본은 겹낫표(『 』)로, 법령·논문은 홑낫표(「 」)로, 신문·잡지 등 정기 간행물은 겹화살괄호(《 》)로, 기사·보고서는 홑화살괄호(〈 〉)로 표기했다.

제2의 한국 전쟁은 어떻게 일어나는가?

한반도 전쟁 시나리오

최윤식 지음

리더스북

들어가는 글

절대 일어나지 않을
전쟁은 없다

최근 발발한 러시아-우크라이나 전쟁에서 보듯이 국제적 긴장 상황은 언제든지 실제 군사적 충돌로 이어질 수 있다. 그럼에도 요즘 같은 시대에 전쟁이 쉽사리 일어날 리 없다고, 심지어 '절대 일어날 수 없다'고 생각하는 사람들이 많다. 그러나 해외 전문가들은 한반도에서 전쟁이 발발할 가능성이 1950년 이후 가장 높아졌다고 경고한다. 오늘날 국제 사회에서 미국의 억제력이 약화되면서 중국과 러시아가 한반도 문제에 더 적극적으로 개입할 가능성이 커졌는데, 이는 그들의 영향력을 확대하고 미국의 힘을 제한하려는 전략적 계산에 기반한 것이다. 미국의 억제력 약화는 주변국들이 더 대담하게 행동할 수 있는 환경을 조성한다. 이는 한반도의 안전과 직결된 문제다.

그럼에도 불구하고 많은 사람이 "한 세기 안에 전쟁이 가당키나 한가?"라고 말한다. 전쟁 불감증에 빠져 있다. 이런 안일한 태도는 우리가 경계해야 할 큰 위험이다. 전쟁의 위험을 외면한 채 대비하지 않는다면 그 결과는 매우 치명적일 수 있다. 준비가 되어 있지 않은 상태에서 맞이하는 위기는 우리가 통제할 수 없는 방향으로 전개될 수 있기 때문이다.

이 책은 우리가 마주하고 싶지 않지만 반드시 대비해야 할 미래 시나리오를 다룬다. 각 시나리오는 단순한 상상이 아니며 한반도를 둘러싼 현재의 지정학적 상황, 군사적 균형, 북한 내부의 상황, 주요 국가들의 전략적 계산에 근거한 것이다. 특히 북한이 보유한 것으로 추정되는 핵무기와 북한과 러시아의 군사협력 강화는 우리가 무시해서는 안 될 위협이다. 최근 김정은 국무위원장이 남북 관계를 '적대적 관계'로 상정하고, 한국을 '제1 주적'으로 규정하는 등의 강경 발언들도 매우 중요한 위협 요소다.

북한은 계속해서 군사적 역량을 과시하면서 주변 국가들을 압박하고 있다. 그리고 북한과 러시아의 협력 강화는 한반도에서 벌어질 수 있는 전쟁의 양상에 큰 영향을 미칠 수 있으며, 이는 단순한 외교적 움직임을 넘어 실질적인 군사적 협력으로 이어질 가능성이 크다.

더욱 우려되는 부분은 한반도에서 전쟁이 벌어진다면 그 양상이 과거와 완전히 다를 것이라는 점이다. 북한은 이미 러시아-우크라이나 전쟁에 특수부대를 파견해 드론 활용, 도시 게릴라전, 비정규 작전 등 새로운 전술을 학습했다. 저가의 드론이 고가의 탱크를 파괴하는 사례를 통해 이런 전술이 실제 전장에서 매우 효과적이라는 것도 확인했을 것이다. 따라서 미래의 어느 날, 북한이 전쟁을 일으킨다면 인공지능 드론, 사이버전, 전술핵을 활용할 가능성이 매우 크다.

특히 북한이 서해 5도(백령도, 대청도, 소청도, 연평도, 우도)나 무인도에서 전술핵을 사용할 경우 우리의 기존 대응 원칙들은 무력화될 위험이 있다. 전술핵은 빠르고 파괴적이지만 제한적인 피해만을 입히기 때문에 기존의 비례적 대응이나 확전 방지를 위한 억제 전략이 적절하게 작동하지 않을 수 있다. 설상가상으로 서해 5도에서 시작된 국지전이 전면전으로 확대될 수도 있다. 특히 현재 미국의 억제력이 약화된 상황에서 중국과 러시아가 북한을 지원한다면 한반도는 통제 불가능한 전쟁의 소용돌이에 빠져들 것이다.

갈수록 강력해지는 AI 알고리즘도 북한이 노리는 새로운 비대칭 전력이 될 수 있다. 비대칭 전력은 총, 전차, 포 등의 재래식 무기가 아닌 사이버 공격, 핵, 드론, 생화학 무기 등을 활용하는 것을 의미하는데, 대량 살상, 기습 공격, 게릴라전이 주목적이다. 비대칭 전력의 사용은 적은 비용으로 큰 효과를 볼 수 있어 북한으로선 매우 매력적인 선택지다. 북한의 사이버 전력은 세계 4위 수준으로 알려져 있다. 2024년 노벨 물리학상을 받은 제프리 힌턴$^{Geoffrey\ Hinton}$ 토론토대학교 명예교수는 AI 기술의 발전이 사이버 공격과 생물학적 무기의 제조를 더욱 쉽게 만들고 있다고 경고했다.

북한이 AI를 활용한 사이버 공격을 감행한다면 우리 사회와 군대에 심각한 혼란을 초래할 수 있다. 게다가 공격의 배후를 특정하기 어려운 특성 때문에 즉각적인 대응이 어렵다. 사이버 공격은 전통적인 군사적 대응을 무력화하고 특히 배후를 정확히 특정할 수 없다는 점에서 큰 위협이 된다. 사이버 전쟁은 단순히 컴퓨터 시스템을 파괴하는 것을 넘어 금융 시스템, 전력망, 심지어 군사적 지휘 통제 시스템까지 마비시킬 수도 있다.

전쟁은 통상 예상치 못한 방식으로 시작된다. 이 책에서는 지금 우리가 관심 있게 지켜보고 있지 않거나, 전혀 예상하지 못한 방식으로 시작될 수 있는 전쟁의 양상을 살펴보는 데 중점을 두었다. 대표적으로, 대만을 둘러싸고 벌어지는 미중 군사 충돌이 한반도 전쟁으로 이어지는 경우다. 백두산의 폭발이 한반도 전쟁의 도화선이 되는 미래도 있다. 북한이 한국의 핵발전소를 기습적으로 공격하고 대규모 사이버 공격으로 전력망과 금융 시스템을 마비시키면 이에 한국이 군사적 반격을 하면서 전면전이 시작되는 시나리오도 가능하다.

남북한의 군사력만 단순 비교하면 북한은 남한의 경쟁 상대가 되지 않는다. 하지만 비대칭 전력과 중국, 러시아의 지원을 고려하면 힘의 균형은 크게 달라질 수 있다. 2024년 북한과 러시아가 체결한 「포괄적인 전략적동반자 관계에 관한 조약」에는 '자동군사개입' 조항이 포함되어 있어 한반도에서 전쟁이 발발할 경우 러시아가 자동 개입할 법적 근거가 마련되었다.

중국 역시 북한과의 오랜 동맹을 고려할 때 한반도 전쟁에서 방관자로 남기는 어려울 것이다. 중국은 북한과의 동맹 관계뿐만 아니라 자국의 이익을 지키기 위해서라도 한반도 상황에 깊이 개입할 가능성이 크다. 이는 한반도에서의 전쟁이 단순한 지역적 갈등을 넘어 세계 강대국들의 힘겨루기가 될 수 있음을 의미한다.

이 책의 시나리오들이 다소 비관적으로 보일 수 있다. 하지만 이 책의 목적은 공포를 조성하는 것이 아니라 현실을 직시하고 대비하자는 것이다. 현재 북한의 국무위원장인 김정은은 김일성이나 김정일보다 훨씬 위험한 인물이다. 평소에는 실리를 중시하는 합리적인 지도자처럼 보이지만 극한 상황에서는 전쟁도 불사하는 과감한 결단력을 지녔다. 현재 북한의 경제 상황과 민심은 과거보다 훨씬 악화되어 있다. 김정은이 체제 유지를 위해 극단적인 선택을 할 가능성도 배제할 수 없다. 북한 내부의 경제적 어려움은 김정은 정권에 큰 부담이 되고 있으며 이런 상황이 극단적인 군사 행동으로 이어질 수 있다는 점을 주목해야 한다.

  한반도의 평화는 저절로 이뤄지지 않는다. 평화를 유지하기 위해서는 외교적 협력 강화, 군사적 억제력 확보 그리고 국민들의 안보의식 고취와 같은 구체적인 노력이 필요하다. 현실을 냉철하게 인식하고 미래를 체계적으로 대비하며, 평화를 지키려는 확고한 의지를 가져야 평화를 이룰 수 있다. '불가능한 미래는 없다'라는 말은 비관론이 아니라 우리가 생존하기 위해 필요한 현실 인식이다.

  이 책은 총 4개의 장으로 구성되어 있다. 1장 '달라진 정세와 달라지지 않은 전쟁 불감증'에서는 현재 한반도가 직면한 전쟁 위험을 분석한다. 《블룸버그》가 계산한 한반도 전쟁 피해 규모와 북한이 공개한 '3일 전쟁' 시나리오를 상세히 다룬다. 우리의 전쟁불감증이 얼마나 위험한지, 왜 북한이 향후 6~18개월 사이에 극적인 행동에 나설지를 설명한다. 특히 트럼프 2.0 시대의 도래를 비롯해 최근 달라진 국제 정세를 분석하고 김정은이 구사할 수 있는 다양한 속임수를 예측한다. 필자는 도널드 트럼프의 2기 행정부에서도 북한의 비핵화를 성공시키지 못할 것이라고 본다. 오히려 트럼프의 재당선은 한반도에서 전쟁 발발 가능성을 높이는 중요 변수에 가깝다.

  2장 '한반도 전쟁은 어떻게 일어나는가'에서는 세 가지 충격적인 전쟁 발발 시나리오를 제시한다. 특히 주목할 만한 것은 대만해협

사태가 한반도 전쟁으로 이어질 수 있다는 지정학적 시나리오와 백두산 폭발이라는 자연재해가 전쟁의 도화선이 될 수 있다는 과학적 분석이다. 시진핑과 김정은이라는 두 위험 인물의 전략적 계산이 어떻게 한반도를 전쟁의 소용돌이로 몰아갈 수 있는지 상세히 분석한다.

3장 '한반도 전쟁은 어떻게 전개되는가'는 실제 전쟁이 벌어졌을 때의 전개 양상을 다룬다. 북한이 러시아-우크라이나 전쟁에서 배운 새로운 전쟁 수행 방식, AI와 드론을 활용한 비대칭 전력, 하마스식 전략의 업그레이드 버전 등 충격적인 시나리오들을 제시한다. 특히 북한의 핵 시설 공격과 사이버 공격으로 한반도가 혼란의 소용돌이에 빠질 가능성은 진지하게 고민해야 할 미래다.

4장 '불가능한 미래는 없다'에서는 전쟁의 다양한 결말 시나리오를 분석한다. 최근 사례에서 나타나고 있는 현상으로 전쟁의 시작과 끝이 모호한 '이상한 휴전', 북한의 사회주의 집단지도체제로의 전환 등 예상치 못한 결말들을 다룬다.

이 책이 나오기까지 많은 분이 도움을 주셨다. 웅진씽크빅의 대표님과 편집자님, 아시아미래인재연구소 연구원들, 사랑하는 가족들의 지원에 감사드린다. 특히 묵묵히 저를 지지해준 아내와 아들들, 이 책을 집어 든 모든 독자에게 감사의 말을 전한다.

좁게는 이 책이 미래를 대비하는 데 우리가 가져야 할 냉철한 인식과 행동의 지침서가 되기를 희망한다. 넓게는 이 책이 독자들에게 한반도와 세계 권력의 변화를 이해하고 미래를 준비하는 데 도움이 되기를 바란다. 한반도의 평화를 지키기 위한 우리의 노력은 끝이 없으며 다양한 접근과 방법들이 있다. 이 책이 그 여정과 접근에 작은 도움이 되기를 바란다.

'더 나은 미래'를 위해

최윤식

차례

들어가는 글 **절대 일어나지 않을 전쟁은 없다**   4

1장
달라진 정세와 달라지지 않은 전쟁 불감증

18개월 안에 벌어질 수 있는 일   19
임계 미만 전쟁   23
한반도 전쟁 발발 시 피해 규모는 얼마나 될까?   26
북한이 공개한 '3일 전쟁' 시나리오   28
심상치 않은 북한과 힘의 논리가 지배하는 21세기   34
김정은은 김일성보다 위험한 인물이다   38
핵 협상 테이블 그리고 김정은의 거짓말   44
트럼프의 재당선과 한반도 전쟁 발발 가능성   52
트럼프 2.0 시대에도 비핵화는 불가능하다   55
미국은 한반도 전쟁을 막을 힘이 있을까?   59
미래에 대한 대비는 현재의 생각을 뒤집어 보는 것부터 시작된다   66

2장
한반도 전쟁은 어떻게 일어나는가

전쟁이 일어나는 역사적 패턴 세 가지	73
외부 억압 때문에 전쟁을 일으킬 가능성이 낮은 이유	78
전쟁 발발 시나리오 1: 전략적 기회의 틈새에서	83
시진핑과 김정은이 동북아시아의 위험 인물인 이유	105
한국 전쟁의 도화선, 대만 전쟁	110
궁서설묘	120
대만 전쟁이 발발할 경우 한국과 세계의 피해 규모	129
김정은이 전쟁을 일으킬 첫 번째 내부 문제	140
전쟁 발발 시나리오 2: 체제 유지를 위한 도박	147
김정은이 전쟁을 일으킬 두 번째 내부 문제	154
전쟁 발발 시나리오 3: 지옥의 불, 한반도를 삼키다	156
백두산 화산 폭발에 대한 과학적 근거와 실제 사례들	168
한반도에서 전쟁이 벌어지면 미국과 일본은 손해가 아니다	179

3장
한반도 전쟁은 어떻게 전개되는가

북한, 우크라이나에서 미래의 전쟁 방법을 연습하다   185
AI는 북한의 비대칭 전력 무기   190
북한은 업그레이드된 하마스식 전략도 구사 가능하다   199
뜻밖의 시나리오 1: 국지전의 시작, 예고 없는 침투   202
북한의 전술핵 전략이 더해지면 한국의 승리를 장담할 수 없다   216
남북한 전투력 비교   221
북한의 재래식 군사력 열세를 보완해줄 러시아와 중국   228
뜻밖의 시나리오 2: 북한의 핵 시설 공격과 사이버 공격   234
북한이 한국의 핵발전소를 공격하면 어떻게 될까?   245

4장
불가능한 미래는 없다

나를 과신하고 남은 폄하하는 사고의 함정	**251**
전쟁이 일어나면 어떻게 결말이 날까?	**252**
'이상한 휴전' 시나리오	**256**
북한에 반란이 일어난다면: 집단지도체제 모델	**263**
전쟁이 없어도 '뜻밖의 미래'는 일어난다	**272**
나가는 글 **새로운 한반도 미래 시나리오**	**280**
주	**282**

KOREAN WAR

1장

달라진 정세와
달라지지 않은 전쟁 불감증

21세기 현실은 결코 평화 시대가 아니다. 여기저기서 굵직한 전쟁들이 발생하고 있고 미국, 중국, 러시아, 유럽 등이 전쟁에 직간접적으로 발을 들여놓으면서 제3차 세계대전이라는 공멸의 총알이 장전된 아슬아슬한 러시안룰렛 게임이 시작되었다.

18개월 안에
벌어질 수 있는 일

"북한, 6~18개월 사이에 극적인 행동에 나설 가능성이 있다."

이는 필자의 예측이 아니다. 2024년 10월 7일, 미국 싱크탱크 스팀슨센터의 선임연구원 로버트 매닝Robert Manning이 외교 전문 매체 《포린 폴리시》에 기고한 글에 나오는 구절이다.[1] 기고문의 제목은 〈또 다른 한국 전쟁의 위험이 그 어느 때보다 높다The Risk of Another Korean War Is Higher Than Ever〉였다.

그는 "한반도에서 전쟁이라는 최악의 상황이 조만간 발생할 것으로 보이지는 않는다"라고 말문을 열었다. 하지만 최근 북한과 러시아 사이에 긴밀한 군사협력이 확대되고 있으며 김정은 북한 국무위원장이 핵 보유를 선언한 점 그리고 김정일 전 국방위원장 이후 이어져온 '남북한은 한민족이고 통일을 지향해야 한다'는 메시지를 버리고 남북한을 '적대적 두 국가 관계'로 규정하는 등 김정은이 심상치 않은 발언과 행동을 이어온 것을 중대한 사건으로 판단했다.

매닝은 해당 기고문에서 "지난 30년 동안 미 정부 안팎에서 북핵 문제를 다뤄왔지만 한반도는 1950년 이후 그 어느 때보다 더 위험하고 불안정해 보인다"라며 이어서 "(전쟁이) 조만간 일어날 것으론 보이지 않지만 북한이 향후 6~18개월 사이 극적인 행동에 나설 가능성을 키우고 있다"라고 지적했다.

매닝은 한국인 전문가들과 미국국가정보위원회NIC의 기존 분석을 취합해 두 가지 한반도 전쟁 시나리오를 소개했다. 그중 하나는 북한이 한미합동훈련(한미연합훈련)에 반발해 연평도를 포격한 뒤 직접 병력을 상륙시키는 시나리오다. 이럴 경우 한국 정부는 즉각 공군과 해군을 동원해 북한 함정 등을 공격하고 해병대를 연평도에 투입할 것이다. 남북의 재래식 무기 공방이 이어지면 북한이 서해상의 무인도에 전술핵무기를 터뜨릴 수 있다. 매닝은 이 시나리오가 현실화되면 한국 내에서는 상황 관리가 불가능한 혼란이 벌어질 수 있을 것이라고 평가했다.

다른 시나리오는 대만과 한반도에서의 동시 전쟁 발발 가능성이다. NIC 출신의 마커스 갈로스카스Markus Garlauskas가 2023년에 공개한 바 있는 이 시나리오는 중국이 대만을 침공하면 미국이 아시아의 군사력을 해당 지역에 투입하고, 북한이 그 틈을 노려 한국을 공격할 수 있다는 내용이다. 혹은 중국과 북한이 동시에 대만과 한국을 각각 침공할 가능성도 있다. 참고로 한국국방연구원에서는 대만 전쟁이 벌어지면 북한이 핵을 써서 단기간 내에 수도권을 점령하는 상황을 노릴 수 있다는 예상도 내놓았다.[2]

2024년 1월 북한 전문가 로버트 칼린Robert Carlin 미들베리국제연구소 연구원과 시그프리드 헤커Siegfried Hecker 박사도 북한 분석을 전문으로 하는 매체《38 노스》에 기고문 하나를 냈는데 "한반도 상황이 1950년 6월 초반 이후 그 어느 때보다 더 위험하다"고 지적했다. 러시아의 우크라이나 침공, 이스라엘의 거침없는 군사적 행동 등 국제적인 위기 상황을 통제해야 할 미국의 힘이 약해지고 나토NATO에서 각기 다른 목소리들이 나오면서, 북한이 이런 빈틈을 노리고 핵무력을 앞세워 전쟁을 일으킬 수 있다는 것이다.

칼린은 1971년부터 1989년까지 미국중앙정보국CIA 분석관으로 일한 인물이다. 1974년부터 북한 업무를 담당했고 1989년에 국무부로 옮겨 2002년까지 국무부 정보조사국INR 동북아 책임자를 지냈으며 대북특별대사의 수석 고문으로 일했다. 1996년 2월 이후 북한을 30번 방문하고 1990년대 이후 거의 모든 북한과의 대화·협상에 관여하는 등 약 50년 동안 북한을 직접 관찰하고 연구한 미국 최고의 전문가다. 또한 그는 북한의《노동신문》을 미국에서 가장 많이 읽은 사람이기도 하다.

헤커 박사는 플루토늄 과학, 핵무기 정책, 핵 안보 분야에서 세계적으로 인정받는 핵물리학자다. 로버트 오펜하이머Robert Oppenheimer가 연구소 초대 책임자였고 미국 핵무기 개발의 산실인 미국 로스앨러모스 국립연구소의 연구소장을 지냈으며, 2004년부터 2010년까지 일곱 차례에 걸쳐 진행된 북한 영변 핵 시설 조사에도 참여했다. 이들의 주장을 그냥 흘려들을 수 없는 이유다.[3]

NIC도 〈북한: 2030년까지의 핵무기 활용 시나리오〉라는 보고서를 통해 김정은 위원장이 북한의 핵무력이 한국을 압도하고 미국의 개입을 주저하게 만들 것이라고 확신할 경우 더욱 도발적인 자세를 취할 것이라는 우려를 표했다.[4] NIC의 시나리오는 북한이 서해 북방한계선NLL* 주변에서 한미연합훈련을 빌미로 맞대응 차원에서 실사격 훈련을 하는 척하다가 연평도에 병력을 기습 상륙시킨다는 것이다. 2025년 현재 해외 전문가들 사이에서는 한반도에서 전쟁이 발발할 가능성이 1950년 이후 가장 커졌다는 목소리가 계속 나온다. 김정은의 최근 발언과 행동이 중대한 변화를 암시한다는 것이다.

그런 반면에 한국의 국민은 별로 걱정이 없는 듯하다. "21세기 첨단의 시대에 전쟁이 가당키나 한가?", "논리적 비약이 너무 심하다", "지나친 과장이다", "북한은 전쟁을 할 능력이 없다", "김정은에게 전쟁은 곧 자살 행위다" 등 전쟁 불감증과 심리적 우월감에 빠져 있다. 이는 미래를 보지 못하는 매우 위험한 낙관론이다.

낙관론은 다른 측면에서도 나타난다. 2024년 1월 11~15일 사이에 중국 지린성 화룡 지역 내 경제합작구에 위치한 의류업체 15곳에서 북한 노동자 2,500명이 폭동을 일으켰다. 이 과정에서 관리인 한

● 북방한계선은 1953년 8월 30일 설정된 한국과 북한의 서해 및 동해 접경 지점의 한 계선이다. 이는 남한의 함정 및 항공기가 초계활동을 할 수 있는 북방한계를 규정한 것이다.

명이 사망하고 중간관리자 세 명이 중상을 입었다. 북한 내에서 한 교사가 자유민주주의를 지향하는 정당을 창당했다가 적발됐다는 소식,[5] 북한의 MZ 세대들이 남한의 한류에 물들고 있다는 소식도 들린다. 우리는 이런 소식을 들을 때마다 북한 체제에 대한 불신을 굳히고, 곧 북한 정권이 무너져 통일로 나아갈 것이라는 낙관적 생각을 한다. 게다가 탈북한 인사들마다 북한 정권은 무너질 것이며 손쉽게 흡수통일이 이뤄질 것이라고 한다. 그런데 정말로 그럴까?

임계 미만 전쟁

미국은 북한을 핵무기 보유국으로 인정하는 분위기다.[6] 물론 공식적 인정은 앞으로도 영원히 하지 않을 것이다. 국제 사회는 북한의 핵무기 보유량의 정확한 수치도 모른다. 한 언론사는 스톡홀름 국제평화연구소 연례 보고서를 인용해 〈북한 핵탄두 추정 보유량 50기로 늘었다… 90기 조립 가능〉이라는 제목의 기사를 냈다.[7] 또 다른 언론사는 한국국방연구원 연구위원의 자료를 빌려 〈北 핵무기 약 90발 보유… 2030년엔 160여 발 이를 듯〉이라는 기사를 냈다.[8] 아산정책연구원과 미국 싱크탱크 랜드연구소의 공동 보고서에는 한국을 겨냥한 북한의 핵무기는 최소 180기에 이르고 2030년에는 300기까지 보유할 것이라는 전망도 있다.[9]

최근 북한은 러시아-우크라이나 전쟁을 틈타 러시아와 군사적 협력과 교류를 늘렸다. 러시아에 대규모 포탄을 제공하고 군대를 파병하는 등 전쟁에 직접 개입했으며 그 대가로 러시아로부터 미국 본토를 직접 공격할 수 있는 대륙간탄도미사일ICBM 발사체의 핵심 기술을 넘겨받은 듯하다. 머지않은 미래에 북한은 미국 본토를 공격할 힘을 보유할 것이다.

현재 러시아-우크라이나 전쟁은 4년째 이어지는 중이며 2024년 말을 기준으로 해도 죽거나 다친 러시아군이 60만 명이 넘었다.[10] 21세기에도 이런 일은 실제로 일어나고 있다. 국내 한 소설가는 미군의 대응을 부르지 않는 수준의 북한의 군사적 도발 그리고 북한군이 우리 영토 일부를 기습적으로 점령하고 이내 휴전 협상을 제안하는 전략 구사를 '임계 미만under threshold 전쟁'이라고 표현했다.[11]

전문가들은 북한이 노릴 1차 영토는 적게는 백령도를 포함한 서해 5도 중 일부, 많게는 인천이라고 본다. 혹은 6.25 전쟁에서 철의 삼각지대Iron Triangle 중 한 곳으로 꼽힌 강원도 철원군이다. 철원에는 '화살머리고지'가 있고 2018년 9.19 남북군사합의에 따라 북한군 유해 발굴 사업을 위해 비무장지대를 남북으로 관통하는 12미터 폭의 도로가 만들어져 있다.

2023년 말 김정은은 남북 관계가 "두 교전국 관계"라고 선언하고 화살머리고지 인근 비무장지대 내 전술 도로에 지뢰를 매설했다. 이 외에도 남북을 잇는 경의선 도로(2004년 개통), 동해선 도로(2005년 개통)에도 지뢰를 매설했다.[12] 지뢰 매설 위치는 북한만 안다. 유사시 북한은 지뢰를 모두 제거하거나 피해서 폭 12미터인 도로를 타고 내려와 서울을 곧바로 위협할 수 있다.

철원은 6.25 전쟁의 역사에서 10일간의 최대 혈전, 일명 백마고지 전투가 벌어졌던 장소다. 1952년 10월 6일 새벽 중공군이 철원을 향해 대규모 공격을 퍼부었다. 이곳 방어를 맡은 한국군은 제9 보병사단이었다. 원래 백마고지에는 이름이 없었으며 군용 지도에는 고지 구별 숫자(395)만 적혀 있었다.

백마고지는 실시간으로 전투 상황이 언론으로 보도되는 과정에서 기자들이 붙인 별명이다. 이곳은 풀만 있던 민둥산이었는데, 양측의 엄청난 포격(10일 동안 양측에서 총 약 28만 발의 포탄이 집중되었다)으로 흙이 하얗게 드러났다. 멀리서 보면 흰 말이 누워 있는 형상이라고 해서 백마고지라는 이름이 붙여졌다.

전쟁 당시 백마고지를 두고 12차례 고지 쟁탈전이 벌어졌고 일곱 번이나 고지 주봉의 주인이 바뀌었다. 최후에 승리한 쪽은 한국군이었고 제9 보병사단은 3,500여 명의 사상자가 나왔다. 중공군은 무려 1만 4,000여 명 이상의 사상자가 발생했으며 백마고지 전투로 중공군의 제38군 예하 세 개 사단이 와해됐다.

백마고지가 얼마나 중요했으면 양측이 이토록 엄청난 피해를 감수하고 최대 격전을 벌였을까? 한국군의 입장에서는 백마고지를 잃으면 두 가지 상황이 펼쳐진다. 첫째, 철원 평야를 다 내주게 된다. 둘째, 백마고지부터 3번 국도(의정부)와 43번 국도(서울 우측의 퇴계원)로 가는 길이 뻥 뚫린다. 실제로 전쟁 초반에 북한의 주력군은 중부전선으로 남하할 때 이곳을 지키던 국군 제7 보병사단을 무너뜨리고 곧장 서울로 진격했다.

심지어 전후에는 이곳을 향하는 남침용 땅굴도 팠다. 1975년에 발견된 이 땅굴은 총 길이 3.5킬로미터, 남북으로 2.4킬로미터, 군사분계선까지 1.1킬로미터에 이르는 제2 땅굴이다. 이 땅굴을 사용하면 한 시간에 약 3만 명의 병력을 이동시킬 수 있다. 땅굴 내부에는 대규모 병력이 모일 수 있는 광장도 있고 출구는 세 개로 갈라져 있다. 이처럼 철원은 서울을 지키느냐 점령하느냐를 결정하는 중부 전선의 결정적 요충지였다.

한반도 전쟁 발발 시 피해 규모는 얼마나 될까?

2024년 7월 28일 《블룸버그》는 한반도에서 전쟁이 불러올 경제적 타격을 분석했다. 전쟁이 발생하면 한국 경제는 한국의 제조업 생산 기지 절반과 반도체 공장이 대부분 파괴되고 중국, 러시아, 일본으로 가는 해상 교통로가 차단되면서 국내총생산GDP이 37.5퍼센트 감소한다. 중국의 GDP는 5퍼센트 감소하며(한국의 반도체 수출 중단, 해상 운송 차질 등) 미국의 GDP는 2.3퍼센트 줄어든다(반도체 공급 부족, 일시적인 전 세계 공급망 마비 등). 세계경제는 첫해에만 3.9퍼센트인 4조

달러가 증발한다. 이는 러시아-우크라이나 전쟁으로 2022년 한 해에 발생한 전 세계 GDP 피해액의 두 배가 넘는 액수다.

이뿐인가. 한반도에서 수백만 명이 사망하는 인명 피해가 발생한다.[13] 러시아-우크라이나 전쟁의 경우 약 2년 동안 양국에서 사망하거나 다친 사람이 대략 100만 명이다. 우크라이나군은 사망자 8만 명, 부상자는 40만 명이었고, 러시아군은 사망자는 최대 20만 명, 부상자는 40만 명에 이르렀다.[14] 전쟁이 벌어진 우크라이나 영토에서 사망한 민간인도 1만 1,743명이고 부상자는 2만 4,614명에 이르렀다.[15]

우크라이나는 수도에서 멀리 떨어진 쪽에서 전쟁이 치열했다. 반면 한국은 인구 밀집도가 가장 높은 수도권이 북한과 인접해 있다. 전쟁이 발발해서 한국의 제조업 생산기지 절반과 반도체 공장이 대부분 파괴되면 전쟁 이전의 경제 수준으로 회복되는 데 수십 년이 걸릴지도 모른다.

2024년 10월 17일 김정은 위원장은 인민군 제2 군단 지휘부를 방문한 자리에서 서울작전지도를 펼쳐놓고 한국을 "적국", "타국"이라 부르며 "주권을 침해하면 물리력 사용을 불사하겠다"고 말했다. 이틀 전인 10월 15일에는 경의선·동해선 남북 연결 육로도 폭파했다.[16] 그는 그 이유를 "세기를 이어 끈질기게 이어져온 서울과의 악연을 잘라버리고 부질없는 동족 의식과 통일이라는 비현실적인 인식을 깨끗이 털어버린 것이다"라고 밝혔다.[17] 김정은의 이런 발언과 행동이 새롭지 않다고 생각하는가? 그러나 그런 생각 자체가 우리가 전쟁 불감증에 빠져 있음을 보여주는 것이다.

북한이 공개한
'3일 전쟁' 시나리오

2013년 북한은 '3일 전쟁의 시나리오'라는 북한판 작전계획을 공개한 적이 있다. 이 작전계획은 북한 인민군의 특수부대가 남한의 정부기관, 핵심 기간시설, 군의 연대급 이상 지휘부와 주요 시설 등을 선제공격해 우리 군의 지휘 체계를 마비시키는 것으로 시작된다. 그런 다음 (미국의 움직임에 부담을 주기 위해) 전략적으로 미국 대사관을 습격하고 직원들을 인질로 삼는다. 이어 북한군 선봉부대 제1, 2, 5 군단이 '통일대전 신남침로'를 따라 내려오면서 3일 만에 전쟁을 끝낸다는 작전이다. 통일대전 신남침로는 서해 기습상륙로와 중부권의 문산·광덕산 루트로서 수도권을 3면에서 공격할 수 있다(6.25 전쟁 당시 주요 남침로인 서울을 직접 향하는 서부 축선은 한미 전력이 집중돼 있어서 피한다).

이와 같은 북한의 새로운 남침 루트는 그동안 무인정찰기 등으로 수집한 것으로 알려졌다. 북한은 제1, 2, 5 군단을 남한의 전후방에서 총알받이로 사용해 한국군과 주한미군의 화력을 파악한 후 한국의 화력이 집중된 곳에 지대공 단거리 미사일을 쏟아붓고, 미국의 태평양 함대나 본토에서 추가 병력이 파견되기 전에 나머지 군단들이 내려와 남한 전체를 점령해 전쟁을 끝낸다는 시나리오다. 2013년 공개된 북한의 3일 전쟁의 시나리오는 급조된 것이 아니다.

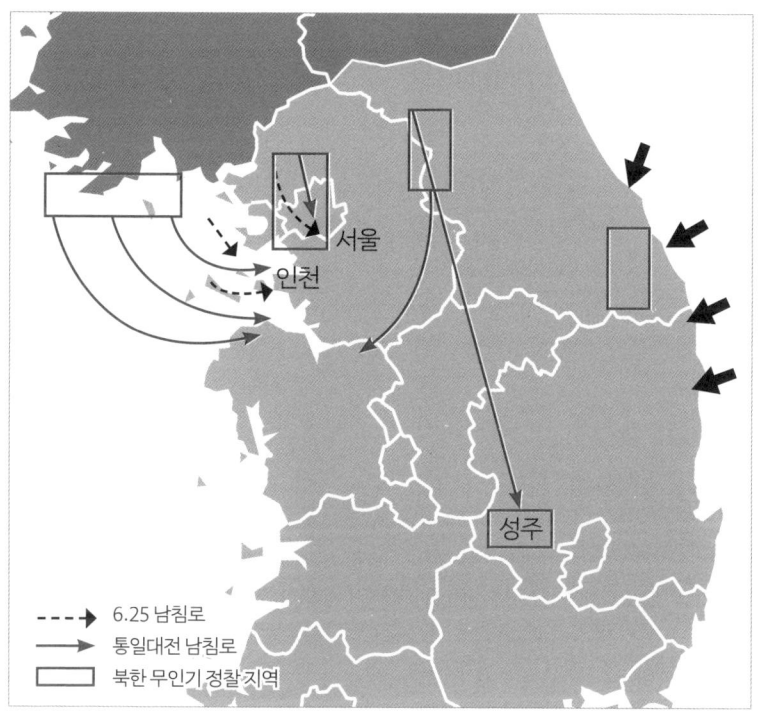

무인기 정찰 지역과 통일대전 신남침로[18]

그전에 나온 '통일대전'이라는 작전계획 역시 비슷한 방식의 속전속결식 남한 점령 시나리오였다. 이 시나리오에서도 북한은 주한미군이 남침을 눈치채지 못하도록 후방의 포병과 기계화부대 등을 사전에 전방으로 배치하지 않는다. 대신 기계화부대를 제1 제대로 고속 돌진 공격을 실시하고, 포병과 미사일을 동원해 5~6시간 동안 중장거리포와 미사일 25만 발을 퍼붓는다. 이중 30퍼센트를 화학탄을 사용해 남한의 공포를 극대화한다.

또한 미국과 일본의 참전을 지연시키기 위해 장거리 미사일도 발사한다. 동시에 10만 명의 특수전부대를 전·후방에 침투 작전을 벌여 남한의 정부기관, 핵심 기간시설, 군의 연대급 이상 지휘부와 주요 시설 등을 타격하고, 전략적으로 미국 대사관을 습격해 직원들을 인질로 삼으면서 전국에 혼란을 일으킨다. 그리고 미국의 태평양 함대나 본토에서 추가 병력이 파견되기 전에 나머지 군단들이 내려와 3~5일 안에 남한 전체를 점령해 전쟁을 끝낸다는 시나리오다. 현재 북한군은 휴전선 100킬로미터 이내(황해도 사리원~강원도 통천 라인 이남)에 병력 70퍼센트(70만 명), 화력 80퍼센트를 전진 배치하고 있다. 과거보다 50킬로미터 정도를 전진 배치한 상태다.[19]

물론 우리 군 당국과 주한미군도 북한의 작전계획을 알고 있다. 그리고 한국 국방부가 말하는 것처럼 북한은 평상시에는 전쟁을 일으키지 못한다. 자살할 결심을 하지 않으면 말이다. 그런데 거꾸로 자살이라도 해야 하는 상황이 발생한다면 어떻게 될까? 그리고 자살을 결심하지 않아도 외부에서 전쟁을 벌여 (자살이라는 위험을 감수하지 않아도) 이익을 얻을 기회가 생긴다면? 그것이 필자가 이 전쟁 시나리오를 생각한 출발점이다.

대체 왜 이렇게까지 생각해야 할까? 간단하다. 누구의 문제도 아닌 바로 우리의 문제이기 때문이다. 북한의 주적은 미국이 아니라 우리다. 북한이 원하는 것은 미국 영토가 아니라 남쪽, 우리 영토다. 그래서 전 세계 그 누구도 이런 생각을 하지 않더라도 우리는 반드시 해야 한다. 하지만 실제 현실은 그 반대다. 우리는 오히려 이런 생각을 왜 하느냐라고 묻고 외국에서는 반대로 생각한다. 이런 상황 자체가 위기다. 도둑이 노리는 곳은 우리 집이지, 옆집이 아니기 때문이다.

한반도 전쟁 가능성을 말할 때마다 등장하는 반론 두 가지가 있다. 하나는 김정은이 전쟁을 일으키는 것은 '자살 행위'라는 주장이다. 다른 하나는 북한이 전쟁을 일으킬 날이 임박했다는 징후는 없다는 '징후 없음' 주장이다. 둘 다 틀린 말은 아니다. 하지만 둘 다 맞는 말도 아니다.

2023년 10월 하마스가 이스라엘을 향해 대규모 공습을 단행하고 이스라엘-하마스의 전면전이 시작되었다. 그때까지만 해도 하마스가 이스라엘과 전쟁을 벌이는 것은 자살 행위라고 모두가 말했다. 전 세계 최고의 정보력을 자랑하는 이스라엘 정보기관도 하마스의 침공 계획에 대한 정보를 접했지만 무시했다. 자살 행위라는 단어에 취해 있었기 때문이다.

그러나 하마스가 바로 그 자살 행위를 선택한 이유가 있다. 크게 세 가지로 요약해서 말하면 첫째는 명분이다. 성사를 눈앞에 두고 있는 이스라엘과 사우디아라비아의 수교 협상을 막기 위해서다. 이슬람 수니파 종주국인 사우디아라비아와 이스라엘의 관계가 정상화되어 '중동 데탕트'가 이뤄지면 시아파인 이란의 입지는 축소된다.•

- 데탕트détente는 '긴장 완화'라는 의미의 프랑스어로, 1970년대 미국과 구소련을 중심으로 한 동서 진영 간의 긴장 완화를 뜻한다. 더 넓게는 적대 관계에 있던 두 진영 또는 국가 사이에 화해의 분위기가 조성되는 상태나 이를 지향하는 정책을 뜻한다.

이란의 지원을 받는 하마스와 이슬라믹 지하드, 레바논의 헤즈볼라 같은 테러 조직 역시 위축된다. 하지만 이 이유는 사우디아라비아가 이스라엘과 협상을 중단함으로써 사라졌다.

둘째, 하마스의 내부 문제다. 16년째 가자지구를 통치하는 하마스는 커져가는 가자지구 주민들의 불만을 무마해야 했다. 팔레스타인 자치정부 대통령 마흐무드 압바스Mahmoud Abbas의 정당은 파타Fatah다. 반면 하마스는 가자지구 팔레스타인의 전체 132석 중에서 72석을 차지하는 거대 야당이다. 이 지역에서 팔레스타인 국민 수천 명이 하마스 깃발을 불태우며 시위를 일으켰고, 때마침 이스라엘도 사법개혁 파동으로 심각한 내부 분열 모습을 보이는 상황을 노렸다.

셋째, 실질적 목적이다. 이스라엘에서 이슬람 3대 성지인 알아크사 사원과 요르단강 서안지구를 지키는 이슬람 수호자 이미지를 부각시켜, 아랍 세계의 지지와 후원을 계속 받으려는 속셈이었다. 이런 이유들로 하마스는 모두가 자살 행위라고 하는 전면전을 '실제로' 일으켰다.

북한 역시 자살 행위라고 볼 수 있는 전쟁의 징후를 끊임없이 보여왔다. 2010년 3월 26일 오후 21시 22분, 북한은 백령도 서남방 2.5킬로미터 해상에서 경계 임무수행 중이던 해군 제2 함대사 소속 천안함을 잠수정의 기습 어뢰공격으로 침몰시켰고 이 사건으로 우리 승조원 46명이 전사했다.

이후 채 1년도 지나지 않아 2010년 11월 23일 오후 2시 30분에는 예상을 뒤집고 6.25 전쟁 이후 한국 영토에 과감한 공격을 단행했다.

한 시간 동안 76.2밀리미터 평사포, 122밀리미터 대구경포, 130밀리미터 대구경포 등 해안포와 곡사포로 170발의 포탄을 연평도에 쏟아부은 것이다. 이 공격으로 해병대원 두 명과 민간인 두 명이 목숨을 잃었으며 18명이 부상을 입었다.

2018년 9월 19일 남북은 서해와 동해에 완충 수역을 설정하고 포 사격을 중단하기로 군사 합의를 했다. 하지만 이런 합의는 남한에만 유효할 뿐 북한에게는 그저 종잇조각에 불과한 것이다. 이를 증명이라도 하듯 2024년 1월 5일 오전 9시 북한은 백령도 북쪽 장산곶 일대와 연평도 북쪽 등산곶 일대 등 서해 NLL 완충 구역에 두 시간 동안 200여 발을 포 사격했다.[20] 우리 군도 북한이 쏜 포탄의 두 배인 400여 발을 NLL 남측 해상을 향해 발사하는 대응을 했지만 이는 후행적 대응에 불과했다.

2023년 11월 우리나라 국가정보원은 김정은 국무위원장이 이스라엘-하마스 전쟁에서 팔레스타인을 포괄적으로 지원하는 방안을 찾으라고 지시한 정황이 있다고 국회 정보위원회에 보고했다. 국정원은 북한이 대전차무기, 방사포탄 등 무기를 파는 것을 포함해 하마스의 기습 공격 성과에서 장사정포의 유용성과 선제 기습 공격의 중요성을 확인하는 등 이스라엘-하마스 전쟁을 다각적으로 활용하려는 의도가 보인다고 했다.[21]

2024년 초 김정은은 '선대의 유훈'인 조국통일 3대 헌장(자주·평화통일·민족대단결)을 헌법에서 삭제하고 한국을 '제1의 적대국', '불변의 주적'이라 규정했다. 그리고 "유사시 핵무력을 포함한 모든 수단과 역량을 동원해 남조선 전 영토를 평정하기 위한 준비에 박차를 가하라. 모든 수단과 역량을 총동원해 대한민국을 완전히 초토화할 것이다"라며 위협의 수위를 높였다.[22]

해외의 북한 전문가나 관료들은 김정은이 언제든지 물리적 군사 행동을 일으킬 가능성이 있다고 경고한다. 2024년 10월 20일 국가정보원은 북한이 러시아-우크라이나 전쟁에 1만~1만 5,000여 명에 이르는 특수부대 병력도 파병할 것으로 예상한다고 보고했다.[23] 전 세계는 북한의 파병으로 제3차 세계대전이 일어날 수도 있다고 초조함을 드러냈지만 한국만 무덤덤한 반응을 보였다. 하지만 모두가 알다시피 이후 북한은 실제로 파병을 단행했다.

심상치 않은 북한과
힘의 논리가 지배하는 21세기

21세기 현실은 결코 평화 시대가 아니다. 여기저기서 굵직한 전쟁들이 발생하고 있고 미국, 중국, 러시아, 유럽 등이 전쟁에 직간접적으로 발을 들여놓으면서 제3차 세계대전이라는 공멸의 총알이 장전된 아슬아슬한 러시안룰렛 게임이 시작되었다. 통일에는 많은 비용이 필요하며 준비되지 않은 통일은 사회적 대혼란을 일으킬 수 있다. 이런 이유로 통일을 반대하는 목소리도 이해가 된다. 하지만 비용이 많이 들기 때문에 통일을 반대하는 목소리와, 북한이 국지전이든 전면전이든 전쟁을 일으키지 않을 것이라는 근거 없는 낙관론은 별개의 문제다. 통일이 싫은 것과 한반도에서 전쟁은 영원히 발발하지 않을 것이라는 생각은 다르다. 이념 논쟁이 소모적이라는 주장과 김정은이 남침 야욕을 버렸다는 주장은 분명 다르다.

2021년 4월 8일 김정은은 당 최말단 책임자를 대상으로 한 세포비서대회에서 "더 간고한 고난의 행군 결심"을 언급했다. 여기서 '더 간고한'이라는 표현은 매우 어렵고 고통스러운 상황, 이전보다 더 극심하고 참기 어려운 고난을 의미한다. '고난의 행군'은 1996~1999년 사이에 일어난 북한 최악의 식량난을 가리키는 말이다. 내부 기강을 잡기 위한 발언이기도 하지만 동시에 북한 경제의 비참한 현실을 상징하는 발언이기도 하다. 북한 경제가 무너지고 민심이 이반하고 있다는 소리를 들으면 우리가 가장 먼저 떠올리는 것은 '통일이 가까워졌나' 하는 생각이다. 하지만 필자는 이런 소리를 들을 때마다 '전쟁이 일어날 가능성이 커진 것은 아닌가?' 하는 우려가 엄습한다.

2023년 말 김정은은 금기시되었던 '두 국가론'*을 입에 올렸다.[24] 내부적으로는 '통일 지우기'에 나서기 시작했으며「정전협정」에 기

● 두 국가론은 한반도를 남북 두 개의 별도 국가로 간주하거나 이를 공식화하려는 태도를 의미한다. 이는 북한이 표면적으로 주장하는 통일론과 상충하며 체제 생존과 국제적 독립성 확보를 위해 남한과 대등한 별도 국가로 행동하려는 면에서 드러난다. 이런 인식은 남북 분단을 고착화하는 태도로 해석될 수 있어 한국에서는 헌법상 통일을 지향하는 원칙과 충돌하며 논란이 된다.

초한 군사분계선을 우선 인정해야 하는 모순을 무릅쓰고 '새로운 국경선 설정' 문제도 흘리기 시작했다. 새로운 남쪽 국경선 설정을 공론화하려면 6.25 전쟁 이후 체결된 「정전협정」에 기초한 군사분계선을 우선 인정해야 하는 모순이 생긴다. 북한은 「정전협정」에 따라 설정된 군사분계선을 공식적으로 인정하지 않으려는 태도를 보여왔다. 협정 체결 당시 북한은 이를 미국과의 협정으로 간주했으며 한국을 협정의 당사자로 인정하지 않았다. 따라서 군사분계선에 대한 공식적인 인정도 회피해왔다.

그러나 2024년 1월 15일 북한 최고인민회의 제14기 제10차 회의에서 김정은은 한반도에 두 개의 국가가 병존한다는 점을 인정하면서 군사분계선을 "남쪽 국경선"이라고 지칭했다. 게다가 2024년 10월 9일 북한은 전쟁 억제와 공화국의 안전 수호를 위한 명분을 들먹이며 남측과의 연결되는 도로와 철도 통로를 완전히 끊고, 군사 담장을 쌓아 남쪽 국경을 영구 봉쇄하는 요새화 작업을 시작했다. 이는 '영구적 영토 분리' 작업의 공식화다. 같은 날 조선인민군 총참모부 명의 보도문에서도 "공화국의 주권 행사 영역과 대한민국 영토를 철저히 분리하기 위한 실질적인 군사적 조치를 취한다는 것을 공포한다"라는 문구를 명기했다.[25]

이런 변화들은 북한이 새로운 전략을 모색 중이라는 미세한 신호다. 양무진 북한대학원대학교 총장의 견해에 따르면 영토 조항과 통일 삭제 등 두 국가론 이슈는 남북 관계뿐 아니라 주변 강국과의 관계에도 큰 영향을 줄 수 있는 것들이다.[26]

이런 상황에서 한국 내에서는 '통일 포기론'이 고개를 들었다. "통일, 하지 맙시다. 그냥 따로 함께 살면서 서로 돕고 존중하고 행복하면 좋지 않을까요?"[27] 낭만적 이야기다. 북한이 말하는 것은 평화적 두 국가, 민족적 두 국가 같은 아름다운 공존이 아니다. 북한은 한국을 '제1 주적'이라 부르고 '적대적이고 교전 중인 두 국가'로 칭하면서 우리 영토를 빼앗아 새로운 국경선을 그어야 한다고 목소리를 높이고 있다.

국제 정세도 급변 중이다. 이제 이념은 중요하지 않으며 힘의 논리만 남은 듯 보인다. 미국은 이미 제국주의 국가다. 그리고 중국은 미국에 도전하는, 동아시아의 떠오르는 제국이다. 러시아는 전쟁을 거듭하면서 제국주의로의 회귀를 향해 달려가고 있다. 전쟁 상황에 북한을 끌어들여 서방을 향해 제3차 세계대전 확전이라는 협박도 서슴지 않고 있다. 일본은 지난 30년 동안 경제가 휘청거렸다. 그 타개책으로 군사 대국을 향해 움직이는 중이다. 미국을 돕는 척하면서 동아시아에서 강력한 제국주의로 회귀해 언제든 재기할 기회를 노리고 있다.

이 상황에서 김정은은 러시아-우크라이나 전쟁에 참전해 단기적으로는 통치 자금과 핵무력 향상에 필요한 외화벌이를 하고, 장기적으로는 ICBM의 최종 완결 기술을 얻으려 한다. 그가 꿈꾸는 ICBM의 최종 완결 기술은 여러 방향으로 뻗어나가는 다탄두 핵미사일 기술이다. 지금 시험 발사를 거듭하는 화성-19형은 그 생김새로 볼 때 다탄두미사일일 가능성이 크다.[28]

김정은은 김일성보다
위험한 인물이다

필자는 도널드 트럼프 행정부 1기가 들어설 때 김정은의 성격과 행동 방식, 통치 스타일 분석 내용을 발표한 적이 있다. 당시 필자는 김정은을 젊은 지도자라고 만만하게 생각해서는 안 된다고 봤다. 독재 정권 체제 아래 아홉 살 때부터 국가 통치 수업을 받은 인물이기 때문이다.

아버지 김정일은 강한 의지력과 치밀함을 지닌 인물이었다. 독한 술을 좋아하고 거의 매일 파티를 즐겼지만 일정 기간 술을 마시지 않겠다고 선언하면 몇 달 동안 단 한 방울도 입에 대지 않았다. 또한 자신이 즐겨 입은 카키색 군복 점퍼를 직접 디자인할 정도로 모든 일에 철저했다.[29] 이런 아버지를 닮은 김정은은 승부욕이 강하고 매사에 의심이 많고 치밀하다.

어린 시절 김정은의 최측근으로 불렸던 초밥 요리사 후지모토 겐지藤本健二(북한 이름은 박철)가 밝힌 김정은에 대한 유명한 일화가 몇 개 있다.[30] 1990년 1월 중순 후지모토는 김정일의 연회에서 생선 초밥을 만들라는 명을 받고 황해남도 신천 초대소 식당에 불려갔다. 식당의 로비 겸 오락실에서 김정은을 처음 봤는데[31] 인상이 아주 강렬했다고 했다. 당시 겨우 일곱 살이었던 김정은은 좌우로 정렬한 최고 간부들과 차례로 악수를 하던 중, 마흔 살이었던 후지모토가 내민 손을 잡지 않고 매서운 눈빛으로 험악하게 노려봤다. 어린 나이에도 김정은은 후지모토가 한국을 식민지화했던 일본 제국 출신임을 알았기 때문이었다. 순간 짧은 정적이 흘렀다. 김정일이 후지모토를 직접 소개하고 나서야 김정은은 손을 내밀어 그의 악수를 받아주었다고 한다.32

후지모토의 회고록에 따르면 아버지 김정일은 코냑과 영화에 탐닉했다. 모든 초대소에 영화관이 있는 이유다. 모든 외국 영화를 주인공의 목소리와 흡사한 성우가 북한말로 더빙해 상영했고, 덕분에 김정은도 영화를 좋아하게 되었다.33

어렸을 적에는 여느 아이처럼 김정은도 '슈퍼마리오'나 '테트리스' 같은 게임을 즐겨 했다. 또한 김정철이 음악을 좋아한 반면 김정은은 그림 그리기를 좋아했고 감수성이 풍부했다. 그리고 자동차 운전과 오토바이, 비행기 조종도 즐겼다. 그는 운동 신경이 좋은 만능 스포츠맨으로 농구를 가장 즐겼고 롤러스케이트, 볼링, 스키, 스노보드, 수영, 요트, 제트스키 등 못하는 운동이 없을 정도였다.

김정은이 스포츠를 좋아하는 것은 리더십에도 영향을 미쳤다. 그는 10대 중반부터 운동을 할 때면 자신이 선두에 서고, 시합이 끝나면 반성하는 시간을 갖고 선수들에게 어디가 잘못되었는지를 일일이 지적하고 무섭게 꾸짖었다. 잘한 선수는 콕 집어 "아까 그 패스는 아주 좋았어"라고 구체적으로 말하며 칭찬했다. 상벌은 분명히, 한 일은 반드시 평가를 해서 구체적으로 잘한 것과 부족한 것을 찾아 개선하게 한 것이다. 이처럼 그는 어릴 적부터 화를 낼 때와 상을 줄

때 나름대로 철저한 계산을 통해 사람을 다루는 재주가 있었다.[34]

아버지 김정일은 독한 술을 즐겼기에 심장과 간이 안 좋았고 결국 뇌졸중으로 쓰러졌다.[35] 김정일의 부인 고영희도 뇌졸중으로 쓰러졌다. 뇌졸중을 일으키는 심혈관계 질환은 김일성부터 내려온 김씨 일가의 병력이다. 김정은은 아버지 김정일의 체형과 성격을 닮고, 김정철은 어머니 고영희를 많이 닮았다.[36]

술과 담배를 좋아하고 비만과 스트레스 문제가 큰 김정은도 결국 뇌신경질환이나 간질환이 건강상의 문제가 될 가능성이 있다. 실제로 이미 그는 심장 수술을 받았고 초고도 비만으로 각종 성인병에 시달리고 있다. 이 말은 그 자신도 장수할 팔자는 아니라는 걸 잘 안다는 것이다.

후지모토의 회고록을 보면 김정일이 김정남과 김정철을 놔두고 김정은을 후계자로 낙점한 이유 중 하나를 밝힌 내용이 있다. 김정은은 두 형과는 달리 어려서부터 사회에 대한 관심이 많았다. 그는 10대 중반부터 외국을 경험하면서 북한 사회에 큰 관심을 가졌다. 2000년 8월 원산에서 평양으로 가는 전용열차에서 그는 후지모토와 함께 다섯 시간 동안 공업 기술, 지하 자원, 전력 문제, 물자 부족, 중국의 개혁개방 정책,* 북한의 미래 등 국가 현황에 대한 폭넓은 이야

- 개혁개방 정책은 1978년 중국의 덩샤오핑이 주도한 경제 및 사회 정책으로 중국 경제를 계획경제에서 시장경제로 전환하고 세계경제와 통합시키는 중요한 전환점이었다. 개혁개방은 중국 현대사의 분수령으로 평가되며 오늘날 중국의 경제적 성공과 국제적 위상의 기초를 마련했다.

기를 나눴다고 한다. 그때 그의 나이 겨우 17세였다.[37] 다음은 필자가 정리한 김정은의 핵심 특성들이다.

첫째, 김정은은 젊어서부터 조직 관리력이 뛰어나고 권력 획득과 유지 능력이 좋았다. 조직 내외부 파악이 빠르고 상황의 핵심을 간파하는 데 동물적 감각을 지녔다. 사교적이지만 끊임없이 충성심을 요구하고 점검하며, 능력·효율·성과에 가치를 두고 상과 벌을 분명히 한다. 또한 직접적이고 과감한 언행으로 상대에게 위압감을 주고, 질서와 규칙을 세워 팀을 효율적으로 관리한다.

둘째, 김정은은 할아버지와 아버지보다 더 뛰어난 사업가 기질이 있다. 김정은의 사업가 기질은 평상시와 위기 상황 그리고 일반적인 기질 세 가지 형태로 살펴볼 수 있다. 먼저 평상시에 그는 극단적 결과를 피하고 우월 전략을 기반으로 최선의 이익을 찾는 실용주의자다. 사업적 이익을 극대화하기 위해 확고한 사실에 근거해서 판단을 하며 실제적 이익을 중요하게 여긴다. 이를 위해 포기를 모르고 구체적 성과를 하나씩 만들어가며, 거대한 최종 목표를 향해 저돌적으로 밀고 나가는 과업지향적 일 중독자로 살아간다. 이익의 극대화를 위해서라면 상대를 속이는 전략적 수완도 발휘하며 경쟁 구도와 룰을 자기 주도하에 두기 위한 변화를 두려워하지 않는다.

그리고 위기 상황에서는 상황 전환을 과감하게 하는 승부사로 변신한다. 상황 파악 능력이 빠르고 상대가 무슨 카드를 낼 것인가를 탐색하는 동물적 감각도 뛰어나다. 그래서 선택과 결정에 혼란과 어려움을 상대적으로 덜 느낀다. 이번에 러시아-우크라이나 전쟁에 과감하게 북한 군대를 파견한 것도 이런 승부사적 기질이 만들어낸 행동이다.

　마지막으로 그는 언제나 모든 상황을 자기가 통제하고 최종 결정권을 가지려고 한다. 지위상 남의 말을 잘 듣지 않으며 다른 사람이 무엇을 생각하고 느끼는지 충분한 배려나 숙고 없이 속단하는 경향이 있다. 또한 과도한 자신감에 자신이 잘 알지 못하는 낯선 분야에서 잘못된 결정을 내릴 수 있고, 자신의 제안이 거절을 당했을 때 참지 못하고 지나치게 예민하게 반응한다. 그래서 스트레스가 크다. 스트레스 상황에 놓일 때는 외로움을 크게 느끼고 자신이 느끼는 절망을 잘 표현하지 못하기 때문에 심장병, 만성병, 직업상의 정신쇠약, 감정적 고갈 등에 시달리기 쉽다.

　필자가 한반도 전쟁 가능성을 우려하는 이유는 두 가지다. 하나는 북한의 경제 상황과 민심이 김일성, 김정일 시대보다 나쁘기 때문이다. 다른 하나는 위와 같은 김정은의 기질 때문이다. 김정은은 할아버지나 아버지보다 사업가적 기질이 강하다. 그래서 평상시에는 전쟁을 일으킬 생각을 하지 않을 정도로 합리적이고 계산적이다. 하지만 극단적인 상황에 몰리면 이런 기질이 문제가 된다. 최악의 상황에 몰리더라도 그는 자살을 선택하거나 정권을 포기하고 망명을 길을 택하지 않을 것이다. 그보다는 국지적 충돌 혹은 전면적 전쟁으로 과감하게 상황 전환을 꾀하는 승부사 기질을 보일 가능성이 크다.

　한편 후지모토가 장성택에 대해 회고한 내용이 있었다. 김정은의 고모부 장성택은 술은 좋아했지만 담배는 피우지 않았다. 신중하게 행동하는 성격이었다고 한다. 김정일이 크게 화를 내더라도 자기 의견을 주장하는 대쪽같은 성격을 가졌다. 그렇다 보니 당연히 김정일과 대립하는 경우가 많았다. 김정일은 분을 이기지 못해 장성택을 향해 주위 물건을 집어 던질 때도 많았다고 한다. 그때마다 부인 고영희나 여동생 김경희가 말려서 큰 화를 몇 번이나 면했다.[38] 아마도 장성택은 어린 조카 김정은에게도 자기 의견을 주장하면서 비슷한 행동과 태도를 취했을 가능성이 크다.

장성택은 결정적인 순간에 과감하지 못한 온순한 성격의 소유자였다. 그것이 단점이었다. 김정은은 때를 기다렸고, 고모 김경희가 와병 중에 있는 시기를 틈타 치밀하고 과감하게 장성택을 숙청했다. 아버지 김정일도 숙청하지 못했던 고모부 장성택을 말이다. 그리고 이복형인 김정남도 과감하게 숙청해버렸다.

그가 형 김정철을 죽이지 않은 데도 이유가 있다. 후지모토에 따르면 김정은이 아홉 살 때 '오델로' 게임을 하고 있을 때 옆에서 있던 정철이 "이렇게 해봐"라고 말하는 대로 따라 하다가 잘되지 않자 형의 얼굴에 구슬을 던져버렸다. 김정은의 과격한 성격에 놀란 후지모토는 이런 일을 당하고도 화내지 않고 서 있는 정철의 온순한 성격에 또 한번 놀랐다고 한다.[39]

김정철은 성격이 온순하고 나서기를 꺼리며 자기 의견을 내세우는 일이 별로 없는 것이 어머니를 꼭 닮았다. 김정일의 제1 비서 역할을 했던 고영희는 매사에 신중하고 말참견을 하지 않았으며 부하에게 고압적 태도를 취하지 않았다. 이런 어머니의 성격과 태도를 닮았고 한 어머니 뱃속에서 태어난 핏줄이었기 때문에 김정은은 앞으로도 김정철은 계속 살려둘 가능성이 크다.

    그럼에도 불구하고 김정은은 매우 잔인하다. 동시에 포기를 모른다. 앞서 그의 사업가적 기질에서도 살펴봤지만, 그는 통치 스타일이나 지위상 남의 말을 잘 듣지 않으며 최악의 상황에서도 과도한 자신감을 갖는다. 이런 성향 때문에 더 이상 물러설 수 없는 궁지에 몰리면 자신이 잘 알지 못하는 낯선 분야, 심지어 그것이 전쟁일지라도 잘못된 결정을 신속하게 내릴 인물이다. 그래서 필자의 최종 결론은 이렇다. "김정은은 실제 전쟁을 일으킨 김일성보다 더 위험한 인물로 돌변할 가능성이 큰 인물이다. 최악의 궁지에 몰리면 전쟁이라도 불사할 인물이다."

핵 협상 테이블
그리고 김정은의 거짓말

김정은의 성격과 통치 스타일을 기반으로 트럼프 2기 행정부 기간에 북핵 미사일 이슈와 관련해 그가 보일 행동을 예측해보자. 앞서 살펴봤듯이 다방면에 식견을 갖추고 있고 치밀한 태도를 지닌 성향으로 미루어봤을 때 김정은은 국제 사회의 움직임을 주시하고 철저하게 계산을 하면서 북한의 미래를 생각하고 있을 것이 분명하다.

평소에 김정은은 핵무기를 전쟁을 일으키는 데 사용하지 않을 것이다. 하지만 그렇다고 핵무기를 과시용 혹은 자기 보호용으로만 사용하지도 않을 것이다. 그는 핵미사일 강국의 지위를 가지고 어떤 협상을 펼치고 얼마나 많은 것을 얻어내 북한의 미래를 안정시킬지 생각할 것이다. 사람을 다루는 기술이 좋고 아버지보다 더 과감히 행동할 수 있는 그이기에 협상 테이블에서도 어떻게 우위를 차지할 수 있을지 알 것이다.

따라서 김정은은 트럼프 2기 행정부에서도 드라마틱한 핵군축 협상용 쇼에 과감하게 자신을 던져 통치체제 안정성과 북한 경제 발전에 도움이 되는 길을 모색할 것이다. 외국 자본 유치, 차관 협력, 기술자와 노동자 파견을 통한 외화벌이 확대, 안정적 에너지 수입·수출, 정상적 수입과 경제 협력을 통한 물자 개선, 장마당을 중심으로 하는 내부 시장경제 규모의 개선 모색 등 여러 움직임을 보일 것이다. 그럼에도 불구하고 핵 포기는 없다. 핵 포기를 말해도 진심이 아니며 모두 속임수다.

김정은과 강경 군부 세력은 무아마르 카다피$^{Muammar\ Gaddafi}$ 정권이 핵을 포기한 이후 리비아가 몰락한 역사를 잊지 않고 있다.[40] 러시아-우크라이나 전쟁에서 푸틴이 보유한 핵무기 때문에 미국과 유럽이 섣불리 움직이지 못하는 것도 똑똑히 보고 있다. 핵이 없어지면 정권이 붕괴되고 체제도 무너진다는 신념은 절대 약해지지 않았으며 오히려 더 굳건해졌을 것이다. 트럼프 2기 행정부와 벌일 북미 핵협상에서도 체제 보장과 정권 안보의 확실한 대체 수단이 보장되지 않는 한 핵 포기는 절대 없을 것이다. 그동안 이뤄진 수많은 회담과 제재가 비핵화 조짐을 만들어내지 못한 것도 북한이 핵을 포기할 만한 조건이 아니었기 때문이다.

필자는 트럼프 2기 행정부도 북한이 원하는 것을 줄 가능성은 매우 낮다고 평가한다. 트럼프는 1기 행정부 시절에도 미국에 직접적으로 위협이 되는 ICBM의 위협을 제거하고 그에 합당한 당근을 주는 식의 '스몰 딜small deal'을 꾸준히 반복해서 언급했었다. 그러나 안타깝게도 김정은은 "완전하고 검증 가능하며 불가역적인 비핵화 CVID"에 관심이 없다.•

2024년 11월 16일(트럼프 당선 확정 이후) 김정은은 조선인민군 제4차 대대장·대대정치지도원 대회 연설에서 "핵무력 강화노선은 불가역적"이라고 강조했다.[41] 트럼프 2기 행정부도 CVID에 합당한 김정은 체제 보장과 정권 안보의 확실한 대체 수단을 보장해줄 수 없다. 그러면 결과는 단 하나다. 서로 속이는 게임뿐이다.

북핵 위기가 오래된 만큼 북한이 미국과 한국 그리고 전 세계를 속인 역사도 오래되었다. 1985년 김일성 주석이 살아 있을 때다. 미국은 북한의 영변 원자로 건설과 가동을 감시하기 시작했고 그 방법은 인공위성이었다. 1991년 9월 김일성은 유엔UN에 가입했다. 목적은 두 가지였다. 미국·일본과의 관계 개선과 국제적으로 안전보장을

• CVID는 'Complete, Verifiable, Irreversible Dismantlement'의 약자로 '완전하고 검증 가능하며 돌이킬 수 없는 비핵화'를 의미한다. 조지 W. 부시 행정부에서 정의한 비핵화 개념이다.

확보하려는 목적이었다. 그해 12월 김일성은 남북간 총리급 회담을 개최하고「화해와 협력 및 불가침에 관한 기본합의서」를 채택했다. 다음 해인 1992년에는 국제원자력기구^{IAEA}의 핵 시설 사찰도 받아들이며 비핵화 혹은 핵 개발 중지 의사를 공표했다.

하지만 모두가 속았다. 김일성은 겉으로는 화해와 협력을 내세우고 핵 사찰을 받아들였지만 뒤에서는 핵 개발에 속도를 내고 있었다. 핵연료에서 추출한 플루토늄을 신고하지 않고 핵폐기물 저장소도 계속 운영했다. 1993년 2월 IAEA는 북한의 핵 시설 특별 사찰을 재요구했다.

1993년 3월 12일 김일성은 IAEA의 핵 시설 특별 사찰을 거부하고「핵확산방지조약」탈퇴를 유엔 안전보장이사회에 통보했다.[42] 본색을 드러낸 것이다. 1993년 3월 21일 유엔 안전보장이사회는 대북 특별 사찰 요청 결의안을 찬성 25, 반대 1, 기권 5표로 통과시켜 북한을 압박했다.[43] 1993년 5월 11일 미국은 유엔 안전보장이사회에서 북한의 핵 개발을 이유로 첫 대북제재 결의안을 통과시켰다. 이듬해 5월에는 영변의 핵 시설 폭격도 심각하게 고려했는데[44] 이것이 1차 북핵 위기였다.

1993년 6월 김일성은 북미 간 핵 개발 문제로 고위급 회담을 재개했지만 합의가 이뤄질 리 없었다. 이듬해 6월에는 지미 카터^{Jimmy Carter} 미국 대통령을 평양으로 초청하는 세기의 쇼를 열어 돌파구 마련을 시도했지만[45] 이 쇼도 1994년 7월 8일 2시에 김일성이 심근경색으로 갑작스럽게 사망하면서 끝나버렸다.

북한의 거짓말과 속임수는 김정일 시대에도 계속되었다. 김정일은 3년상 중에도 핵 개발을 멈추지 않았다. 1995년 말 김정일은 핵 로켓 23기가 완성되었다는 보고를 받았다. 1998년 8월 17일《뉴욕 타임스》는 북한의 영변 핵 개발 의혹을 거론했다. 같은 해 8월 31일 김정일은 인공위성 발사를 명령했다. ICBM 기술 확보를 위한 첫걸음이었다. 북한의 핵 개발이 미국을 겨냥한다는 것이 노골적으로 드러나자 북미 간 군사적 갈등도 고조되었다. 이것이 2차 북핵 위기다.

　　미국은 곧바로 제재의 강도를 높였다. 위기에 몰리자 김정일은 다시 미국과 한국을 비롯해 전 세계를 속이는 쇼를 벌였다. 2000년 5월 29~31일 중국 전격 방문을 시작으로 6월 13일에는 김대중 대통령과 평양에서 정상회담을 했다. 그리고 7월 19일에는 러시아의 푸틴 대통령과 평양에서 회담했으며 10월에는 미국의 매들린 올브라이트Madeleine Albright 국무부 장관을 북한으로 불러들였다. 불과 5개월 사이에 전광석화처럼 해치운 거대한 이벤트였다.

　　거짓말과 세기의 쇼는 김정은 시대에도 이어졌다. 3차 북핵 위기가 벌어지자 김정은은 트럼프와 세기의 회담을 진행하면서 전 세계에 종전, 비핵화, 평화통일 등의 환상을 쏟아냈다. 그러면서 비핵화를 '선대의 유훈'이라 주장했는데 그 모두가 새빨간 거짓말이었다. 그는 할아버지, 아버지 시절보다 더 발전된 속임수를 구사했다. 남북정상회담, 북미정상회담, 시진핑과의 만남, 푸틴 초청, 미국과의 극적 핵군축 회담 등 깜짝 카드를 연달아 내놓았지만 뒤에서는 핵 개발의 속도를 늦추지 않았다.

2018년 김정은은 신년사에서 평창 동계올림픽 참가 의사를 표시하고 한반도 평화를 언급했지만 한 달 만에 ICBM 조립 건물을 완성했다. 이 해 2월에는 앞에서는 북미 대화 가능성을 말하고 뒤에서는 풍계리 핵 실험장을 보수해 언행 불일치를 보였다. 원자로 폐연료봉 인출과 재처리가 가능한 영변 핵 시설도 시험 가동했고 미사일 기술도 한 수준 높였다.

북한의 거짓말과 쇼는 놀랍도록 일관적이었으며 시간이 갈수록 더 교묘해졌다. 2018년 김정은은 신년사에서 평창 올림픽을 계기로 미국과의 대화를 건너뛰고 남한과의 대화 채널 복원을 제안했다. 하지만 실제로 김정은은 남한과의 관계 회복에 전혀 관심이 없었고 미국과의 협상에서 유리한 상황을 형성하는 지렛대로 남한을 이용하려고 했다. 즉 북핵 이슈의 주도권을 트럼프에게서 빼앗아 오려는 치밀한 거짓말이었던 것이다.

당시 일부 전문가들은 김정은이 강력한 대북제재에 몰려 급한 마음에 한국에 먼저 손을 내민 것이라고 해석했지만, 필자는 다르게 생각했다. 김정은은 급하지 않았다. 그는 미국의 대북제재를 얼마든지 견딜 수 있었으며 급한 것은 트럼프였다. 트럼프 2기 행정부 시기에도 마찬가지일 것이다. 김정은은 급하지 않다. 미국의 대북제재는 한계에 도달했으며 뒷문마저 열렸다. 북한은 중국과 러시아로부터 무역 복원과 경제적 지원을 받고 있다.

김정은이 북한의 완전한 비핵화를 말해도 속으면 안 된다. 김정은이 말하는 완전한 비핵화는 북한만의 핵무기 완전 폐기가 아니다.

'조선 반도' 전역의 비핵화다. 2016년 7월 북한은 '정부 대변인 성명'이라는 형식으로 비핵화 5대 조건을 제시한 적이 있다.[46]

1. 남조선에 끌어들인 미국의 핵무기를 공개하라.
2. 남조선에서 핵무기와 기지를 철폐하고 세계 앞에 검증받으라.
3. 미국이 조선 반도에 핵 타격 수단을 다시는 끌어들이지 않겠다는 것을 담보하라.
4. 우리 공화국에 핵을 사용하지 않겠다고 확약하라.
5. 남조선에서 핵 사용권을 쥐고 있는 미군 철수를 선포하라.

이 조항을 보면 북한은 비핵화를 할 생각이 전혀 없다. 만약 트럼프 2기 행정부에서도 북미 핵 협상 목적이 북한의 불가역적 완전한 비핵화라면 100퍼센트 결렬이다. 만에 하나 김정은이 불가역적 비핵화에 진심이라고 하자. 핵 포기를 하는 순간 그는 강경 군부에 배신자로 낙인찍힐 것이다. 김정은은 1989~1991년에 소련을 비롯한 사회주의 국가들이 허무하게 붕괴되고 루마니아 독재자 니콜라에 차우셰스쿠Nicolae Ceaușescu가 처형된 사건을 똑똑히 알고 있다.

또한 27세 육군 대위 시절 쿠테타를 일으켜 권력을 잡아 무려 42년간 리비아를 통치했던 카다피의 몰락도 그는 기억한다. 카다피는 대량살상무기WMD와 핵 개발을 포기하고 미국과 손을 잡았다. 하지만 나토와 서방국가의 지원을 받은 시민군에게 수도 트리폴리를 빼앗기고 도망쳤다. 결국 고향 시르테에서 사살되었으며 벌거벗겨진 채로 길바닥에 끌려 다녔다. 당시 미국의 대통령 버락 오바마는 이란 재제를 풀어주었지만 이후 트럼프가 다시 뒤집었다.

김정은에게 불가역적 비핵화는 자신의 생명을 건 모험이다. 미국과 한국은 그에 합당하게 상상을 초월하는 대가를 지불해야 한다. 그래서 북한의 불가역적이고 완전한 비핵화는 불가능한 일이다.

김정은은 트럼프와 핵군축 협상 테이블에 마주 앉더라도 한국과 미국을 위협할 잠수함발사탄도미사일SLBM, 화성-15형 미사일의 정각 발사 기술, 대기권 재진입 기술, 추가 핵실험(공중 폭파 역량)이나 수소폭탄 기술 개발을 계속할 것이다. 김정은과 북한은 살라미 전술 salami tactic●에 능하다. 겉으로는 통 큰 제안이나 움직임을 보이지만 물밑에서는 계획적이고 잘게 쪼개 움직이며 신중하게 협상에 임하며, 한국을 이용해서 자신에게 유리한 상황을 만들려고 치밀하게 행동한 과거의 사례를 반복할 것이다. 각종 거짓말과 쇼만 난무할 것이 뻔하다.

그럼에도 불구하고 트럼프 2기 행정부 때도 미국은 북한과 협상 테이블을 다시 펼칠까? 당연하다. 김정은과 트럼프가 북미 간 핵 협상을 재개할 이유는 넘친다. 트럼프는 전 세계 언론과 시민의 관심을 한 몸에 받을 수 있다. 최상의 시나리오로 노벨 평화상까지 받을 수 있다. 김정은도 전 세계에 자신의 존재감을 드러낼 수 있다. 경제

● 살라미 전술은 협상 테이블에서 문제를 부분별로 세분하고 쟁점화해 차례로 각각에 대해 원하는 것을 받아냄으로써 점진적으로 이익을 극대화하는 전술을 말한다. '살라미 슬라이스 전략' 또는 '살라미 공격'이라고도 한다.

적 이득도 부가적으로 얻어낼 수 있다. 2012년 2.29 합의 당시 김정은은 핵 동결과 미사일 시험 발사 유예만으로 미국에 인도적 지원으로 24만 톤의 식량 지원을 얻어냈다. 트럼프도 김정은의 속내와 거짓말을 잘 안다. 협상이 재개되는 것만으로도 김정은은 (언론에는 발표되지 않겠지만) 뒤에서 무언가 얻어낼 이득이 생길 것이다.

한편 협상이 재개되어도 이번 역시 한국이 얻을 이익은 별로 없을 것이다. 김정은은 북핵 협상의 운전대를 남한에 넘기는 일도 절대 하지 않을 것이다. 트럼프도 북핵 이슈의 주도권을 직접 쥐기를 원하고 문제 해결의 최종 결정권자가 자신이어야 한다고 생각할 것이다. 그는 힘의 우위를 통해 남을 지배하는 유형이다. 2018~2019년 북미 핵 협상에서도 상대방을 강하고 거칠게 밀어붙인 다음 기다리면서 협상이 유리하게 흘러가도록 했다.

정리하면 김정은이 한국의 역할을 인정하는 척하고 트럼프는 중국에 북핵 문제 해결을 압박해달라고 말하겠지만 이 모든 일은 두 사람의 전략적 행동일 뿐일 것이다.

트럼프의 재당선과
한반도 전쟁 발발 가능성

트럼프와 김정은 둘 다 위험한 지도자다. 그렇기에 이번 트럼프의 재당선은 한반도에서 전쟁 발발 가능성을 높이는 중요 변수가 될 수 있다. 필자가 예상하는 위험이 몇 가지 있는데, 우선 재선에 성공한 트럼프는 중동과 우크라이나에서 전쟁을 종결한 후에 한반도의 비핵화 문제에 관심을 돌릴 것이다. 미국과 북한의 비핵화 협상 재개다(뒤에서 자세히 다루겠지만 트럼프 2.0 시대에도 북한의 비핵화 가능성은 낮을 것이다). 하지만 갈등을 통한 협상 주도 전략을 사용하는 트럼프의 기질과 김정은의 실용적 승부사 기질이 부딪치는 과정에서 위험이 발생할 수 있다.

두 사람의 성향을 살펴보면 트럼프는 갈등을 피하기보다 적극적으로 조성하고 그 갈등을 거래의 지렛대로 활용해 최대 이익을 얻어내는 스타일이다. 김정은 역시 상황을 과감히 뒤집는 승부사 기질과 통제욕이 강하고, 실용적 이익을 위해서는 기존 질서나 방식을 쉽게 바꿀 수 있는 사업가적 성향을 지녔다. 따라서 트럼프와 김정은 모두 자기 손으로 극적인 합의를 이끌어내고 싶을 것이다. 이득이 된다고 판단하면 기존의 틀을 무너뜨리고 파격적인 협상을 성사시킬 수도 있다. 트럼프가 독자적 해법을 제시했을 때 실제로 이득이 될 것 같으면 김정은은 이를 빠르게 수용할 것이다.

하지만 두 사람의 성향상 조금만 이견이 발생해도 곧바로 갈등과 위협이 증폭되고 극단적 대립으로 치달을 수도 있다. 만약 협상이 교착 상태에 빠지거나 이견이 클 경우 김정은은 군사도발이나 미사일 시험 등으로 상황을 뒤집으려 할 가능성이 크다. 하지만 트럼프도 김정은이 극단적 대립으로 국면을 몰아갈 경우 절대로 뒤로 물러서진 않을 것이다. 결국 이는 한반도에서 국지전이 일어날 가능성을 높인다.

트럼프가 줄곧 주장했던 주한미군 문제와 한반도 전력 변화도 한반도에서 전쟁 발발 가능성을 높이는 중요 요인으로 작용할 수 있다. 트럼프는 이전 1기 행정부 시절부터 주한미군 철수와 감축을 언급하며 한국의 방위비 분담 인상을 강하게 요구해왔다. 재선에 성공한 트럼프가 한국 정부를 압박하기 위해 또다시 주한미군 문제와 한반도 전력 변화를 언급하면 김정은은 이를 한반도 주변 정세를 흔드는 기회로 삼으려 할 공산이 크다. 만약 그렇게 된다면 한국의 안보 불안이 커지면서 한반도 긴장 지수는 높아질 것이고, 주한미군의 억지력이 약화되면서 북한이 군사적 위협 수위를 높일 수 있다. 이때 트럼프가 다시 강경책으로 대응한다면 충돌 가능성은 더욱 커진다.

트럼프는 충동적이고 예측 불가능한 모습을 보일 때가 많으며 김정은 역시 단번에 상황을 반전시키는 과감함을 지녔다. 둘 다 내부 권력 유지와 체면을 중요시하기 때문에 일단 충돌이 시작되면 물러서기 어려울 것이다.

어디로 튈지 모르는 트럼프의 성향 때문에 한반도 외부에서 일어나는 사건도 한반도 전쟁의 방아쇠 역할을 할 수 있다. 예를 들면 미중 갈등과 한반도 '완충지대' 이슈가 그렇다. 트럼프가 중국에 대해 강경 정책을 이어갈 경우 북한은 중국의 적극적 지원을 통해 한반도 내에서 미국을 압박할 수 있다(중국 역시 한반도에서의 영향력 유지를 위해 북한을 지원하거나 활용할 것이다). 이런 김정은의 속셈 때문에 한반도가 미중 갈등의 전면 무대가 되면 북한의 도발에 대한 미국의 군사적 대응이 발생할 수 있고, 이를 빌미로 중국이 한반도 정세에 개입하는 등 복합적 긴장 요인이 증가한다. 결국 미국과 중국이 자존심과 전략적 이익을 위해 서로 대립한다면 한반도에서는 국지전 이상의 충돌이 발생할 수 있다.

많은 사람이 트럼프의 재당선이 미칠 영향에 대해 무역 전쟁에만 초점을 맞춰 설명한다. 하지만 필자는 트럼프의 재당선이 한반도의 전쟁 발발 가능성에도 지대한 영향을 미칠 수 있다고 예측한다. 트럼프의 '갈등을 통한 거래' 스타일과 김정은의 '실용적 승부사' 기질이 서로의 이익을 공유하는 국면에선 일시적 긴장 완화와 파격적인 협상 성과를 낼 가능성도 있지만, 오판이나 자존심 싸움이 겹치면 한순간에 군사적 충돌로 번질 위험이 크다.

트럼프 2.0 시대에도 비핵화는 불가능하다

2023년 4월 『트럼프에게 보낸 편지들 Letters to Trump』이라는 책이 출간되었다. 이 책에는 "선거(2020년 미국 대선)가 조작되지 않았다면 우리는 의심할 여지 없이 김정은과 그의 핵무기와 관련한 합의deal를 했을 것이다"라는 내용이 나온다.

2024년 7월 트럼프는 밀워키에서 열린 공화당 전당대회에서 대선 후보 수락 연설을 하면서 다음과 같은 공약을 말했다. "많은 핵무기를 가지고 있는 누군가와 잘 지내는 것은 좋은 일이다. … 우리가 재집권하면 나는 그(김정은)와 잘 지낼 것이다." 전문가들은 이 말이 북미 대화를 대선 공약 수준으로 격상한 것이라고 평가했다. 어떤 모양새든 간에 트럼프 2기 행정부에서도 북미간 '비핵화 협상' 테이블은 차려질 것이다.[47]

실제로 2024년 12월 14일에 트럼프가 북한 문제를 담당할 대통령 특사로 측근인 리처드 그리넬Richard Grenell을 임명했다는 소식이 들려왔다. 그는 트럼프와 김정은의 대화를 긍정적으로 평가하는 인물로, 북미 간 '대화 지지파'로 여겨진다. 이와 같은 행보 때문에 트럼프의 새 행정부에서 미북 정상 간 대화가 재개될 수 있다는 전망도 나온다.[48]

여기서 이호령 한국국방연구원 안보전략센터장의 말을 다시 곱씹어볼 필요가 있다. 그는 트럼프 행정부 2기의 대북 정책과 관련해 세 가지의 착시 현상이 있다고 말한다. 첫 번째는 트럼프와 김정은의 친분이 대북 정책의 돌파구를 만들어낼 것이라는 전망이다. 두 번째는 트럼프 행정부 2기에서는 대북제재 강화가 아닌 완화를 택할 수 있다는 예측이다. 세 번째는 미국이 북한의 완전한 비핵화보다는 핵 군비 통제를 선택한다는 것이다.

하지만 이호령 센터장은 트럼프 1기 때 그랬듯 북한이 핵무력 강화 노선이 협상의 대상이 될 수 없다는 점을 분명히 하고 있는 점, 지금의 북한은 러시아와의 협력을 통해 대북제재 해제 효과를 누리고 있는 점, 북한은 비핵화 협상 시기뿐만 아니라 비핵화 합의 이후에도 핵 개발 중단은커녕 오히려 고도화해온 점을 들어 섣부른 전망을 경계해야 한다고 지적한다.[49]

필자가 예상하는 기본 시나리오도 비슷하다. 아니, 분명하게 말할 수 있다. 트럼프 2.0 시대에도 북한의 비핵화는 불가능하다. 이유는 두 가지다.

첫째, 김정은은 할아버지 김일성과 아버지 김정일보다 핵과 ICBM을 진지하게 생각한다. 김일성은 핵 개발을 시작했다. 1962년 10월 경제와 무력을 함께 건설한다는 이른바 '경제·국방 병진노선'을 주창하기 시작했고[50] 예산의 3분의 1을 핵무력 확장에 투입했다. 그리고 김정일은 북한 최초로 핵실험을 단행했다. 김정은은 2013년 3월 31일 열린 당중앙위원회 전원회의와 4월 1일 최고인민회의 제12기 제7차 회의에서 '핵·경제 병진노선'이 김일성과 김정일이 추진했던 '경제·국방 병진노선'의 빛나는 계승이라고 공표했다. 「우주개발법」, '자위적 핵보유국의 지위'에 대한 내용도 법제화해 핵 개발과 핵 보유 의지를 만방에 선언했다.[51]

그 후 김정은은 핵실험을 일상화했다. 우주개발국, 원자력공업성을 신설하고 핵을 실어 한반도와 일본, 미국 본토로 날려 보낼 수 있는 미사일의 고도화 및 장거리화에 전념했다. 2016년 5월에 열린 노동당 제7차 당대회에서 당 규약 개정안에 '경제건설 및 핵무력건설 병진노선'을 명시했다. 김정은이 2023년 말에 '남한 영토평정', '한국은 제1 주적', '적대적이고 교전 중인 두 국가'라고 선언하는 등 위협을 가하는 것도 핵무력이라는 믿는 구석이 있기 때문이다.

둘째, 김정은의 내부 최대 위협은 북한 인민이 아니다. 강경 군부다. 김일성은 북한에서 주민, 당, 군대, 행정부에서 높은 평가를 받고 위대한 지도자로 추앙받았다. 지금도 김일성을 부정하거나 반대하는 사람은 별로 없다. 김일성은 공산당을 통치의 중심에 둔 정치를 했다. 손자 김정은이 할아버지의 '선당정치先黨政治'를 물려받은 이유다. 김정일 국방위원장은 군을 앞세운 '선군정치先軍政治'를 펼쳤는데 특히 빨치산주의를 강조했다. 프랑스어 '파르티잔partisan'의 발음이 변형된 빨치산은 유격전을 수행하는 비정규군 요원을 지칭한다. 본래 파르티잔은 당원·동지·당파를 뜻하는 '파르티parti'에서 비롯된 말로 정치적 수사였다. 근대에 와서는 에스파냐어 '게릴라guerrilla'와 거의 같은 표현의 군사 용어로 바뀌었다.

그러면 김정일은 왜 선당정치에서 선군정치로 기조를 전환했을까? 이는 시대적 상황과 맞물린다. 김정일 집권 시기에는 1991년 소련이 해체되었고 동구권에 체제 전환이 일어났다. 이에 김정일은 큰 위협을 느꼈고, 내부에서 권력을 유지하려면 군부 장악이 급선무였다. 그래서 선군정치를 펼치면서 특히 역사적 의미가 큰 항일 빨치산을 정체성의 중심에 두었다.

반면 김정은은 아버지 시절 거대해진 군부가 자신의 권력에 방해가 되었다. 김정은은 군부를 약화시키기 위해 공산당을 키워 견제를 시도했다. 더불어 약해진 통치 리더십을 강화하기 위해 할아버지 김금의 북한은 러시아와의 협력을 통해 대북제재 해제 효과를 누리고 있는 점, 북한은 비핵화 협상 시기뿐만 아니라 비핵화 합의 이후에도 핵 개발 중단은커녕 오히려 고도화해온 점을 들어 섣부른 전망을 경계해야 한다고 지적한다.[49]

필자가 예상하는 기본 시나리오도 비슷하다. 아니, 분명하게 말할 수 있다. 트럼프 2.0 시대에도 북한의 비핵화는 불가능하다. 이유는 두 가지다.

첫째, 김정은은 할아버지 김일성과 아버지 김정일보다 핵과 ICBM을 진지하게 생각한다. 김일성은 핵 개발을 시작했다. 1962년 10월 경제와 무력을 함께 건설한다는 이른바 '경제·국방 병진노선'을 주창하기 시작했고[50] 예산의 3분의 1을 핵무력 확장에 투입했다. 그리고 김정일은 북한 최초로 핵실험을 단행했다. 김정은은 2013년 3월 31일 열린 당중앙위원회 전원회의와 4월 1일 최고인민회의 제12기 제7차 회의에서 '핵·경제 병진노선'이 김일성과 김정일이 추진했던 '경제·국방 병진노선'의 빛나는 계승이라고 공표했다. 「우주개발법」, '자위적 핵보유국의 지위'에 대한 내용도 법제화해 핵 개발과 핵 보유 의지를 만방에 선언했다.[51]

그 후 김정은은 핵실험을 일상화했다. 우주개발국, 원자력공업성을 신설하고 핵을 실어 한반도와 일본, 미국 본토로 날려 보낼 수 있는 미사일의 고도화 및 장거리화에 전념했다. 2016년 5월에 열린 노동당 제7차 당대회에서 당 규약 개정안에 '경제건설 및 핵무력건설 병진노선'을 명시했다. 김정은이 2023년 말에 '남한 영토평정', '한국은 제1 주적', '적대적이고 교전 중인 두 국가'라고 선언하는 등 위협을 가하는 것도 핵무력이라는 믿는 구석이 있기 때문이다.

둘째, 김정은의 내부 최대 위협은 북한 인민이 아니다. 강경 군부다. 김일성은 북한에서 주민, 당, 군대, 행정부에서 높은 평가를 받고 위대한 지도자로 추앙받았다. 지금도 김일성을 부정하거나 반대하는 사람은 별로 없다. 김일성은 공산당을 통치의 중심에 둔 정치를 했다. 손자 김정은이 할아버지의 '선당정치先黨政治'를 물려받은 이유다. 김정일 국방위원장은 군을 앞세운 '선군정치先軍政治'를 펼쳤는데 특히 빨치산주의를 강조했다. 프랑스어 '파르티잔partisan'의 발음이 변형된 빨치산은 유격전을 수행하는 비정규군 요원을 지칭한다. 본래 파르티잔은 당원·동지·당파를 뜻하는 '파르티parti'에서 비롯된 말로 정치적 수사였다. 근대에 와서는 에스파냐어 '게릴라guerrilla'와 거의 같은 표현의 군사 용어로 바뀌었다.

그러면 김정일은 왜 선당정치에서 선군정치로 기조를 전환했을까? 이는 시대적 상황과 맞물린다. 김정일 집권 시기에는 1991년 소련이 해체되었고 동구권에 체제 전환이 일어났다. 이에 김정일은 큰 위협을 느꼈고, 내부에서 권력을 유지하려면 군부 장악이 급선무였다. 그래서 선군정치를 펼치면서 특히 역사적 의미가 큰 항일 빨치산을 정체성의 중심에 두었다.

반면 김정은은 아버지 시절 거대해진 군부가 자신의 권력에 방해가 되었다. 김정은은 군부를 약화시키기 위해 공산당을 키워 견제를 시도했다. 더불어 약해진 통치 리더십을 강화하기 위해 할아버지 김일성과 닮은꼴을 통치의 기반으로 삼아야 했다. 군보다 당을 앞세운 정치를 한 것은 후퇴가 아니라 본질 회복처럼 보이기 좋았다.

다른 한쪽으로는 강경 군부의 불만을 누그러뜨리기 위해 핵무력 완수, 무력 적화통일 등의 구호를 필요할 때마다 꺼냈다. 북한의 강경 군부에게 무력 적화통일 포기, 핵무력 포기는 배신의 행위다. 아무리 위대한 수령이자 어버이인 김정은이라도 핵무력과 무력 적화통일을 포기하는 순간 배신자가 된다. 배신자는 처단하고 김일성부터 시작된 핵무력과 무력 적화통일이라는 대업을 이을 새로운 백두혈통을 보위에 올려야 한다. 이것이 강경 군부의 변하지 않는 생각이고 신념이다. 따라서 김정은에게 핵무력 포기는 죽음이자 생존의 유일한 도구다.

미국은 한반도 전쟁을 막을 힘이 있을까?

그러면 미국은 한반도 전쟁을 억제할 능력이 있을까? 누구도 여기에 의문을 품지 않는다. 하지만 현실은 다르다. 2025년 1월 잠정 휴전 상태에 들어간 이스라엘-하마스 전쟁의 경우, 미국은 1년 넘는 기간 동안 확전이 되지 않기만 바라며 쩔쩔맸다. 러시아가 우크라이나를 침공한 전쟁도 4년 차에 접어들었지만 미국이 한 일이라고는 우크라이나에 군수물자를 댄 것뿐이다. 심지어 포탄조차 부족해서 우리나라에 손을 벌려야 했다.

미국이 전쟁을 억제하는 힘이 약해진 것은 분명한 사실이다. 겨우 세계전쟁, 핵전쟁으로 확전되는 것만 막자는 태도다. 이런 상황에서 한반도에서 전쟁이 일어나지 않는다고 누가 장담할 수 있을까? 한반도에서 전쟁이 일어나면 미국은 중국과 러시아와 전면전을 해야 한다. 이스라엘-하마스 전쟁, 러시아-우크라이나 전쟁과 전혀 다르다. 미국은 이란과도 전면전을 피했고 러시아와 전면전을 피하기 위해 애를 썼다. 그런데 한반도에서는 중국과 러시아 모두와 전면전을 해야 한다. 미국의 입장에서는 이란보다 더 무서운 국가가 중국과 러시아다. 이란의 참전도 두려워해서 협상을 이야기하고 뒤로 물러나 방어적 지원만 하는 판이다.

이런 상황에서 북한이 전쟁을 일으키고 곧바로 중국과 러시아가 군사적 움직임을 보이면 미국은 한반도 전쟁에 얼마나 빠르고 적극적으로 움직일까? 김정은 정권은 러시아-우크라이나 전쟁에 재래식 무기를 제공하는 것을 넘어 특수부대까지 파견했다. 러시아는 북한에 빚을 진 셈이다. 이제 한반도에서 전쟁이 일어나면 러시아는 자동 개입해야 한다. 아니, 참전할 수 있는 명분을 갖게 됐다.

중국과 러시아가 북한을 돕는다면 미국은 중동보다 더 적극적으로 한국 전쟁에 개입할 수 있을까? 중국과 러시아를 압도적으로 누를 힘이 없는 미국으로선 한반도에서는 그렇게 하기가 더 힘들다. 한미 군사동맹이 있으니 걱정이 없을까? 게다가 한국에는 미군이 주둔해 있다. 하지만 적극적인 전투가 아니라 후방 지원과 허세만 부린다면 어떻게 될까? 미국이 북한에 핵무기를 사용할 수 있을까? 중국이 버티고 있는데 과연 가능할까?

북한은 핵무기를 가지고 있다. 북한 핵탄두 추정 보유량은 최소 50기에서 최대 300여 발이다(2030년 예상 수치). 북한이 이것들을 동시에 발사한다면 한국과 주한미군의 미사일 방어체제가 완벽하게 막을 수 있을까? 300기 중에서 단 1퍼센트인 세 발만 한국 땅에 떨어져도 우리는 되돌릴 수 없는 피해를 입는다.

북한은 단독으로 핵미사일을 발사해 남한을 한 번에 초토화할 수 있다. 미국 본토와 유럽도 타격할 수 있다. 그래서 우리의 생각과 전혀 다르게 미군은 일본으로 후퇴할 수 있고 나토의 빠른 대응도 지연될 수 있다. 북한은 국가 역량을 총동원해 핵무기 소형화, 핵잠수함 개발, 극초음속 활공비행 무기 등을 개발하고 있다.[52]

김정은이 전쟁을 일으키면 즉시 체제가 무너진다는 가정에만 의지하는 것은 매우 위험하다. 세상에는 설마 하는 일이 많이 일어난다. 김정은이 전쟁을 일으키지 않으면 체제 붕괴를 맞을 수 있는 시나리오도 생각해야 한다. 전쟁을 일으키기 전에는 김정은도 생각이 복잡할 것이다. 하지만 전쟁을 결단하면 김정은의 생각은 단순해질 수 있다. 단 한 발의 핵폭탄을 한국에 명중시키면 그로써 전쟁이 빨리 끝날 수 있다고 오판할 수 있다. 북한이 전술핵을 남한에 사용하면 일본과 미국, 유럽은 주저할 수밖에 없다.

이제 우리는 생각을 바꿔볼 필요가 있다. 중국과 러시아는 핵무기를 사용할 수 있지만 북한은 못 한다는 생각을 바꿔볼 필요가 있다. 오히려 중국과 러시아는 핵무기를 사용할 수 없지만 북한은 사용할 수 있지 않을까?

북한이 전술핵무기를 사용한다면 투하 가능성이 가장 높은 도시는 부산이다. 한국 제2의 도시인 데다 6.25 전쟁에서 최후의 보루였기 때문에 상징성이 클 뿐만 아니라 많은 인명 피해를 낼 수 있다. 또한 지리적으로 일본의 두려움을 극대화할 수 있다. 그리고 북한과 가장 멀리 떨어져 있어서 북한 지역의 핵 오염에서 가장 안전하다. 미군기지를 그대로 때리면 북한도 협상의 여지가 사라져서 안 된다.

그다음 후보는 상주다. 남한의 정중앙에 위치하고 대부분의 지형이 평평한 분지여서 원폭 위력을 극대화할 수 있고, 상주에서 멀지 않은 성주에 고고도미사일 방어체계인 사드기지가 배치되어 있어서 북한이 중국을 설득할 명분도 준다. 전술핵이 아니라 6,000배의 위력을 가진 핵미사일을 발사하면 평택의 미군기지와 충청남도 계룡대에 있는 국군의 3군 통합 군사기지도 무력화할 수 있다. 남한 전체를 두려움에 떨게 할 지역인 것이다.

만에 하나 북한이 전술핵 같은 핵무기를 사용하면 그 피해와 후유증도 우리와 우리 후손의 몫으로 고스란히 남는다. 결국 한반도 전쟁의 피해는 모두 우리 것이다. 유럽은 유엔 안전보장이사회만 소집하면서 휴전만 외칠 수 있다. 유럽이 한국전쟁에 개입하면 중국과 경제적 관계에 문제가 생기고, 러시아와 또 다른 전쟁에 휘말릴 수 있다. 유엔 안전보장이사회에서 중국과 러시아는 북한 편을 들 것이다. 1950년 6.25 전쟁 당시와 국제 정세는 다르다. 동맹 간에도 전쟁을 두고는 의견과 입장이 엇갈리기 마련이다.

만약 북한이 재래식 무기만을 가지고 전쟁을 한다면 어떻게 될까? 미국도 핵무기를 북한에 사용하지 못하고 재래식 무기로만 대응해야 할 것이다. 북한의 재래식 무기는 한국과 주한미군의 군사력과 격차가 크다. 하지만 격차가 크게 나는 북한의 재래식 전투력을 중국과 러시아가 뒷문으로 보완해준다면 어떻게 될까? 만약 북한이 인공지능 드론을 전쟁의 핵심 전략으로 사용한다면 어떻게 될까?

2024년 10월 25일 영국의 일간지 《더 타임스》는 북한군은 병력 규모가 세계 4위 규모지만 북한군 병사들의 영양 상태가 매우 열악하고 군대 운용 분야에서도 차량 등 장비를 운용할 연료와 예비용 부품, 보급품이 부족한 실정이라고 지적했다. 병사들이 영양실조에 걸려 있고 뱃속에는 기생충이 가득 차 있으며 남한 병사들보다 평균 키가 한참 작다고 분석했다. 북한 군대의 재래식 무기 편제도 '폭풍호'라고 불리는 러시아 T-72와 비슷하게 생긴 신형 전차도 있고 잠수함 함대도 있지만 노후한 소련제 전투기 편대, 군함 등은 예비 부품이 없는 냉전 시대의 유물이라고 분석했다.

하지만 《더 타임스》는 북한군을 무시하면 안 되는 이유도 함께 거론한다. 북한군에게도 두려운 면이 있는데, 신중하게 적의 약점을 파악한 뒤 고도로 훈련된 소수의 비밀부대를 동원해 공격하는 '비대칭 전술'의 대가라는 것이다. 이는 20만 명에 이르는 북한 특수부대를 가리킨다.[53]

이들은 주한미군과 한국군 본대가 있는 전선 뒤편 후방으로 낙하하거나 잠수함으로 침투해 항구와 공항, 원자력발전소를 공격하고 시민들의 공포를 확산시킬 수 있다. 내륙 지역과 차단된 덕천 지역에서 훈련을 하는 '폭풍군단' 특수부대원들의 주특기는 요인 암살과 적진 후방 교란 등이다. 전쟁 발발 시 이들은 '핵배낭'을 메고 자폭을 감행할 정도로 '수령 결사 옹위 정신'으로 세뇌된 이들이다.[54]

북한 정찰총국 산하에서 사이버 공격을 감행하는 3,000명의 '정보전사'도 한국에게 위협적인 존재다. 이들은 사이버 공격으로 전력 시설과 무기체계를 마비시키거나 위치정보시스템GPS을 교란하는 데 최고의 기술을 가지고 있다고《더 타임스》는 평가했다.

낙관적인 쪽에서는 미국이 김정은 정권의 핵심부를 마치 외과의사가 환부를 도려내듯 정밀 타격할 수 있으니 걱정하지 말라고 한다. 물론 미국은 핵무기를 탑재할 수 있는 차세대 스텔스 전략 폭격기 B-21 레이더를 가지고 있다. 스텔스 기술과 AI를 비롯한 각종 첨단 기술이 총집결되어 있어 '디지털 폭격기'라고도 불리며 전 세계 어느 곳이든 비밀리에 타격할 수 있는 핵 억제용 폭격기다. 미국은 한 대당 제작 가격만 한화로 1조 원인 B-21 레이더를 100대나 운용할 계획이다.[55]

이스라엘-하마스 전쟁에서 이스라엘은 지하 벙커에 숨어 있는 하마스 지도부를 공격하는 데 907킬로그램급 초대형 폭탄 벙커버스터를 사용했다. 미국이 제공한 무기다. 이런 최첨단 무기를 동원해서 미국이 김정은이 위치한 지휘부만 정확하게 공격할 수 있다는 것이다. 물론 미국의 능력이면 충분하다. 하지만 미국이 이런 공격을 단행하려 한다면 중국의 정보망에 걸리지 않을까? 중국이 미국의 움직임을 눈치채면 정밀 타격을 방관만 하고 있을까?

우리는 지구로부터 약 550킬로미터 떨어진 우주 궤도를 도는 정찰위성을 가지고 있다. 이 위성은 가로세로 30센티미터 물체까지 식별하는 능력이 있어서 김정은 북한 노동당 총비서의 집무실이 있는 평양 노동당 본부 청사까지 훤히 촬영할 수 있다.[56] 하지만 김정은 정권이 훈련을 가장해 군을 움직인 후에 남쪽을 향해 엄청난 양의 방사포와 미사일을 쏘는 것 자체는 막을 수 없다. 우리와 주한미군의 작전은 선제공격이 아니다. 후행 대응적 공격이 기본이다. 전쟁을 일으켜 북한 정권이 궤멸되는 것과 상관없이, 전쟁이 일어나면 한국 영토의 피해도 막심해질 게 분명하다.

그리고 북한이 전쟁이 발발하면 정권 자체가 궤멸될 수 있어서 전쟁을 하지 않는다는 생각도 너무 순진한 생각이다. 만약 '전쟁이 발발하면 정권 자체가 궤멸될 수 있다'라는 사고 흐름이 아니라 북한 내부에서 문제가 생겨 '정권 궤멸을 막는 유일한 방법이 전쟁뿐이다'라는 생각을 하게 되면 어떤 일이 벌어질까?

북한은 한반도를 북한이 통치하길 원하고, 한국도 한반도를 한국이 통치하기를 원한다. 이런 통일은 한쪽 체제의 완전한 붕괴를 전제로 한다. 자발적으로 체제를 붕괴시킨 나라는 역사적으로 없다. 그래서 평화통일은 불가능하다. 한국이 말하는 평화통일은 북한 체제가 스스로 붕괴해 북한 영토를 평화적으로 넘겨받는 것이다. 연방제를 비롯한 그 어떤 평화통일도 절대 실현될 수 없는 '이상'에 불과하다. 김정은이 중국을 경계하고 믿지 못한다고 해도 중국을 등지고 남한에게 정권을 이양하는 일은 절대 없다.

미래에 대한 대비는 현재의 생각을 뒤집어 보는 것부터 시작된다

2024년 1월 16일 김정은 국무위원장은 최고인민회의 제14기 제10차 회의에서 "우리 국가의 남쪽 국경선이 명백히 그어진 이상 불법 무법의 북방한계선을 비롯한 그 어떤 경계선도 허용될 수 없으며 대한민국이 우리의 영토·영공·영해를 0.001밀리미터라도 침범한다면 그것은 곧 전쟁 도발"이라고 말했다. 그러면서 기존의 남북간 서해 NLL은 불법이며 연평도와 백령도 북쪽에 새로운 국경선을 언급했다. 2024년 2월 16일 미국 정부는 김정은이 기존의 남북간 서해 NLL을 무시하고 연평도와 백령도 북쪽에 이른바 새로운 국경선을 긋겠다는 발언을 비판하는 성명을 냈다.[57]

지금 우리는 미래에 다가올 뜻밖의 사태가 있는 것도 모르고 서서히 온도가 높아지는 냄비에서 수영하고 있는 개구리일지 모른다. 김정은 정권에 서서히 균열이 일어나고 있다. 그렇기에 더욱 도발적인 언행을 하는 것이다. 그럼에도 불구하고 우리는 이런 발언과 행동을 허세로만 취급하고 있다.

북한은 하마스나 헤즈볼라와 다르다. 남한의 민간인 수십만, 수백만 명의 피해가 발생할 수 있다. 우리의 경제는 수십 년 전으로 되돌아갈지 모른다. 만약 그런 일이 벌어지면 다시는 일어서지 못할 수도 있다. 설령 우리 군대와 미국 군대의 힘으로 김정은 정권을 무너뜨리는 데 성공해도 곧바로 한반도 통일이 이뤄지지 않을 수 있다. 중국과 러시아가 버티고 있기 때문이다.

김정은 정권의 붕괴와 통일, 둘의 관계는 별개다. 중국이 북한에 또 다른 집단주의 정권을 세우고 휴전을 강요할 수 있다. 중국도 김정은 정권에 대해 못마땅한 마음이 크다. 하지만 남한이 한반도를 통치하는 것도 절대 원치 않는다. 이는 중국이 공산당 체제가 붕괴되거나, 중국이 망하고 다른 왕조나 국가가 들어서야 가능한 일이다. 러시아도 원치 않는다. 한반도가 통일되면 러시아는 미국과 나토와 직접 대면해야 한다. 러시아가 조지아나 우크라이나를 침공한 이유도 나토의 동진을 두려워해서다.

중국은 한반도가 둘로 나눠진 상태에서 북한과 남한 모두와 경제적 교류를 하기를 원할 뿐이다. 중국의 입장에서 북한은 지정학적으로 중요한 땅이다. 고구려의 역사도 자기 것이라고 주장하는 중국이다. 북한에 묻힌 자원이 수천 조 원이라는 평가도 있다. 이것을 중국이 순순히 한반도에 내어줄까? 러시아도 북한의 항구가 필요하다. 중국은 김정은이 푸틴과 밀접한 관계를 유지하는 게 못마땅하다.

하지만 전쟁이 일어나면 중국과 러시아는 북한을 한마음으로 도울 게 분명하다. 중국과 러시아가 이렇게 나오면 미국도 중국이나 러시아와 전면전을 피하기 위해 새로운 휴전을 쉽게 받아들일 수 있다. 그러면 우리는 인명 피해, 경제적 피해, 사회적 피해를 모두 떠안고 겨우 전쟁만 끝내는 최악의 상황에 내몰릴 수도 있다. 우리가 입은 모든 피해는 누가 보상할 것인가? 한반도 전쟁의 최대 피해자는 김정은 정권이 아니다. 우리다.

김정은 정권이 전쟁이라는 자살 행위를 선택할 상황에 몰리지 않아도 긴장감을 놓으면 안 된다. 러시아와 중국이 대만을 두고 미국과 대치하면 북한이 군사적 활동을 할 공간은 커진다. 앞으로 10년 이내에 미국과 중국이 대만을 두고 군사적 끝장 대치를 하는 상황은 언제든지 가능하다. 이런 상황이 발발하면 북한은 핵미사일 훈련을 가장하고 움직일 수 있다. 러시아의 핵잠수함도 동해 바다 속 깊은 곳에서 움직일 것이다. 북한은 미군이 대만이냐 한반도냐 양쪽 중 하나를 선택해야 하는 상황을 절호의 기회라고 여길 수도 있다. 조그만 틈이라도 생기면 서해 5도를 선제타격해 점령하고 장기 대치 상황을 벌일지 모른다.

미국은 대만과 한반도 두 곳에서 전쟁하는 것을 꺼릴 것이다. 한반도에서 제3차 세계대전의 방아쇠가 당겨지는 것도 원치 않기 때문이다. 그래서 북한이 서해 5도만 점령하고 더 이상 움직이지 않으면 미국도 추가 개입을 자제할 수 있다.

미래에 대한 대비는 현재의 생각을 뒤집어 보는 일에서 시작된다. 미래는 우리가 예측한 대로 가는 경우보다 반대가 더 많다. 지난

10년간 벌어진 일을 떠올려보자. 코로나19, 러시아의 우크라이나 침공, 하마스의 이스라엘 전격 공격, 미국의 말을 듣지 않고 중동에서 전쟁을 계속 확대하는 이스라엘의 행동 등. 우리의 눈앞에서 '절대 일어날 수 없다'고 한 일이 일어나는 경우는 생각보다 많았다. 김정은의 마지막 승부수인 '한반도 전쟁'도 절대 일어날 수 없는 일은 아니다. 가능성의 경로는 여러 가지다. 지금부터 그 경로와 상황을 가상의 시나리오로 살펴보자.

KOREAN WAR

2장

한반도 전쟁은 어떻게 일어나는가

미국이 대만을 두고 중국과 전쟁을 벌이게 되면 또 다른 전쟁을 동시에 수행하기는 어렵다. 게다가 대만해협은 국제 무역의 중요한 경로로, 이 지역에서의 갈등은 전 세계 경제에 큰 영향을 미칠 수 있다. 전 세계 경제가 위기에 빠지면 미국의 동맹국들도 갈등하며 대만 전쟁의 승패 여부나 한반도에서의 국지전 발발 억제보다 자국의 경제 상황을 더 중요한 판단 기준으로 삼을 수 있다. 이런 상황은 북한이 남침을 감행할 전략적 기회를 제공한다.

전쟁이 일어나는
역사적 패턴 세 가지

전쟁이 일어나는 역사적인 패턴은 복잡한 국제 관계와 국내 상황의 상호작용에서 비롯된다. 주로 외부 억압, 전략적 기회의 틈새, 내부 문제라는 세 가지 주요 요인으로 분석할 수 있다. 이 요인들은 과거의 많은 전쟁 사례에서 공통적으로 나타났고 오늘날의 국제적인 긴장 상황에도 동일하게 적용되고 있다. 북한이 전쟁을 일으킬 기회 혹은 가능성을 예측할 때 사용할 수 있는 유용한 분석 틀이다. 좀 더 자세히 살펴보자.

첫 번째 요인은 외부 억압이다. 외부에서 오는 경제제재, 외교적 고립, 군사적 압박 등은 국가 간 갈등의 직접적인 원인이 될 수 있다. 예를 들어 19세기 중반 아편 전쟁은 중국(청나라)과 서구 열강 사이의 경제적, 정치적 긴장의 결과로 발생했다. 당시 영국은 중국과의 무역에서 발생한 막대한 적자를 해소하기 위해 아편을 중국에 대량으로 유입시켰다. 그러나 중국은 내부에서 아편 중독이 심각한 사회 문제로 번지자 이를 막기 위해 단호한 조치를 취했다. 이에 영국은 경제적 이익을 강요하기 위해 군사적 압박을 가했고 결국 1840년에 아편 전쟁이 발발했다.

이 전쟁은 영국이 군사적 우위를 바탕으로 중국을 압도하며 승리했고 그 결과 「난징 조약」이 체결되어 홍콩이 영국에 할양되고 중국은 불평등한 조약 체제에 묶였다. 아편 전쟁은 외부 억압이 어떻게 한 국가의 주권을 훼손하고 국제적 갈등을 초래할 수 있는지 보여주는 중요한 사례다.

또 다른 예로는 제1차 세계대전 이후 체결된 「베르사유 조약」 체결 전후로 벌어진 일련의 상황이다. 이 조약은 패전국인 독일에 강력한 경제적, 군사적 제재를 가한 불평등한 조약이다. 연합국은 독일이 전쟁의 모든 책임을 인정하고 막대한 배상금을 지불하며 군사력을 대폭 축소하도록 강요했다. 이로 인해 독일 경제는 큰 타격을 입었고 사회적으로는 극심한 빈곤과 실업률 상승이 발생했다. 경제적 어려움과 국민적 굴욕감은 독일 국민들 사이에 큰 불만을 조성하면서 극단적인 정치 세력이 부상할 여건을 마련했다.

아돌프 히틀러는 이런 상황을 이용했다. 「베르사유 조약」의 불공정성을 강조하며 독일 국민들의 분노와 좌절감을 결집시켰다. 그는 독일의 재건과 민족적 자존심 회복을 약속하며 국민의 지지를 얻었고 이를 바탕으로 나치당은 급속히 성장했다. 이는 외부 억압이 어떻게 한 국가 내부의 불만을 증폭시키고, 극단적이고 군사적 대응을 촉발할 수 있는지를 보여주는 대표적인 사례다.

오늘날에도 외부 세력의 간섭이나 경제적 제재는 특정 국가가 그 억압에 맞서기 위한 군사적 대응을 고려하게 만드는 중요한 원인이 된다. 이런 외부 억압은 국가 내부의 불만을 키우고 지도자들은 이를 외부로 돌리려는 경향을 보인다. 이는 국가 간 갈등이 확대되는 주요 원인 중 하나로 작용한다.

두 번째 요인은 전략적 기회의 틈새다. 한 국가가 국제 정세에서 자신에게 유리한 상황을 발견하거나 상대방의 약점을 포착할 때 전쟁을 선택하는 경우다. 제2차 세계대전 당시 독일은 전격전이라는 전략을 사용해 유럽의 여러 나라들을 빠르게 점령했다. 전격전은 빠르고 집중적인 기습 공격으로 상대방을 제압하는 전략이다. 또 다른 예로는 1967년의 제3차 중동 전쟁(6일 전쟁)이 있다. 당시 이스라엘은 아랍 국가들의 군사적 준비 부족을 틈타 선제공격을 감행해 승리했다. 이처럼 상대방의 준비 부족을 이용한 전략은 전쟁에서 중요한 역할을 한다.

또 다른 전략적 기회의 틈새는 주변에서 전쟁이 발생했을 때 그 틈을 타 다른 나라를 침공하는 것이다. 1939년 제2차 세계대전이 독일의 폴란드 침공으로 시작되었을 때 소련은 독일과의 「몰로토프-리벤트로프 조약」에 따라 폴란드를 동쪽에서 침공했다. 이 조약은 독일과 소련이 서로를 침공하지 않겠다고 약속한 비밀 협정이다. 이 협정에는 폴란드를 양분하기로 한 비밀 조항도 포함되어 있었다. 독일이 폴란드를 서쪽에서 침공하자 소련은 이 조약을 근거로 동쪽에서 폴란드를 침공했다.

당시 유럽의 주요 강대국들은 독일의 군사적 행동에 집중하고 있었는데, 이는 소련이 폴란드를 침공할 기회를 제공했다. 소련은 이 틈을 이용해 동부 폴란드 지역을 손쉽게 점령할 수 있었고 폴란드는 독일과 소련에 의해 양분되는 비극을 맞이했다. 이런 소련의 행동은 주변국들의 군사력이 분산된 틈을 이용해 영토를 확장하려는 전형적인 전략적 기회 포착의 사례다.

또 다른 예로는 1980년 이라크의 이란 침공을 들 수 있다. 이라크는 1979년 이란 혁명 직후 이란 내부의 정치적 혼란과 불안정한 상황을 틈타 이란을 침공했다. 이란 혁명으로 팔라비 왕조가 몰락하고 이슬람 공화국이 세워지면서 이란은 내부적으로 불안정한 상태에 빠졌고 군대 역시 재편성 중이었다. 사담 후세인 이라크 대통령은 이 기회를 이용해 자국의 영토적 야망을 실현하고 샤트알아랍 수로에 대한 통제권을 확보하려 했다. 이 침공은 8년 동안 이어진 이란-이라크 전쟁으로 발전했으며 수십만 명의 사망자를 낳았고 양국의 경제와 사회에 심각한 피해를 입혔다.

이라크의 침공은 주변국의 정치적 불안정을 기회로 삼아 이득을 취하려는 시도의 전형적인 예로, 전략적 기회의 틈새를 이용한 전쟁이 어떤 결과를 초래하는지 잘 보여준다. 이처럼 주변 국가의 전쟁 상황을 기회로 삼아 평소에 노리던 목표를 달성하려는 경우가 있다.

세 번째 요인은 내부 문제다. 국가 내부의 경제적 불안, 정치적 갈

등, 사회적 불평등은 지도층이 국민의 관심을 외부로 돌리도록 만드는 주요 원인이다. 이런 내부 문제는 종종 국가 지도자들이 국민의 불만을 다른 곳으로 돌리기 위해 전쟁과 같은 외부 행동을 선택하게 만드는 계기가 된다. 역사적으로 많은 지도자가 내부의 불만을 외부로 돌리기 위해 전쟁을 이용해왔다. 이를 '전환의 정치'라고 한다.

이는 국민이 국내 문제에 신경을 덜 쓰게 하고 체제를 강화하기 위한 전략이다. 특히 지도자가 자신의 권력을 강화하거나 정권 유지를 위해 외부 위협을 과장하거나 실제로 전쟁을 일으킬 때 사용된다. 이렇게 해서 국민의 불만을 외부 적으로 돌려 사회적 단결을 도모하고 정치적 정당성을 강화한다. 이 장의 후반에 제시할 시나리오 '체제 유지를 위한 도박'도 전환의 정치에 속한다.

1982년 아르헨티나의 침공으로 시작된 포클랜드 전쟁은 군사 독재 정부가 국민의 불만을 외부로 돌리기 위해 전쟁을 활용한 대표적인 사례다. 당시 아르헨티나는 극심한 경제 위기와 높은 실업률, 군사 독재에 대한 국민의 불만이 극에 달하고 있었다. 이에 불만을 잠재우고 정권의 지지를 확보하기 위해 레오폴도 갈티에리Leopoldo Galtieri 정권은 국민의 시선을 외부로 돌릴 필요가 있었다. 그래서 포클랜드제도를 침공해 국민의 단합을 이끌어내고 군사 정권의 정당성을 강화하고자 했다. 그러나 이런 시도는 결국 영국과의 전쟁에서 패배함으로써 군사 정권의 몰락을 가속화했다. 포클랜드 전쟁은 내부 불만을 외부로 돌리기 위한 군사적 행동이 항상 성공적이지 않음을 보여주는 사례이기도 하다.

16세기 일본의 도요토미 히데요시가 임진왜란을 일으킨 것도 유사한 사례로 볼 수 있다. 당시 일본은 전국시대가 끝나고 중앙집권화가 진행되면서 무사들의 불만이 늘어나고 있었다. 전국시대 동안에는 전쟁으로 지위를 유지해왔지만 평화 시기에 들어서면서 그들의 존재 이유와 역할이 줄어들었던 것이다. 도요토미 히데요시는 이런 무사들의 불만을 외부로 돌리기 위해 조선을 침략했는데, 이것이 임진왜란이었다.

이 전쟁은 무사들에게 전쟁을 통한 명예와 전리품을 제공함으로써 내부의 불안을 해소하고자 한 시도였다. 또한 외부 정복을 통해 권력을 더욱 강화하고 일본 사회를 통합하려는 목적도 있었다. 그러나 결국 일본 내부의 문제를 근본적으로 해결하지 못했고 도요토미 사후 도쿠가와 이에야스에 의해 새로운 통치 체제가 들어서는 계기가 되었다. 임진왜란은 외부로의 확장을 통해 내부 문제를 해결하려는 시도가 어떻게 실패할 수 있는지를 잘 보여주는 사례다.

외부 억압 때문에 전쟁을 일으킬
가능성이 낮은 이유

김정은이 남침을 시도해 한반도에 전쟁을 일으킬 수 있는 이유로는 우선 '외부 억압에 대한 반발'을 생각할 수 있다. 하지만 필자는 적어도 '당분간' 외부 억압의 이유로 김정은 정권이 한반도에서 전면 전쟁을 벌일 가능성은 매우 낮다고 본다.

현재 북한은 경제적으로 매우 어려운 상황에서도 체제 유지와 군사력 강화를 최우선으로 삼고 있다. 이런 상황에서 미국은 북한에 대해 매우 강력한 경제적, 군사적 제재를 가하고 있다. 이런 제재는 북한의 경제를 더욱 악화시키고 식량, 연료, 의약품과 같은 필수 자원의 부족을 초래해 주민들의 생활을 더 어렵게 하고 있다. 경제적 어려움이 계속되면 주민들의 불만도 커지고 이런 불만은 체제에 위협이 된다.

일반적인 국가라면 경제가 어려워지고 정권에 대한 불만이 커지면 군사력 강화를 포기하고 경제 회복에 집중하지만 북한은 그렇지 않다. 경제가 아무리 어려워도 군사력 강화를 포기하지 않는다. 오히려 군사력 강화를 통해 체제 안전과 내부 결속을 유지하려는 비상식적 방법을 선택한다. 즉 핵무력 군사력을 강화하고 군사 퍼레이드나 미사일 발사 같은 군사적 과시를 통해 북한 주민들에게 국가가 미국 등 외부의 위협으로부터 자국민을 보호한다는 인식을 심어주고, 군사적 성과에 대한 자부심을 부여해 체제에 대한 충성도를 높여 김정은 지도부에 대한 신뢰를 강화한다는 논리다.

이런 군사적 행동은 경제적 어려움에도 불구하고 북한 체제를 유지하는 중요한 요소가 된다. 동시에 미국의 경제적, 군사적 제재가 강화될수록 북한 지도부 내 강경파가 미국에 반발할 명분을 강화하고 군사적으로 대응하려는 충동을 일으킨다.

앞서 다뤘듯이 이는 과거 「베르사유 조약」 이후 독일이 겪었던 상황과 유사하다. 「베르사유 조약」은 제1차 세계대전 후 독일에게 가혹한 경제적, 군사적 제한을 가했으며 이는 독일 국민들의 불만을 키워 결국 나치 정권의 등장과 전쟁을 초래했다. 북한 지도부 역시 주민들의 불만을 외부 적에 대한 분노로 돌린 사례가 많다.

예를 들어 북한은 2013년 장거리 로켓 발사 이후 강화된 국제 사회의 제재와 1990년대 '고난의 행군' 시기의 경제적 어려움이 미국과 한국의 적대적인 태도 때문이라고 설명하면서, 주민들의 불만을 외부로 돌려 내부 단결을 유지하려 했다. 2017년의 '반미 대결전' 캠페인도 미국이 북한의 생존을 위협하고 있다는 메시지를 강화하고 주민들의 분노를 미국으로 돌리는 데 중요한 역할을 했다. 또한 북한의 국가 매체는 미국과 한국이 북한의 자주성을 위협하고 있다고 반복 주장하면서 현재 모든 어려움의 원인을 외부 적에게 돌리도록 유도한다.

이런 전략은 외부 압박이 심해질수록 더 강력해지는데, 최근에도 미국과 한국을 적대 세력으로 규정하고 북한의 생존을 위협하는 공격으로 북한의 자주성과 독립성을 위협하고 있다고 주민들을 세뇌하고 있다. 미국과 한국의 군사 훈련도 '도발', '침략 준비', '침략의 전조' 등으로 묘사하면서 주민들이 외부의 위협을 현실적이고 긴급한 문제로 인식하게 한다. 뉴스에서는 반복적으로 군사 훈련의 영상을 보여주고 해설자들이 감정적인 어조로 위기감을 조성하는 등 위협에 맞서려면 군사적 대응이 불가피하다는 논리를 펼친다.

이런 주장과 논리는 김정은 정부가 미사일 발사나 핵실험 같은 군사적 결정을 내릴 때 주민들의 지지를 얻는 데 도움을 준다. 주민들에게 외부 압박 속에서 북한 정부가 홀로 싸우고 있다는 이미지를 심어주어 체제에 대한 지지와 충성을 강화하는 것이다. 국제 사회의 제재를 '제국주의 세력의 부당한 간섭'으로 묘사하면 이를 극복하기 위해 주민들이 희생하고 협력해야 한다는 것을 강조할 수 있다. 그리고 지도부 내 강경파들이 더 큰 목소리를 낼 수 있도록 하고 다양한 군사적 행동을 정당화하는 논리로 사용할 수 있다. 이처럼 외부의 위협을 강조하는 것은 내부의 불만을 해소하고 체제의 결속을 유지하는 데 매우 유용하다.

북한의 이런 태도와 전략은 미국의 대북제재가 심해져서 북한 내부의 경제적 어려움이 심해질수록 더 강력해질 가능성이 있다. 그리고 이런 과정 속에서 뜻하지 않은 잘못된 선택으로 전쟁까지 불사할 가능성이 만들어진다.

하지만 앞서 언급했듯이 당분간 외부 억압의 이유로 북한이 한반도에서 전면 전쟁을 벌일 가능성은 매우 낮다. 그 이유는 미국이 극단적 경제제재를 오랫동안 북한에 가해도 중국과 러시아가 뒷문을 열어주면서 북한의 경제가 숨이 붙어 있을 수준의 지원을 해주기 때문이다. 그래서 김정은 정권이 현재의 조건에서 (내부 주민의 불만을 잠재우고 강경 군부의 압력을 해소하기 위해) 굳이 군사적 도발을 시도한다면 아주 짧은 기간에 벌이는 국지전 정도만 가능하다.

김정은이 한반도에 전쟁을 일으킬 가능성이 큰 요인은 '전략적 기회의 틈새가 발생하는 상황'이다. 그리고 이 요인은 뒤에서 다룰 요인(내부 문제)과 더불어 북한이 한반도에서 전쟁을 일으킬 가능성 높은 시나리오로 자세히 살펴볼 필요가 있다.

현대에도 이런 기회의 틈새는 계속 존재한다. 지정학적 변화나 군사동맹의 재편성 등은 특정 국가가 무력 충돌을 감행하게 만드는 계기가 될 수 있다. 이런 변화는 특히 국제 사회의 억제력이 약화되거나 주요 강대국들의 주의가 분산될 때 발생할 가능성이 크다. 즉 패권 국가가 가진 절대적인 힘이 약화되면서 국제 사회 분쟁이나 전쟁 억제력이 약화되거나 국가 간 힘의 균형이 깨질 때, 강대국들이 서로의 군사 행동을 억제하지 못할 때 더 두드러진다. 지금이 바로 그때다. 오늘날 미국은 동맹국 이스라엘이 중동에서 전쟁을 일으켜도 막지 못하고 쩔쩔매고 있다. 러시아가 우크라이나를 침공해서 지금까지 전쟁을 벌여도 미국과 동맹국들은 똑 부러지는 대안을 내놓지 못하고 있다.

이런 상황이 오랫동안 지속되면 북한의 입장에서 '전략적 기회의 틈새'가 열릴 수 있다. 필자가 우려하는, 북한에 유리한 전략적 기회의 틈새가 발생할 결정적 시기는 미국과 중국이 대만을 두고 군사적 충돌을 일으킬 때다. 대만은 아시아 태평양 지역의 중요한 전략적 위치에 있으며 중국과 미국 간 군사적 긴장 속에서 주요한 전쟁 요인으로 부상 중이다. 중국의 군사적 팽창은 대만에 대한 위협을 증가시키고 있으며 이는 지역 내 긴장을 더욱 고조시키고 있다. 시진핑이 대만을 무력으로 통일한다는 잘못된 선택을 하고 이에 미국이 대만을 구원하려 움직인다면 미국과 중국은 대만을 두고 군사적 충돌을 일으킬 가능성이 매우 크다.

미국이 대만을 두고 중국과 전쟁을 벌이게 되면 또 다른 전쟁을 동시에 수행하기는 어렵다. 게다가 대만해협은 국제 무역의 중요한 경로로, 이 지역에서의 갈등은 전 세계 경제에 큰 영향을 미칠 수 있다. 전 세계 경제가 위기에 빠지면 미국의 동맹국들도 갈등하며 대만 전쟁의 승패 여부나 한반도에서의 국지전 발발 억제보다 자국의 경제 상황을 더 중요한 판단 기준으로 삼을 수 있다. 이런 상황은 북한이 남침을 감행할 전략적 기회를 제공한다.

전쟁 발발 시나리오 1: 전략적 기회의 틈새에서*

상황 1: 위기의 서막

대만해협을 가로지르는 거센 장대비 속, 칠흑 같은 어둠을 틈타 중국군의 훈련이 시작되었다. 초기에는 훈련인 듯 보였으나 돌연 대

- 이 내용은 필자가 구성한 것으로, 북한이 전쟁을 선택하는 과정과 전쟁이 발발했을 때 한국에서 벌어질 상황을 묘사한 가상의 시나리오다. 2장에 세 개의 시나리오, 3장에 두 개의 시나리오를 담았다. 시나리오 전체에서 김정은 국무위원장과 시진핑 주석을 제외한 다른 모든 등장 인물은 실존 인물이 아님을 밝혀둔다.

만 주변 섬을 목표로 한 무차별 포격이 시작되었다. 그 순간부터 모든 것이 변했다. 중국의 군함과 전투기들이 일제히 움직이면서 대만에 대한 봉쇄와 점령 작전이 전광석화처럼 빠르게 전개되었다.

중국은 대만과 불과 4킬로미터 떨어진 섬 진먼다오를 첫 타깃으로 삼았다. 이 지역은 1958년 촉발된 제2차 위기 시 중국군이 47만 발 포격을 가해 많은 사상자를 낸 곳이다. 10만 명이 사는 진먼다오에는 대만군 소장이 지휘하는 병력 3,000명이 있었지만 중국 인민해방군PLA의 포격 앞에 순식간에 무너지고 말았다. 연이은 폭격과 기습 공격에 대만군은 손쉽게 진압되었고, 몇 시간 만에 진먼다오는 중국의 손에 넘어갔다. 중국 인민해방군 특수부대는 진먼다오 주위의 섬 마쭈다오를 비롯해 기타 작은 대만 섬들도 순식간에 장악했다. 대만 본토에서 멀리 떨어진 남중국해에 있는 대만령 프라타스군도와 타이핑다오도 장악했다. 본토 상륙작전을 펼치기 전에 뒷문을 단속하려는 사전 포석이었다.

같은 시각, 대만 해상에서 중국의 군사 작전도 숨가쁘게 이어졌다. 중국은 대만의 공항, 항만, 송전소 등 주요 민간 시설과 군사 위성에 대해 사이버 공격을 가하며 대만과 미국의 통신망을 동시에 마비시켰다. 대만의 전력 시설은 순식간에 붕괴되었고 섬 전체가 정전되었다. 대만 정부는 즉각 비상 경보를 발령하고 군사적 대응에 나섰지만 중국의 사이버 공격은 이미 대만 내부 통신을 와해시킨 상태였다.

대만의 자체 시뮬레이션 결과 대만의 공군 통제 센터는 중국이 무력을 사용하는 순간 1분 만에 무력화된다. 중국군은 지룽항, 카오슝항 등 대만 본토를 드나드는 모든 선박의 출입을 봉쇄하고 방공식별구역을 확대해 항공기 진출입도 통제했다. 대만도 자체 보유한 전투기와 패트리어트, 호크 미사일 등으로 대응했지만 전력의 열세로 효과는 제한적이었다. 대만 해군은 지룽급 구축함 네 척, 양양급 소해함 여덟 척, 잠수함 네 척 등이 있었으나 중국 해군을 격퇴하기에는 역부족이었다.

순식간에 대만의 주요 공항과 항구는 중국군의 봉쇄로 완전히 고립되었고 물자 보급과 민간의 이동이 끊겼다. 공중으로는 동남부 전구의 전투기들이 대만 상공을 철저히 봉쇄했으며 중국은 대만 항공기를 비롯해 대만을 향한 모든 비행기를 적으로 간주하며 군사 작전을 실행할 준비를 갖췄다. 대만의 모든 항구도 무용지물이 되었다. 지룽항과 카오슝항을 둘러싼 해역에는 중국 잠수함과 핵추진 잠수함이 매복해 있었고, 미사일을 장착한 소형 함정들은 대만을 겨냥한 발포 명령만 기다리고 있었다. 대만의 숨통이 단번에 조여졌다.

중국군은 대만 주변의 요충지들에도 대대적으로 해군 전력을 집중시켰다. 중국 본토 연안과 서태평양 지역에 랴오닝함, 산둥함 등 항모전단을 집결해 미군 개입을 막고, 동시에 장기전으로 돌입하기 위해 제1 도련선 island chain• 요충지 두 곳에 해군 전력을 총집중시켰

• 도련선은 태평양의 섬을 사슬처럼 이은 가상의 선線으로, 중국이 스스로 설정한 해상 방어망을 일컫는다. 1982년 중국군 해군사령관 류화칭劉華清이 최초로 제안한 아이디어다.

다. 바시해협과 대만 북동쪽 오키나와 인근까지 요충지에 배치된 핵추진 잠수함과 재래식 잠수함은 은밀하게 기뢰를 부설하고 항로를 차단했다.

중국은 일곱 척의 핵추진 잠수함과 42여 척의 재래식 잠수함을 보유하고 있다. 핵추진 잠수함은 미군 전력의 접근 거부에, 재래식 잠수함은 어뢰를 이용한 함선 공격과 기뢰부설 임무에 활용되었다. 중국 해군의 디젤 잠수함과 소형 함정들은 대만의 주요 항로를 막고 잠수함들은 해저에서 무장한 채 매복해 모든 접근을 통제했다. 한국과 일본에 주둔한 미군이 이동할 것을 예상하고 철저히 차단할 준비를 하는 것이었다.

중국의 치밀한 봉쇄 작전에 대만의 반격은 무력할 수밖에 없었다. 중국은 공중전을 위해 동부와 남부 전구 소속의 항공력과 해군 항공까지 항공기 1,166대를 모두 투입해 주변 해역에서 공중 전력을 과시하며 방공식별구역을 점거했고 대만 상공에서 미사일과 전투기로 계속해서 위협을 가했다. 이들 모두 공중 급유기 지원 없이 대만 인근에서 작전이 가능했다. 이 봉쇄망은 단순한 전술 이상의 의미를 지닌 것이었다. 대만 내외부의 생명선을 끊어내는, 지리적이면서도 심리적인 압박 수단이자 대만과 그와 동맹을 맺은 모든 국가에 대한 시진핑의 최후통첩이었다.

이 모든 것이 불과 몇 시간 안에 이뤄지자 대만은 혼란에 빠졌다. 물류 흐름이 끊기고 주요 항만은 봉쇄되었으며, 대만의 주식시장과 채권시장이 순식간에 폭락했다. 중국 정부는 수송기와 강습 양륙함으로 대만 본토 서해안, 북쪽과 남쪽으로 동시에 상륙할 것이라는 소문을 퍼뜨렸다. 중국의 대만 본토 상륙작전에는 기동헬기 30대, 상륙장갑차 20대, 공기부양상륙정 4척, 해병대 1,000명을 수송할 수 있는 4만 톤급 075형 대형(경함모급) 군함 3척이 동원될 것이라고 떠들었다.[1] 중국 특수부대가 대만 본토에 상륙하면 전광석화처럼 움직여 대만 총통부와 국방부, 쑹산공항, 군사기지를 장악하고 총통 등 대만 요인의 납치와 암살을 시도하며 TSMC 등 산업핵심시설을 장악해 미국과 대만군이 격렬한 반격을 하기 힘들어질 것이라는 분석들이 난무했다.

대만 정부는 국민의 불안감을 잠재우기 위해 대응책을 세웠다. 혹시 모를 중국군 상륙에 대비해 '근해 사수, 해안선 적군 섬멸'이라는 전략 개념을 수립하고 상륙작전이 가능한 카오슝 등 10여 곳에 강력한 방어선을 집중 구축했다. 하지만 미국의 지원 없이는 전력 열세의 불리함을 만회할 수 없을 것이었다.

시진핑은 대만 봉쇄 위협을 높이기 위해 제한적 공격도 승낙했다. 중국군은 370밀리미터 방사포와 DF-11A, DF-15B 미사일로 대만 국방부, 육해공 총사령부 등 군지휘시설을 무력화하고 제공권과 제해권 확보에 성공했다. 중국 공군은 J-11, J-20 등 1,100여 대 전투임무기를 동원해 북부, 서부, 동부에서 진입, 대만의 쑤아오·쭤잉 해군기지, 즈항·신주 공군기지 등의 무력화도 나섰다.

중국이 미리 심어둔 간첩들이 민간인들 사이에 "이제 대만은 중국에 흡수될 것"이라는 유언비어를 퍼뜨리며 심리전을 펼쳐댔다. 곳곳에서 사재기가 벌어졌고 시장은 물가 급등과 생필품 부족으로 혼란에 빠졌다. 사람들은 결사항전을 외쳤지만 급격한 경제 불안 속에서 의지가 흔들리기 시작했다.

미국은 동맹국으로서 대만을 지원하기 위해 발 빠르게 움직였다. 미국은 한국과 일본에 주둔하고 있던 주력 병력을 대만으로 보냈고, 이에 따라 한국 영토에 주둔한 주한미군 병력을 크게 축소할 것이라는 통보를 대한민국 정부에 전했다. 그렇게 대만해협에 미국 해군이 전개되면서 긴장감은 극에 달했다. 미국, 영국, 호주, 일본 등이 포함된 파이브 아이즈 연합도 대만 지원을 결정했고 이는 아시아태평양의 주요 항로에서 국지적 충돌이 벌어질 가능성을 더욱 높였다.

하지만 이 수준의 병력과 지원만으로는 동북아시아 전체에 걸쳐 전개된 중국의 군사력을 완전히 막기엔 한계가 있었다. 무엇보다 미국 본토에서 군사적 지원이 불가피했지만 미국 의회는 미군이 중국의 주력 부대와 전면전을 벌이는 것에 대해 우려하고 있었다. 이런 상황에서 뉴스 속보로 흘러나온 중국의 공격 소식은 전 세계로 퍼져나갔고, 언론은 대만뿐 아니라 동북아 전체가 전쟁의 불길 속으로 빠져들 위기에 놓였다고 목소리를 높이기 시작했다.

서울의 비상회의실에서도 긴박한 공기가 감돌았다. 비상 소집된 고위 관계자들 사이에 놓인 뉴스 브리핑 화면에는 마치 폭풍 속에 갇힌 듯한 진먼다오의 모습이 비춰지고 있었다. 그곳은 이미 중국군의 철저한 봉쇄와 포격에 장악된 상태였다. 대만의 해상과 공중 길목이 중국의 잠수함과 항공기에 의해 철저히 봉쇄되는 동안 국제 무역로도 마비되기 시작했다. 한국은 대만 전쟁에서 미국의 동맹국으로 참여할 수밖에 없지만, 정작 한반도의 안전에 필요한 주한미군 병력은 크게 줄어들 상황이었다. 국방부 장관의 보고가 이어졌다.

"미군의 방어 공백을 메우기 위해 독자적인 방어력을 구축해야 한다는 의견이 나오고 있습니다. 일본과 방어 협력을 고려할 수 있는 방안도 검토해야 합니다만 국민 여론이 문제입니다. 대만과 필리핀 북쪽 바시해협이 봉쇄되면 남중국해로의 출입도 불가능해지며, 한국 역시 경제적 고립을 피할 수 없게 됩니다."

회의실 한쪽에서는 예산 문제와 대외 협력 논의가 끊임없이 이어졌다. 불신과 필요 사이에 고립되지 않기 위한 결단이 필요한 시기였다.

상황 2: 시진핑, 대만 봉쇄를 결정하다

시진핑 주석은 3연임을 넘어서 4연임, 종신 집권을 꿈꾸고 있었다. 중국이 대만을 무력으로 통일하는 것을 자신의 유산으로 남기려는 야심을 품고 있던 그는 대만을 군사적으로 봉쇄하면서 세계에 신호를 보낸 것이었다. 동시에 시진핑과 그의 측근들은 미국이 대만 문제에서 '전략적 모호성 policy of deliberate ambiguity'●을 포기한 이후 더 이상 평화적 통일이 불가능하다고 여겼다. 특히 미국 의원들의 대만

● 전략적 모호성은 미국이 중국의 대만 침공 시 군사적으로 개입할지 여부에 대해 명확한 입장을 밝히지 않은 채 모호한 태도를 견지하는 정책을 말한다.

방문과 대만 독립을 암시하는 여러 발언들은 시진핑 정권을 자극했고 미국이 대만 독립을 공공연히 지지하는 것으로 해석되었다.

무엇보다 시진핑은 경제적 위기를 눈앞에 두고 있었다. 지난 수년간 이어진 중국 경제의 둔화, 인건비 상승과 실업률 급등으로 지지율이 흔들리기 시작한 상황에서 그는 국민의 시선을 외부로 돌릴 이슈가 필요했다. 바로 이때 '대만 통일'이라는 구호는 그의 입지를 단단히 지킬 수 있는 매력적인 카드였다.

결국 시진핑은 대만해협에 집중된 작전을 승인했다. 대만을 에워싼 중국군 함대와 항공 전력은 전광석화처럼 빠르게 대만의 바다와 하늘을 봉쇄했고 미군과 대만군이 대응할 틈을 주지 않았다. 시진핑의 목표는 대만을 국제적으로 고립시키고 중국이 이 지역을 완벽히 장악할 수 있는 군사적 압박을 가하는 것이었다.

중국은 동부 연안에 집결시킨 핵추진 잠수함 7척과 재래식 잠수함 42척을 대만해협으로 은밀히 이동시키며 주요 항로를 차단했다. 중국군은 제1 도련선 요충지로 꼽히는 바시해협과 오키나와 근처 바닷길을 차단해 미국과 일본의 개입을 막았다. 대만은 순식간에 중국에 의해 고립된 섬으로 전락했다. 그와 동시에 중국은 대만 내부에도 간첩들을 활용해 민심을 흩어놓기 시작했다. 전기와 물자가 차단된 상태에서 대만의 경제는 추락했고, 사람들은 사재기에 나서며 불안감을 숨기지 못했다.

김도현 외교관은 한국 외교부의 급박한 회의에서 중국의 장기적 봉쇄 의도를 재차 들으면서 상황의 심각성을 새삼 깨달았다. 이미 대만해협은 전쟁터로 변했고 미군은 주한미군의 상당 부분을 대만 지역으로 옮기기 시작했다. 이는 외교부가 경계하고 있던 최악의 시나리오, 즉 미국의 전략적 모호성 정책이 실질적으로 사라졌음을 모두가 깨닫는 순간이었다. 미국과 중국이 대만해협에서 장기적 군사 대치에 돌입하면서 한반도는 점점 방어력의 공백이 커질 운명이 된 것이다.

김도현은 시진핑이 결코 이번 전쟁을 단순히 대만 문제로 끝내지 않을 것이라고 직감했다. 시진핑의 야망과 중국의 대만 봉쇄는 아시아 전체를 무대로 한 새로운 충돌의 시작일 뿐이었다. 그가 대만을 전면 봉쇄하는 작전을 단행했을 때는 무언가 확신에 찬 계산을 했을 것이라고 김도현은 생각했다.

첫째, 시진핑은 대만의 경제를 철저히 고사시켜 전쟁 대신 항복이라는 선택지를 스스로 택하도록 만들고자 했다. 대만 내 자원과 무역로가 차단되고 물자와 생필품이 고갈되면 민심은 자연스레 흔들릴 것이었다. 게다가 대만의 총통 선거가 다가오고 있었기에 봉쇄를 장기화하고 대만 내 여론을 분열시키면 친중 성향의 정치 세력이 총통 자리에 오를 가능성도 있었다.

둘째, 시진핑은 대만의 여론이 변해서 미국과 중국이 모두 대만해협에서 철수하도록 요구하게 하고, 나아가 대만이 스스로 중립을 선언하도록 할 것이었다. 그리하여 동아시아에서의 미국의 영향력을 최소화하고 중국의 패권을 확고히 하고자 할 것이라고 말이다.

하지만 시진핑의 이런 속셈, 미국과 중국이 대만을 두고 전면전을 벌일 전운이 감도는 상황과는 별개로 김도현의 머리 속에는 불현듯 한 가지 불길한 예감이 스쳐 지나갔다. 북한이 이 틈을 타 한반도에 기습 상륙 작전을 감행할 가능성이었다.

다음 날 아침, 예상치 못한 속보가 국방부에 도착했다. 북한이 기습 공격을 위한 군사적 준비를 마치고 남한으로 진입할 타이밍을 노리고 있다는 첩보였다. 중국이 벌인 일련의 공세에 전 세계의 관심이 집중되는 동안 북한은 '기회의 틈새'를 노려 남한의 북부 지역에 침투할 계획을 비밀리에 준비하고 있었다. 긴급 소집된 관계자들은 서둘러 국방부에 모였고 회의실은 금방 핏기 없는 얼굴들로 가득 찼다. 김도현도 자리를 잡고 정부의 결단을 기다리며 이 정보를 곱씹었다. 그때 서울 도심의 전광판에는 다시 한번 붉은 글씨로 속보가 떠오르고 있었다.

'긴급 속보: 북한, 남침 준비 완료….'

상황 3: 동맹과 독자 방어의 갈림길

국방부 회의실은 엄숙한 긴장감이 감돌고 있었다. 스크린에 비친 미국의 주한미군 감축 결정문이 무겁게 방 안에 내려앉아 있었다. 주한미군이 대만에 집중하는 순간 한반도는 실질적인 방어 공백에 직면할 수밖에 없었다. 모두가 그 심각성을 인지하고 있었으나 그에 대한 대책을 놓고 의견은 갈렸다.

"독자적인 방어력을 강화해야 합니다!"

중장 계급의 군 관계자가 테이블을 힘껏 내리쳤다.

"주한미군이 감축되면 우리도 더는 미국에만 의지할 수 없습니다. 자체적인 방어 체계 없이는 생존이 어려울 겁니다."

이에 맞서 다른 쪽에서 반박이 쏟아졌다. 국방부 정책국의 차관보가 정제된 목소리로 말했다.

"현실적으로 지금 한국이 독자적인 방어 시스템을 전면적으로 갖추려면 수십 년이 걸립니다. 현재로서는 일본과 방어 협력을 검토하는 것이 최선의 선택입니다."

그러자 누군가가 비웃음을 터뜨렸다.

"일본과의 협력이라뇨? 그들이 우리에게 무슨 짓을 했는지 잊은 겁니까?"

회의실은 금방이라도 폭발할 것처럼 팽팽한 긴장으로 휩싸였다. 과거사의 상처와 현실적 필요가 정면 충돌하고 있었다. 곧 다른 참모가 의견을 보탰다.

"물론 일본과의 협력이 감정적으로 어려운 건 압니다. 하지만 지금 중요한 건 감정이 아닙니다. 대만해협이 불안정해지고 북한이 기회를 노리고 있는 상황입니다. 지금 우리가 일본과의 협력 방안을 무시한다면 누가 책임질 겁니까?"

국방부 장관은 한동안 묵묵히 논쟁을 지켜봤다. 그의 얼굴은 깊은 주름에 잠겨 있었고 시선은 사뭇 날카로웠다. 이 국면에서의 결정은 한반도의 방어 전략과 외교 지형에 큰 변화를 가져올 것이었다. 논쟁이 한참 지속될 무렵 장관은 고요한 목소리로 외교 안보 회의장 전체를 사로잡는 한마디를 던졌다.

"일본과 협력하지 않으면 우리는 고립될 것이다."

순간 회의장은 숨소리조차 들리지 않을 만큼 조용해졌다.

상황 4: 침략의 기운

짙은 어둠이 서해를 덮을 무렵 북한 해역의 고요가 깨졌다. 북한군의 고속정과 상륙 병력이 서해 5도를 향해 은밀히 움직이고 있었다. 새벽을 알리는 희미한 빛이 바다에 닿기도 전에 북한은 침공의 첫 단계를 밟고 있었다. 김정은은 미국과 국제 사회가 대만 문제로 촉각을 곤두세운 지금이야말로 남한에 대한 전략적 공세를 펼칠 최적의 기회라고 판단했다. 그의 목표는 간단하면서도 대담했다. 남한 영토의 일부를 점령하고 그 후 평화 협상을 통해 정치적, 경제적 이득을 얻는 것이었다.

김정은의 전략은 다분히 현실적이면서도 계산된 도박이었다. 성공 가능성도 높다고 판단했다. 그동안 그는 러시아가 우크라이나에서 저항을 무릅쓰고도 일부 영토를 장악한 후 협상을 통해 국제적 위치를 강화하고 있는 것을 예의 주시해왔다. 북한 역시 미국과의 직접적인 충돌 없이 상대적 약점이 노출된 남한을 상대로 제한적인 이익을 얻을 수 있을 것이라 판단했다.

그의 이런 결정 이면에는 중국 시진핑과 나눈 비밀 합의도 자리했다. 시진핑은 대만을 군사적으로 압박하면서 미국의 전력을 분산시키고 동아시아의 동맹 관계를 뒤흔들기 위한 교란전의 필요성을 김정은에게 전달했다. 시진핑과 김정은은 미국의 시선이 대만에 고정된 이때 북한이 한국을 교란해 미국과 동맹국들의 균열을 초래하기로 이미 입을 맞춘 상태였다.

서울에서는 비상대책회의가 숨막히는 긴장 속에서 진행되고 있었다.

"현재 서해 5도 인근 해역에서 북한군의 전진이 포착되었습니다. 다수의 병력이 이동 중이며 일부 상륙 준비 정황도 확인됩니다."

군 참모총장이 무거운 표정으로 전황을 설명했다. 그간 미군과의 동맹을 기반으로 해왔던 한반도 방위 체계가 흔들릴 수 있다는 불안감이 엄습했다. 현재 미국의 주요 전력이 대만으로 이동 중이었기에 북한의 침공을 온전히 막아낼 수 있을지 확신할 수 없었다.

대통령과 고위 참모들은 급히 전술 지도를 펼쳐 들었다. 김정은의 속셈은 명확했다. 남한 영토의 일부를 점령함으로써 북한 내부의 불만을 무마하고 군부 강경파들의 욕구를 충족시키려는 의도였다. 최근 기근과 경제난으로 지지 기반이 흔들리는 상황에서 이번 기습 작전은 북한 군부의 사기를 다잡는 기회이자 체제를 강화하는 수단이기도 했다. 김정은은 미국이 대만에 집중하는 틈을 타 이런 계획을 성공시키고자 했다. 그리고 한국 내에서 동맹에 대한 회의와 갈등을 유발하려는 의도도 분명했다. 만약 한미동맹에 균열이 일어난다면 시진핑이 그 틈을 타 동아시아에서 중국의 입지를 더욱 강화할 수 있기 때문이었다.

몇 시간 후, 비상대책회의가 진행되고 있는 회의실에 또다시 보고가 들어왔다.

"북한군 대규모 병력이 서해 5도를 넘어 남하를 시작했다고 합니다. 현재 중부와 동부 휴전선에서도 대규모 북한 부대의 움직임이 정찰 위성에 포착되었습니다."

이제 남은 선택은 북한의 도발을 최대한 신속하게 저지하거나, 제한적인 전투를 통해 국경을 방어하는 것이었다.

"비상사태를 선포하고 전군 방위 태세에 돌입해야 합니다."

국방부 장관이 강경한 목소리로 말했다. 대통령은 결심한 듯 고개를 끄덕였다.

"우리의 안전을 지키는 데 주저할 이유가 없습니다. 비상사태를 선포하겠습니다."

정부는 전국에 비상사태를 선포하고 즉각 서해 5도와 접경 지역에 추가 병력을 투입하기 시작했다. 전국 언론사들이 이 사실을 보도하면서 시민들 사이에 긴장감이 급속히 퍼져나갔다. 서울 중심가의 주요 방송사들이 일제히 서해 5도 상황과 북한군의 남하 정황을 속보로 전했다. 시민들은 충격에 휩싸였고 곧 전국적으로 생필품 사재기와 불안감이 확산되었다. 북한의 침공 의도와 그 이면에 도사린 중국과의 음모는 여전히 드러나지 않았지만 한반도는 전례 없는 전운에 휩싸여 있었다.

상황 5: 전선의 혼돈

서해의 밤하늘이 암울하게 드리운 가운데 북한군의 방사포가 일제히 불을 뿜으며 서해 5도를 향해 빗발처럼 쏟아졌다. 북한이 자랑하는 장거리 방사포는 섬을 뒤흔들었고 폭발음이 연이어 들려오면서 하늘은 붉게 물들었다. 북한군은 서울이 아닌 서해 5도를 집중 타격해 전선을 혼란에 빠뜨리고 한반도의 요충지를 흔들려는 의도를 드러냈다.

"방사포가 다시 쏟아집니다!"

무전을 통해 포격이 재개됐다는 소식이 전해지자 한국 해병대원들은 가까운 엄폐물로 몸을 숨기며 재빠르게 방어 태세를 취했다. 대피소의 벽을 흔드는 거센 진동이 병사들을 몰아쳤고, 포탄이 해변에 닿을 때마다 굉음과 함께 흙더미가 솟아올랐다. 섬 일대는 마치 폭우가 쏟아지듯 사방에서 방사포가 쏟아지고 공포와 긴장감이 최고조에 이르렀다.

강력한 파괴력을 가진 포탄이 무차별적으로 섬을 강타하면서, 방어선을 유지하려는 한국 해군과 해병대는 순간적으로 커다란 충격에 휘말렸다. 포격으로 절반가량의 초소가 파괴되었고 전진 배치된 병력은 진지를 급히 재배치해야 했다.

서해 5도 일대에서 북한의 무차별적인 방사포격이 일단락되자 섬의 여기저기서 연기가 피어오르고 해변은 파괴된 장비와 흩어진 잔해들로 뒤덮였다. 적의 기습 공격으로 지휘 체계도 일시적으로 혼란에 빠져 각 부대는 고립된 채 개별적으로 치열한 사투를 벌여야만 했다. 포격이 잠잠해지던 순간 한국 해병대는 멀리서 들려오는 낮은 엔진 소리를 감지했다. 어둠 속에서 북한의 특수부대가 상륙정을 타고 섬으로 접근하고 있었던 것이다. 거센 파도를 뚫고 상륙하는 북한군의 움직임은 재빠르고 일사불란했다. 이내 수백 명의 북한 특수부대가 해안에 상륙하며 포위를 시도했고 한국 해병대는 이를 저지하기 위해 방어선을 구축했다.

"적의 특수부대가 해안에 상륙했다! 전 병력, 해변 방어선으로 집결하라!"

해병대 지휘관의 명령이 즉각 무전을 통해 전달되었고 해병대원들은 각자의 위치에서 전열을 가다듬었다. 빗발치는 총성과 함께 양측은 수십 미터 간격으로 치열한 교전을 벌이기 시작했다. 북한군은 기습과 은폐에 능숙한 특수부대원들을 앞세워 한국 해병대의 방어선을 교란하며 섬 곳곳으로 파고들었고, 한국 해병대는 포탄이 날아드는 와중에도 끝까지 진지를 지키려 사투를 벌였다. 적은 시시각각 위치를 바꾸며 공격을 감행했고 해안가에는 두 군의 교전으로 인한 흔적이 무수히 새겨졌다.

상황 6: 비밀 외교의 시작

서해 5도의 전투가 극렬하게 이어지는 동안 북한이 또 다른 기습 공격을 준비하고 있다는 정보가 속속 들어왔다. 그리고 중국의 동북 지역 보병 사단 몇 개가 이미 북한의 공세를 막후에서 지지하는 움직임을 보이기 시작했다는 첩보도 들어왔다. 우크라이나 전쟁에서 북한의 도움을 받았던 러시아도 북한을 지원하기 위해 군대를 움직였다는 소식도 급박하게 들어왔다. 러시아가 미국이 두려워하는 핵잠수함을 이미 동해 깊은 바닷속 어디엔가 배치했다는 소문도 돌았다. 미군이 대만에 집중하는 동안 한국은 자칫하면 중국과 북한, 러시아의 연합 공세에 고립될 수도 있었다.

대통령은 급히 외교부 고위 관계자들을 소집하고 중국과 러시아의 압력에서 벗어나기 위해서라도 비밀 외교를 통해 우군을 확보할 필요를 주장했다. 특히 동남아시아 국가들 중 몇몇은 중국의 영향력에서 다소 벗어나 있는 국가들이었다. 이들은 지정학적으로도, 경제적으로도 한국에 전략적 우방이 되어줄 가능성이 컸다. 그러나 이 비밀 협상은 극도로 신중하게 다뤄야만 했다. 중국이 한국의 외교 노선을 감지할 경우 경제적 제재와 함께 한반도 내 군사적 압박을 더욱 강화할 가능성이 크기 때문이다.

하지만 이 문제는 외교부 내에서 강경파와 온건파가 첨예하게 맞서는 또 다른 전쟁을 일으켰다. 외교부 차관 박진우는 협상계획서를 펼치며 설명을 이어갔다.

"동남아시아 국가들과의 연합 외교가 성공적으로 성사된다면 우리는 중국의 경제적 고립 압박에서 어느 정도 벗어날 수 있습니다. 필리핀과 베트남, 말레이시아는 현재 중국과 미묘한 관계를 유지하고 있습니다. 그들과 협력한다면 대중국 의존도를 줄일 수 있을 뿐 아니라 외교적 우방을 확보할 수 있습니다."

그러나 강경파 참모들은 이를 극도로 위험하게 여겼다.

"이 협상 내용이 중국에 노출되면 어떤 일이 벌어질지 모릅니다. 그들은 북한에 대한 군사적 지원을 강화할 것이고 한반도 안보에도 큰 위협을 가할 겁니다. 지금은 섣불리 움직일 때가 아닙니다."

그들은 한미 동맹을 더욱 강화하는 데 집중해야 한다고 주장했다. 이에 박진우 차관은 저항했다.

"하지만 현재 미국이 대만 문제에 집중하고 있는 이상, 우리의 방어를 완전히 미국에만 의지할 순 없습니다. 중국이 우리의 움직임을 주시하고 있다는 걸 알지만 지금 이 순간에도 서해 5도는 화염에 휩싸여 있습니다. 중국, 북한, 러시아의 포위를 빠져나가야 합니다. 그렇지 않으면 경제도, 안보도 유지할 수 없습니다."

회의장은 침묵에 잠겼다. 대통령은 이 외교적 접근이 반드시 필요하다는 걸 깨달았다. 그러나 동시에 그 위험성 또한 결코 간과할 수 없었다.

며칠 후 박진우 차관은 극비리에 동남아의 외교 관계자들과 연락을 취했다. 대중국 외교는 철저한 비밀을 요구했지만 극도의 긴장 속에서 협상은 차츰 진전되고 있었다. 그러나 얼마 지나지 않아 대통령의 비밀 보좌관에게 한 통의 암호화된 긴급 문서가 전달되었다. 동남아 외교 관계자 중 한 명이 보낸 이 메시지는 대통령과 외교 고위 관계자들만이 확인할 수 있었다. 박진우는 그 문서를 손에 쥔 채 급히 외교부로 달려갔다. 메시지에는 다음과 같이 적혀 있었다. "중국이 모든 움직임을 주시하고 있다."

상황 7: 불안과 혼돈에 빠진 국민들

서울 증권거래소의 개장 벨이 울리자마자 화면은 붉은 숫자로 물들어갔다. 주가는 연일 하락세를 보였고, 매도 물량이 쏟아지며 국내

외 투자자들은 불안에 휩싸였다. 북한의 군사 도발과 서해 5도에서 벌어지는 전투 그리고 미중 대치로 인한 대만해협의 위기감이 겹치면서 경제는 그야말로 아수라장이 되어가고 있었다. 뉴스에서는 "주식 시장 폭락", "국제 경제 충격의 여파"라는 헤드라인이 하루에도 수십 번씩 화면을 장식했다.

생필품과 주요 물자의 가격이 치솟았고 시민들은 식료품을 사재기하느라 정신없었다. 밀가루, 라면, 생수는 진열대에서 사라졌고 일부 매장에서는 이미 몇 차례 폭동이 일어났다. 가게 앞에서는 필사적으로 물건을 사려는 사람들끼리 다툼이 벌어졌고 발 디딜 틈 없이 줄이 길게 이어졌다. 정부는 급히 물가 안정 대책을 발표했지만 공포와 위기감에 사로잡힌 국민들에게는 소용이 없었다. 인터넷 커뮤니티와 SNS에는 정부의 무능을 질타하고 북한과의 전면전을 걱정하는 내용의 글들이 빠르게 퍼졌고, 가짜 뉴스와 불안한 소문이 돌면서 공포가 증폭되었다.

국회도 연일 회의로 들끓었다. 과도한 국방 예산과 국민 생활 안정 예산 사이에서 결정이 지지부진해지면서 의원들 간의 갈등은 격화되고 있었다. 한쪽에서는 "현재 국방이 우선이다. 국가를 지키지 못하면 국민의 생활도 없다"라는 주장이 나왔고, 다른 쪽에서는 "생필품도 없는 상황에서 국민이 어떻게 견디나? 생활 안정 예산을 먼저 확보해야 한다"고 맞섰다. 폭언과 고성이 오가는 국회 본회의장은 언제 터질지 모르는 화약고 같았다. 의원들 사이의 의견 충돌이 갈수록 격렬해지면서 국민들은 더욱 혼란스러워졌다.

서해 5도 기습 점령에 성공한 북한은 대남 방송을 통해 (한국 정부를 제쳐두고) 미국과 한반도에서 평화 협상을 하자고 갑작스런 제안을 해왔다. 모두 이미 중국과 사전 계획을 세운 그대로였다. 그러자 한국 정부와 국회는 다시 둘로 나눠 싸우기 시작했다. 일부 정부 관계자들은 협상이 북한의 시간 벌기 전략일 수 있다고 경고했지만, 다른 이들은 전면전보다 협상이 낫다고 주장했다. 상황이 자신에게 유리하다고 판단한 김정은은 한국 측에 상상 이상의 요구 조건을 내걸며 압박을 가해왔다.

상황 8: 일본과의 불편한 동맹

한반도와 대만해협에서 전운이 감돌고 국내 정세가 거대한 혼란에 빠진 가운데, 회의실에 새로운 긴장감이 흐르고 있었다. 이번 위기를 계기로 일본이 한국과의 방어 협력을 정식으로 제안해온 것이다. 일본은 최근의 북한 도발과 중국과 러시아의 강경 행보가 일본에도 위협이 될 수 있다고 판단하고 한일 방어 협력 체제를 구축하자고 나섰다. 그러나 이 제안은 한국 내부에서 반발을 일으켰다. 외교부 고위 관계자가 난색을 표하며 입을 떼었다.

"일본과의 방어 협력? 이건 단순한 군사적 결정을 넘어선 문제입니다. 일본의 방어 협력 제안을 받아들이는 순간 국민들은 과거사 문제를 떠올리며 강력히 반대할 겁니다."

한쪽에서는 현재의 안보 위기를 고려할 때 일본과의 협력이 현실적이라는 입장을 내세웠지만, 과거사의 상처를 감수하면서까지 일본과 손을 잡는 것이 바람직하지 않다는 의견도 만만치 않았다. 양의견은 팽팽히 맞섰다. 이때 국방부의 한 장군이 군사적인 필요성을 주장했다.

"북한이 도발을 이어가고 있고, 중국과 러시아의 압박도 강해지는 상황입니다. 미국 의회는 대만과 한반도에서 전면전이 일어날 것을 두려워하며 추가 병력 파병에 지지부진합니다. 유럽도 이 전쟁에 적극 개입할 의사가 없습니다. 자칫 우리만 고립됩니다. 과거사가 중요한 것이 아니라 한국의 실질적인 방어 계획이 필요합니다. 일본과의 정보 공유는 방어선 확보에 큰 도움이 될 것입니다."

그러나 정치계 인사들은 이에 반발했다.

"국민 정서를 무시할 수는 없습니다. 일본과의 동맹은 과거사의 상처를 되새기게 할 뿐입니다."

밤이 깊어가던 시각, 텔레비전 화면에는 대통령이 등장했다. 대통령의 얼굴은 긴장과 결연함이 뒤섞여 있었다. TV를 통해 담화가 중계된다는 소식에 국민들은 집집마다 화면 앞에 모였고, 도심의 전광판 앞에도 사람들이 모여들었다. 한반도 전역이 마치 숨을 멈춘 듯한 정적에 휩싸였다. 대통령은 굳은 표정으로 카메라를 응시하며 담담하게 입을 열었다.

"국민 여러분, 지금 이 시간에도 서해 5도에서 우리 국군은 북한의 공격에 맞서 목숨을 걸고 싸우고 있습니다. 또한 동북아 전체에 닥친 전운 속에서 우리의 안보는 심각한 위기에 놓여 있습니다. 이제 우리에겐 한반도 방어를 위한 현실적인 선택을 해야 할 시점이

왔습니다. 한국 경제도 심각한 위기에 빠졌습니다. 한반도에서 전면전이 벌어질 것이라는 우려 때문에 전 세계 기업들과 국가가 한국 기업들과 거래를 중지했습니다. 여러 고심 끝에 저는 국가의 안보를 위해 앞으로 일본과 군사적 협력을 진행할 수밖에 없다는 결론을 내렸습니다."

그 순간 화면을 통해 담화가 전달되는 곳곳에서 국민들은 깊은 충격을 받았다. 길거리에 모여 있던 사람들도, 가정집에서 TV를 보던 이들도 일제히 웅성거렸다. 대통령의 발언은 너무도 무거운 의미를 담고 있었기 때문이다.

"이번 협력에는 일본과의 군사 정보 공유가 포함됩니다. 국민 여러분의 분노와 실망을 이해합니다. 과거사가 우리에게 남긴 아픔 또한 잊지 않았습니다. 그러나 현재의 위기는 결코 만만히 넘길 수 없는 현실입니다. 북한과 중국, 러시아의 군사적 압박 속에서 우리의 독자적 방어만으로는 부족한 상황이기에 일본과 협력해 우리의 방어 체계를 더욱 강화해야 합니다."

대통령은 결연한 눈빛으로 다시 한번 카메라를 응시했다.

"이 결정이 국민 여러분께 큰 실망을 줄 수 있다는 것을 잘 알고 있습니다. 그러나 이 결정을 내린 것은 오직 여러분의 안전과 나라를 지키기 위한 최선의 방안이었음을 이해해주시기 바랍니다."

그날 밤, 대통령의 담화는 전국에 커다란 파장을 일으켰다. 각종 뉴스와 소셜미디어에는 담화를 둘러싼 논란과 의견들이 폭발하듯 쏟아져 나왔다. 국내 여론은 들끓었다. 언론과 시민 단체들은 일본과의 협력 소식에 대해 연일 비판적인 기사를 쏟아냈고, 도심 곳곳에서 '일본과의 군사협력을 반대한다'라는 피켓을 든 시민들이 모여 시위를 벌였다. 사회적 분위기는 갈수록 격앙되었고 몇몇 국회의원들도 일본과의 협력에 반대하는 목소리를 높였다.

다음 날 국민들의 관심은 외신을 향했다. 화면에는 유럽연합 대표가 대만 사태에 집중하기 위해 한반도의 분쟁 개입을 자제하겠다고 발표하는 모습이 비춰졌다. 유럽의 주요 국가들은 한반도에서의 전면전을 막기 위해 북한과 남한이 휴전에 합의할 것을 압박해왔다. 이미 지쳐가는 한국 국민과 정부에게 유럽의 외면은 한없이 무거운 현실로 다가왔다. 미국조차도 핵전쟁을 두려워하며 대만해협의 안정에 군사 자원을 집중하겠다고 공식 발표하면서 한국 내에서 불안감과 불만이 번져나갔다. 전 세계가 눈을 돌린 사이 북한은 자기들의 요구가 관철될 수 있다는 확신을 얻은 듯 군사적 압박을 멈추지 않았다.

시진핑과 김정은이
동북아시아의 위험 인물인 이유

유럽에서는 우크라이나를 침공한 푸틴이 위험한 인물로 여겨지고 있으며 동북아시아에서는 김정은과 시진핑이 핵무기를 개발하고 지역 패권을 강화하는 불안정한 요소로 간주된다. 김정은은 핵무기 개발과 군사 도발로 지역 안보를 위협하고 있고 시진핑은 대만 통일을 위한 군사적 압박과 지역 패권 추구로 불안을 조성하고 있다.

필자는 『2050 미중 패권전쟁과 세계경제 시나리오』에서 시진핑이 대만을 통일하기 위해 전쟁을 일으킬 가능성에 대해 다룬 적이 있다. 여기서 필자는 중국과 미국 간의 패권 경쟁이 세계경제와 안보에 미칠 영향을 분석하고 대만 문제를 포함한 여러 시나리오를 통해 향후 국제 정세를 전망했다.

또 다른 시나리오에서는 시진핑이 대만과의 전쟁을 시작할 경우 미국의 동맹을 약화시키기 위해 '다중 전쟁'을 벌일 가능성이 있다고 예측했다. 이는 여러 지역에서 동시에 갈등을 일으켜 미국의 대응을 분산시키려는 전략이다. 이 다중 전쟁의 첫 번째 대상은 한반도일 가능성이 크다. 한반도는 지리적으로 중요한 위치에 있어서, 중국이 대만을 공격할 때 한반도에서 갈등을 유발함으로써 미국과 동맹국들의 대응을 분산시키려는 전략을 사용할 수 있다.

필자가 제시한 시진핑의 대만 통일 전쟁 시나리오에는 세 가지 핵심 요소가 있다. 첫째, 중국이 대만을 무력으로 침공한다면 가장 가까운 시점은 시진핑 3기 말이다(물론 이때 전쟁이 반드시 일어난다는 건 아니다. '가까운 미래에 가장 위험한 시점이 언제인가?'라는 질문에 대한 대답이다). 시진핑은 이미 권력을 확고히 했고 그의 세 번째 임기 말에는 중국 내부가 어느 정도 안정될 가능성이 크다. 이럴 때 대만에 대한 군사적 행동을 취하는 것이 가장 합리적인 선택일 수 있다.

둘째, 시진핑이 선택할 수 있는 가장 강력한 전략은 '대만 전면 포위 작전'이다. 이 포위 작전은 대만의 항구와 공항을 봉쇄해 대만의 경제와 물류를 마비시키고 국제 사회의 개입을 어렵게 만드는 것을 목표로 한다. 국제 사회의 개입이 어려운 이유는 중국이 강력한 군사적, 외교적 압박을 통해 주변국들의 행동을 제약하고 국제적인 해상 및 항공 경로를 차단해서 물류와 지원이 원활히 이뤄지지 못하게 만들기 때문이다.

이런 봉쇄는 반도체와 전자제품 같은 주요 산업의 공급망을 심각하게 훼손하고 전 세계적인 물가 상승과 무역 혼란을 초래할 수 있다. 특히 대만은 반도체 생산의 중심지로서 이 지역에서의 갈등은 글로벌 기술 산업에 막대한 영향을 미칠 가능성이 있다. 이 작전만으로도 세계경제에 큰 충격을 줄 수 있으며 그 영향은 러시아-우크라이나 전쟁이나 이스라엘-하마스 전쟁보다 더 클 수 있다. 대만은 세계 무역에서 중요한 역할을 하기 때문에 대만에서 분쟁이 발생하면 전 세계 경제에 큰 영향을 미칠 것이다.

셋째, 대만을 둘러싸고 미국과 중국이 무력 충돌을 벌인다면 북한, 러시아, 한국, 일본, 나토 등이 필연적으로 개입하면서 제3차 세계대전으로 확대될 가능성도 있다. 국제 사회의 반응은 시진핑의 대만 통일 시나리오에서 매우 중요한 변수다. 미국은 대만과의 강력한 동맹을 유지하고 있으며 중국이 대만을 공격할 경우 이를 방어하기 위해 군사적 개입을 할 가능성이 크다.

대만에 대한 미국의 군사적 개입은 주한 미군의 투입, 일본의 방어 협력, 유럽 국가들의 경제제재 등을 연쇄적으로 일으킨다. 그리고 이런 연쇄 반응은 중국의 추가 군사 전략과 실행에도 중요한 변수로 작용할 것이다. 한반도 전쟁 가능성은 이런 연쇄작용 과정에서 벌어질 수 있는 미래다. 이런 상황은 동아시아 지역뿐 아니라 전 세계적인 전쟁으로 확산될 수 있으며 심지어 핵무기 사용의 가능성도 배제할 수 없다.

미래학에서 '뜻밖의 미래 시나리오'는 예상하지 못한 미래의 상황이나 사건을 논리적으로 가정하는 것을 의미한다. 이는 동북아시아 같은 지역에서 북한의 핵 개발이나 중국의 대만 압박 같은 정치적, 경제적 불안정을 고려할 때 중요한 개념이다. 뜻밖의 미래 시나리오는 정치, 기술, 사회, 경제 등 다양한 분야에서 자주 발생하며 이런 일이 실제로 일어날 경우 예상치 못한 기술혁신 혹은 국제 정세의 대변혁이나 역사나 사회의 대반전을 추가 도출하기도 한다.

이런 시나리오들은 각 나라의 정책 결정자들에게 큰 도전으로, 준비되지 않은 상황에 대처하는 유연성과 신속함을 요구한다. 특히 동북아시아의 불안정한 정치 상황에서는 이런 시나리오가 실제로 나타날 가능성이 크다.

예를 들어 코로나19 바이러스는 '전 세계의 2년간 완전 봉쇄'라는 아무도 예상하지 못한 '뜻밖의 미래'를 몰고 왔다. 뜻밖의 미래는 명암도 동시에 몰고 온다. 코로나19 바이러스 대유행은 수백만 명의 사망자를 낳고 전 세계 경제에 막대한 충격을 주었지만, 동시에 새로운 치료법과 백신 개발이라는 긍정적인 변화도 가져왔다. 이런 긍정적인 변화는 의료 분야뿐만 아니라 기술 개발과 디지털 전환 등 다양한 부문에 영향을 미쳤다. 이런 혁신은 기존의 의료 시스템을 개선하고 더 빠르고 효율적인 백신 개발 과정을 만들어냈다. 또한 원격 근무와 온라인 교육의 확산으로 새로운 생활 방식이 자리 잡으면서 사회 구조에도 큰 변화를 일으켰다. 이로 인해 각국의 경제도 디지털 경제로 빠르게 전환되었고 소매업, 금융, 교육과 같은 많은 산업이 이런 변화에 적응해야 했다.

2022년 러시아의 우크라이나 침공도 많은 나라가 예상하지 못한 사건으로, 국제 정세와 경제에 큰 영향을 미쳤다. 푸틴의 우크라이나 침공은 에너지 시장의 불안정을 가져왔으며 이는 전 세계 에너지 가격에 큰 변동을 일으키고 에너지 자원에 대한 새로운 전략적 접근을 모색하게 했다. 최근 벌어진 이스라엘-하마스 전쟁도 마찬가지다.

다시 말하지만 '뜻밖의 미래', '설마 하는 미래'는 생각보다 자주 일어난다. 그래서 김정은의 한반도 기습 군사 도발, 시진핑의 대만 통일 전쟁 같은 사건도 일어날 가능성이 전혀 없는 미래로 치부하는 것은 매우 위험하다. 시진핑의 대만 통일 전쟁 역시 대만의 반도체 산업을 중심으로 한 세계 공급망에 큰 혼란을 초래할 수 있다. 대만은 반도체 생산의 중요한 중심지이기 때문에 이런 갈등은 전 세계 기술 산업에 큰 영향을 미칠 수 있다.

하지만 시진핑의 대만 통일 전쟁은 그 파급력이 반도체 시장에만 국한되지 않는다. 대만 주위의 바닷길은 중동의 수에즈 운하보다 더 중요한 무역 통로다. 그렇기 때문에 대만을 두고 미국과 중국 사이에 전쟁이 벌어지면 글로벌 무역에 거대한 폭풍우가 일어나고 코로나19 시기의 무역 중단, 투자 감소, 공급망 혼란을 넘어서는 위기가 발생할 수도 있다. 미국과 중국이 동아시아 영향력을 두고 벌이는 패권 전쟁의 승부의 향방에도 결정적 변수가 될 수 있다. 최악의 경우에는 제3차 세계대전까지 맞이할 수 있다. 한국은 6.25 전쟁 이후 다시 한반도 전체가 끔찍한 전쟁의 소용돌이에 빠질 수 있다.

따라서 뜻밖의 미래 시나리오에 대비하는 것은 매우 중요하다. 특히 한국의 경우에는 동북아시아에서 벌어지는 불안정한 국제 정세와 예상치 못한 사건들에 대비하기 위해 철저한 시나리오 분석과 전략 수립이 필요하다.

한국 전쟁의 도화선, 대만 전쟁

국제적으로는 많은 나라가 대만을 독립된 실체로 보지만 중국의 입장은 다르다. 중국은 대만을 원래 자기 영토라고 생각한다. 중국의 입장에서 보면 대만은 한 번도 중국의 영토가 아니었던 적이 없으며 대만 정부는 단지 반정부 세력에 불과하다.

이는 1949년 국공내전 이후 국민당 정부가 대만으로 이동하면서 시작된 역사적 배경에 기인한다. 국공내전은 공산당과 국민당 간의 치열한 전쟁이었다. 중국 공산당은 패배한 국민당이 대만, 즉 자국의 영토에 숨어들었다고 본다. 독립해서 새로운 나라를 수립했다고 보지 않는 것이다. 중국 정부 입장에서 대만은 언제나 자국의 일부였기 때문에 본토와의 합병을 서두를 필요도 없다. 100년이든, 200년이든 언젠가 대만에 국민당 정부가 무너지고 친중 정부 혹은 공산당 정부가 들어서면 자연스럽게 중국 중앙정부의 지배에 흡수될 것이라고 믿는다. 그래서 대만 문제에 천천히 접근하고 통일이 급하지 않다는 입장을 취해왔던 것이다.

하지만 시진핑의 생각은 다르다. 시진핑은 자신의 정치적 목표를 이루기 위해 헌법을 개정해 3연임을 성공시켰다. 이는 과거 중국 지도자들이 두 번의 임기 후에 물러나는 관례를 깨뜨린 중요한 변화다. 국가주석의 임기 제한을 폐지하면 사실상 무기한 집권도 가능하다. 필자의 분석으로는 시진핑의 장기집권은 오랜 기간 철저히 계획된 결과다.[2]

그는 첫 번째 집권 기간 동안 종신 집권의 명분을 쌓는 데 집중했다. 부패 척결 캠페인을 벌여 정치적 정당성을 강화하고 경제 개혁을 추진해 대중의 지지를 얻은 것이다. 우선 그는 반부패 운동을 통해 고위 관리들의 부패를 척결하고 국가의 통치 구조를 투명하게 만들었다. 그는 자신의 권력을 강화하기 위해 여러 가지 방법을 준비했는데, 특히 종신 집권의 가장 큰 장애물이었던 정치적 경쟁자들을 제거하는 데 집중했다.

시진핑은 국공내전 승리자들의 후손인 태자당 출신으로, 이런 배경은 그의 정치적 정당성을 높이는 데 중요한 역할을 했다. 그는 부패를 척결한다는 명분으로 경쟁 그룹인 장쩌민의 상하이방上海幫과 후진타오의 공청단共靑團(공산주의청년단)을 '무자비하게' 제압했다. 상하이방은 1980년대부터 중국 권부에 진입한 상하이 출신 세력으로, 시진핑은 이곳 핵심 인물들을 부패 혐의로 체포하고 공청단의 영향력을 약화시키기 위해 당내 주요 자리를 차지하지 못하도록 막았다. 이는 단순한 권력투쟁이 아니라 이후 종신 집권을 위한 기반을 다지기 위한 전략이었다.

이후 시진핑은 자신을 지지하는 인물들로 권력의 핵심부를 구성했다. '시자쥔習家軍'이라고 불리는 이들을 통해 그는 자신의 정책과 통치를 효과적으로 추진하고자 했다. 상무위원 숫자도 일곱 명으로 줄여 권력 집중을 더욱 강화했는데,[3] 이로써 의사결정 과정에서 자신의 영향력을 더 키우고 자신이 원하는 방향으로 정책을 쉽게 결정하고 실행할 수 있는 환경을 만들었다.

경제적으로는 '일대일로一帶一路, One belt, One road'● 라는 대규모 국제 인프라 프로젝트를 확대했다. 일대일로 프로젝트는 중국 인민의 자부심을 끌어올렸고 중국이 주변국과의 경제적 유대감을 강화하고 국제 사회에서 영향력을 확장하는 데도 유용했다. 또한 부동산 경기 부양 카드로 도시 개발, 일자리 창출을 일으켜 국민들의 생활 수준

● 일대일로는 2013년 시진핑 주석의 주도로 발표한 글로벌 개발 전략이다. 이는 아시아, 유럽, 아프리카를 연결하는 인프라 건설 및 경제 협력을 강화해 글로벌 경제 성장을 촉진하고 중국의 경제적, 정치적 영향력을 확대하려는 목적을 가진다.

을 높이고 미래 산업에 대한 투자를 늘려 기술 혁신과 경제 성장에 대한 기대감을 불러일으켜서 대중의 지지를 얻고자 했다.

시진핑의 종신 집권을 위한 가장 큰 도전은 헌법을 수정하는 것이었다. 중국의 집단지도체제는 주석의 10년 임기제, 연령제, 격대지정隔代指定이라는 세 가지 전통에 기반하고 있다. 먼저 덩샤오핑이 만든 '10년 집권 전통'은 마오쩌둥의 장기집권과 문화대혁명으로 인한 혼란을 막기 위한 것이었다. 문화대혁명은 1966년부터 1976년까지 지속되었으며 정치적 박해와 사회적 불안정, 경제적 혼란을 초래했다. 덩샤오핑은 이런 혼란의 재발을 방지하고 권력의 남용을 막기 위해 임기 제한을 도입했다.

또한 1982년에 중국은 국가주석의 임기를 2연임 10년으로 제한하고 상무위원의 나이를 제한하는 '칠상팔하七上八下' 규칙을 헌법 제79조에 명시했다.[4] 이 규칙은 67세까지만 상무위원직에 머무를 수 있고 68세부터는 물러나야 한다는 의미다. 이런 규정은 절대 권력을 방지하고 권력의 세대 교체가 자연스럽게 이뤄지게 해서 새로운 지도자들이 등장할 수 있는 기회를 제공했다.

격대지정은 차차기 후계자를 미리 정해놓는 전통으로, 권력 승계 과정에서 나타나는 피비린내 나는 투쟁과 갈등을 줄이고 사회적 대혼란을 막기 위한 안전장치였다. 이렇게 중국 공산당은 연임에 대한 안정적 보장을 해주는 대신 종신제를 막고 권력 퇴출 근거를 마련해 쿠데타나 비정상적인 권력 획득 행위 없이 평화적 권력 교체 기반을 마련하는 전통을 유지했다.[5]

그러나 시진핑은 임기제, 연령제, 격대지정이라는 세 가지 원칙을 모두 깨고 종신 집권의 기반을 마련하기 위해 헌법 개정을 추진했다. 그러면서 이를 알아차린 정적들을 수차례 암살했을 뿐만 아니라 쿠데타 위협도 받았다. 2018년 그는 자신의 권력이 가장 강한 시기를 택해 헌법에서 주석 임기 제한 조항을 삭제하는 데 성공했다. 집권 2기가 시작됨과 동시에 전광석화처럼 벌어진 헌법 수정이었다. 1기 임기 시절의 자신의 업적도 멋지게 포장했다. 시진핑은 제3차 역사결의를 통해 자신을 마오쩌둥, 덩샤오핑과 동등한 반열에 올려놓는 데도 성공했다.

이런 정치적 대변화에 대해 정치권과 국민들의 반응은 엇갈렸다. 일부는 이를 통해 시진핑의 리더십이 안정적으로 지속될 수 있다고 지지했지만, 일부는 권력의 집중과 독재화에 대한 우려를 나타냈다. 시진핑은 자신이 추진하는 여러 정책들이 장기적인 성과를 내기 위해서는 안정적인 리더십이 필요하다고 주장했다. 특히 일대일로 같은 대규모 국제 프로젝트나 경제 개혁, 기술 혁신 같은 계획들은 오랜 기간의 리더십 없이는 성공하기 어렵다는 논리를 내세웠다. 미국과 패권전쟁에서 승리하는 것도 명분이었다. 이런 주장은 당 내부와 국민들에게 어느 정도 설득력을 발휘했다.

2023년 시진핑은 그다음 작업에 착수했다. 이번에는 헌법 개정을 반대하는 세력을 넘어 종신 집권에 장애물이 되는 정적들을 숙청하는 작업을 시작했다. 그렇게 해서 2023년 한 해에 숙청된 고위 관료가 최소 41명이었다. 2014년 그가 주석에 취임한 이후 최대 규모였다. 중국 중앙기율검사위의 발표 자료에 따르면 당시 고위 관료 숙청 규모는 시진핑 집권 첫해인 2013년에 21명, 2014년 41명, 2015년 37명, 2016년 29명, 2017년 32명, 2018년 28명, 2019년 22명, 2020년 20명, 2021년 25명, 2022년 34명이었다. 2023년에는 이례적으로 은퇴한 고위 관료도 17명이나 조사 대상에 넣었다. 명분은 부정청탁금지법 위반 혐의다.

시진핑은 거물 부정부패 혐의자를 '호랑이'로, 지역의 당정 관료를 '파리'로 칭하면서 대대적인 숙청의 칼날을 휘둘렀다. 관례상 중국 정치계에서는 부정부패 고위 공직자라도 정치계에서 물러나면 형사처벌을 하지 않았다. 그러나 시진핑의 목적은 분명했다. 종신 집권이 가능하려면 공산당 중앙위원회 상무위원회가 태자당-상하이방-공청단 세 개의 세력이 분점되는 것 자체를 없애버려야 했다. 그 누구도 반기를 들 수 없는 시진핑 중심의 1인 체제로 바꾸려는 행보다. 현대 중국 최고 권력자였던 마오쩌둥만이 가졌던 권력을 확보하는 것이 그의 목표였다.[6]

시진핑은 중국 내부의 정치적 안정을 강화하기 위해 여러 가지 강력한 통제 정책도 밀어붙였다. 시진핑과 중국 공산당의 정책에 공개적으로 반기를 든 민간 기업인들을 단칼에 날려버렸으며 인터넷 안전법을 통해 온라인 활동을 엄격히 규제하고 소셜미디어 플랫폼에 대한 검열도 강화했다. 반대 목소리를 차단하기 위함이었다. 국가보안법으로 내국인, 외국인 가리지 않고 반체제 활동을 엄격 단속하고, 청년층을 중심으로 공산당 이념을 강화하기 위한 교육 정책도 적극

추진했다. 교육과 문화 분야에서도 공산당의 이념을 더욱 강화하기 위한 노력을 이어갔으며 애국주의 교육을 통해 국민들의 충성심을 높이고자 했다.

이렇게 시진핑의 장기 집권은 충동적인 권력 욕심에서 비롯된 게 아닌 철저한 전략과 계획에 따라 이뤄진 것이었다. 그는 정적들을 제거하고 자신에게 충성하는 인물들로 권력의 핵심부를 채웠으며 헌법을 수정했다. 이런 행보를 하는 시진핑이라면 대만 문제를 다루는 방식도 다를 것이라고 전제해야 한다. 대만 통일은 그의 리더십을 강화하고 중화인민의 민족적 자부심을 실현시키며 중국 국민들에게 위대한 지도자로서의 이미지를 심어줄 수 있다. 그리고 이는 다시 종신 집권을 위한 정당성을 마련하고 중국 공산당 내에서 영향력을 강화해줄 것이다.

필자의 생각에 시진핑은 종신 집권을 이루는 데는 성공했지만 안전하게 퇴임할 기회는 잃은 것으로 보인다. 아무리 강력한 권력을 가진 그라도 임기를 연장할 때마다 내부 당내 선거 과정을 거쳐야 하며 그때마다 정치적 싸움이 불가피하다. 중국은 직접적인 민주주의 국가는 아니지만 여전히 국민들의 반응을 신경 써야 한다. 국민들의 지지를 잃을 경우 사회적 불안정이 커지고 이는 공산당의 권력 유지에 큰 위협이 되기 때문이다.

만약 시진핑이 연임을 시도할 때마다 여론을 얻지 못하면 정치적 싸움에서 패할 수 있고 그 결과 숙청될 위험이 커진다. 시진핑 자신뿐만 아니라 그를 따르는 사람들 상당수가 권력과 부와 명예를 잃고 숙청당할 것이다. 국영 기업에서 누리던 이익과 축적해온 재산이 몰수되는 것은 물론이다.

중국인에게 가장 중요한 것은 경제다. 먹고사는 문제다. 시진핑이 여론을 얻고 계속 통치를 허락받기 위해서는 3대 주석으로서 중국 경제 개혁을 주도하고 나라를 G2로 이끌었던 덩샤오핑보다 더 큰 경제적 성과를 이뤄야 한다. 시진핑은 집권 2기나 3기 때 중국이 미국을 추월해 세계 1위 경제 대국(G1)이 되면 종신 집권의 명분을 만들 수 있을 것이라고 생각했을 것이다. 그러나 이 계획은 트럼프와의 무역 전쟁과 코로나19 팬데믹이라는 큰 장애물에 부딪혀 실패로 돌아갔다. 현재 시진핑 3기의 경제 상황은 붕괴를 우려할 정도로 상황이 좋지 않다. 중국 경제의 추락은 곧 시진핑 정부의 추락 위험을 의미한다.

2023년 10월 중국에서 중국 정부가 특정 책을 회수하는 기이한 조치가 있었다. 2016년에 출간된 명나라 역사 전문가 천우퉁陳梧桐 교수의 책 『숭정제의 지난날: 명제국의 마지막 장면崇禎往事:明帝国最后的图景』이었는데, 정부의 회수 조치로 갑자기 큰 관심을 받으면서 가격이 27배나 오른 것이다. 이 책은 명나라의 마지막 시기를 일반 사람들이 쉽게 이해할 수 있도록 간결한 언어와 흥미로운 스토리텔링으로 설명한 대중적인 역사서다. 명나라가 어떻게 쇠퇴하고 무너졌는지, 당시의 정치적, 경제적 상황과 숭정제崇禎帝의 선택이 어떤 결과를 가져왔는지에 대해 상세하게 다루고 있다.

그런데 왜 7년 동안 아무 문제 없이 판매되던 이 책을 갑자기 정부가 회수한 걸까? 어떤 이들은 시진핑의 '숭정제 트라우마'를 원인으로 꼽았고, 또 어떤 이들은 이 조치가 시진핑 주석의 리더십에 큰 위기가 있음을 상징한다고 해석했다. 시진핑이 숭정제의 실수를 반복할 것이라는 우려 때문이다.

숭정제는 명나라의 마지막 황제로 16세에 왕위에 올라 검소한 생활을 하면서 나라를 바로잡으려고 노력했다. 그는 사치스러운 생활을 멀리하고, 권력을 휘두르던 내시 위충현과 그가 이끄는 엄당閹黨(내시당)을 제거했다. 이런 조치는 많은 사람들에게 환영받았지만 명나라는 이미 경제는 쇠약해질 대로 쇠약해졌고 북쪽에서는 후금이 침공해왔으며 내부적으로는 리쯔청李自成의 반란이 일어나는 등 매우 불안정한 상태였다.

이런 혼란과 흉흉한 민심 탓에 숭정제는 신하들을 점점 더 의심하게 되었다. 특히 환관 웨이중셴魏忠賢의 권력 남용과 몇몇 신하들의 배신과 음모 사건이 발생하자 그들을 철저히 감시하며 통치했다. 그는 신하들이 자신을 배신할까 전전긍긍했고 그래서 중요한 결정을 내릴 때마다 신하들을 자주 교체했다. 이런 통제에 대한 집착은 시진핑 주석과 유사한 점으로, 과도한 경계와 불신이 리더십의 위기를 초래할 수 있음을 시사한다.

위기가 심해질수록 숭정제는 점점 더 성과에 집착했고 신하들을 해임하거나 처벌하는 일이 잦아졌다. 그의 재위 17년 동안 국방장관(병부상서)은 14번, 법무장관(형부상서)은 17번이나 바뀌었다. 이런 방식 때문에 신하들은 황제의 눈치를 보며 소극적으로 행동하게 되었고 나라를 위해 적극적으로 일하지 못했다. 숭정제는 전쟁 비용을 마련하기 위해 세금을 계속 올렸지만 결국 백성들의 고통만 커져갔고 명나라는 쇠퇴의 길을 걸었다. 천우통 교수는 이 책에서 숭정제를 다음과 같이 평가했다. "멀리 보는 계획 없이 당장의 성과와 이익에만 집착하다 보니 근본적인 문제를 해결하지 못했고 … 우왕좌왕하며 서두르다 보니 목표와는 반대의 결과가 나왔다."

2020년 초 코로나19 팬데믹이 시작되었을 때 중국의 포털 사이트 왕이에 시진핑 주석을 숭정제에 비유한 글이 올라와 세간이 떠들썩해진 적이 있었다. 중국 관료들이 시진핑 주석의 눈치만 보고 있다고 비판하며, 현재 시진핑 주석의 리더십이 큰 위기에 처해 있다는 것을 상징적으로 표현한 것이었다. 이 글은 중국 사회에서 큰 반향을 일으켰고 많은 사람이 시진핑 주석의 리더십을 숭정제와 비교하기 시작했다. 시진핑은 대노했고, 중국 정부에 비상이 걸렸다. 이후 중국 당국은 숭정제에 대한 논의에 매우 민감해졌다.

이런 상황에서 천우통 교수의 책이 2023년에 개정판으로 재출간되면서 '패착을 반복했고 연거푸 실수를 했다昏招連連步步錯', '열심히 정사를 돌볼수록 나라는 망해갔다越是勤政越亡國'라는 광고 문구로 홍보했다. 숭정제가 열심히 통치할수록 오히려 나라가 더 혼란스러워졌다는 신랄한 비판의 메시지였다.[7] 결국 중국 정부는 시진핑의 리더십이 숭정제와 비교되며 위기가 심화되는 것을 막기 위해 책을 회수했다. 천우통의 책이 대중에게 널리 읽히면서 숭정제와 시진핑의 리더십을 비교하는 논의가 계속되기를 원치 않았던 것이다.

궁서설묘

2025년 현재, 중국 내에서 시진핑의 인기는 예전만 못하고 리더십도 심각한 도전을 받는 중이다. 중국 경제는 고속성장이 끝나고 빈부 격차 같은 사회적 문제가 커지면서 장기 저성장의 위험에 직면해 있다. 필자의 분석으로는 2015년부터 중국 경제는 빠르게 식고 있다. '중진국의 함정'에 빠져 고비용··저효율 단계에 진입한 것이다. 인구 구조도 감소로 전환되어 장기적 성장 동력마저 꺾이기 시작했다. 부동산 시장의 붕괴와 실물경기의 장기 침체 우려도 커지고 있다.

지난 몇 년 동안 중앙정부와 인민은행이 막대한 돈을 풀어도 중국 내수 경제 회복은 매우 더디게 진행되고 있다. 미국을 비롯한 글로벌 기업들이 공급망 재편, 코로나19 봉쇄, 중국 내 인건비 상승 등의 다양한 이유로 탈출 속도를 높이고 있기 때문이다. 중국 내외부에서 쇠락을 걱정하는 목소리도 커지고 있다. 미국의 차기 대통령이 누가 되든 상관없이 대중국 압박, 미중 무역 전쟁의 강도는 점점 더 거세질 것이다. 2029년까지 중국경제의 자립과 중국몽中國夢*을 선포한 시진핑의 구호도 허사로 돌아갈 가능성이 크다.

---

* 중국몽은 시진핑이 2012년 공산당 총서기에 선출된 직후 '위대한 중화민족의 부흥'에 나서겠다고 선언하면서 시진핑 시대의 대표적인 통치 이념이 되었다. 중국몽에는 국가 부강, 민족 진흥, 인민 행복이라는 세 가지 목표를 실현하겠다는 의미가 담겨 있다고 한다.

이런 상황에서 시진핑 주석이 여론을 얻고 국민들에게 계속 통치를 허락받기 위한 방법은 무엇이 있을까? 국공내전을 승리로 이끌고 중국공산당을 세운 중화인민공화국의 창립자이자 제1대 주석인 마오쩌둥을 넘어서는 업적을 쌓는 것이다. 그리고 그 정도의 업적을 쌓는 길은 '대만 통일'뿐이다. 만약 시진핑이 대만 통일에 성공하면 최근 중국 내에서 젊은 세대를 중심으로 민족주의 정서가 불타오르는 분위기를 등에 업고 종신 집권의 길을 열 수 있다.

대만 통일은 중국의 완전한 영토 회복이라는 강한 민족적 자부심을 심어줄 수 있는 이슈다. 중국인들은 대만 문제를 해결하는 것이 자국의 국제적인 영향력을 확대하는 데도 필수적이라고 생각한다. 지정학적으로 매우 중요한 위치에 있는 대만이 자국에 흡수되면 서태평양에서의 해상 교통로를 확보해 무역의 헤게모니를 흔들 수 있고, 반도체와 같은 첨단 기술 산업을 지배해 미래 산업과 경제적 영향력을 키울 수 있다. 또한 대만 통일은 미국과 그 동맹국들에게 중국의 힘을 보여주고 아시아 태평양 지역에서 중국의 군사적 영향력을 강화한다는 상징적인 의미도 지닌다.

시진핑에게도 대만 통일은 국민들의 내부 불만을 외부로 돌리는 유혹적인 카드다. 오늘날 그의 행동을 자세히 살펴보면 과거 마오쩌둥의 통치 관행이 언뜻언뜻 보인다. 1960년대에 중국은 대약진 운동의 실패로 초래된 경제적 혼란과 정치적 불안정으로 큰 어려움을 겪고 있었다. 대약진 운동은 중국의 산업과 농업을 급속히 발전시키기 위해 마오쩌둥이 추진한 정책이었지만 과도한 목표 설정과 관리 실패로 경제적 혼란을 초래했다. 당시 마오쩌둥은 이런 경제적 어려움과 정치적 반대 등 내부의 불만을 외부로 돌리고 자신의 권위를 다시 세우기 위해 문화대혁명을 계획했다.

그는 대중 매체를 이용한 선전과 '반혁명분자'라는 낙인을 통해 자신을 반대하는 세력들을 외부의 적으로 돌리고 국민들을 결집시키려 했다. 이 과정에서 그는 청년들을 동원해 기존의 권력 구조와 전통 문화를 공격하게 했다. 이는 청년들이 더 쉽게 혁명적 열정에 동화되고 기존 질서에 도전하는 성향이 강했기 때문이다. 그는 홍위병紅衛兵이라는 조직을 통해 청년들을 동원하고 이들을 혁명적 목표를 달성하기 위한 중요한 도구로 활용했다. 그에게 문화대혁명은 중국 사회에 사회주의 체제를 강화하고 새로운 혁명적 에너지를 불어넣는 도구였다.

그러나 문화대혁명의 결과로 중국 사회는 큰 상처를 입었다. 수많은 지식인과 전문가들이 숙청되거나 강제 노동을 해야 했으며 약 170만 명이 박해를 받았고 경제적 발전도 10년 이상 지체되었다. 하지만 마오쩌둥은 이런 극단적인 방법을 통해 자신이 원하는 정치적 목표를 달성할 수 있었다.

앞서 외부의 적을 만들어 내부의 불만을 해소하고 단결을 이루려는 정치적 술수를 가리켜 '전환의 정치'라고 한다고 했다. 현재 중국의 상황이 획기적으로 나아지지 않는다면 시진핑은 대만 전쟁을 일으켜 경제 실패와 정치적 위기를 극복하기 위한 '전환의 정치'라는 고도의 술수를 부릴 것이다. 그리고 시진핑이 이렇게 자신의 정권 유지를 위해 대만 전쟁을 일으키면 한반도 전쟁이 일어날 가능성에도 불이 붙을 수 있다.

많은 사람이 시진핑이 대만을 군사적으로 공격하는 것이 비합리적인 선택이라고 평가한다. 중국이 대만을 무력으로 통일하려고 하면 국제 사회의 강력한 경제제재, 금융제재, 외교적 고립, 무역 제한, 기술 접근 차단 등의 압박을 감당해야 하기 때문이다. 현재도 중국은 미국과 패권 경쟁을 벌이면서 이미 강한 수준의 제재를 받고 있다. 대만을 침공할 경우 그 제재는 몇 배로 강화될 것이다.

이는 가뜩이나 고성장의 흐름이 꺾인 중국의 경제에 심각한 타격을 줄 것이며 국제 사회에서 중국의 입지도 크게 축소될 수 있다. 중국의 미래에도 장기적으로 나쁜 영향을 미칠 수 있다. 그래서 필자는 시진핑의 대만 전쟁 가능성을 '뜻밖의 미래'라고 부른다. 이 말은 현재로서는 일어날 가능이 낮지만 일어나면 엄청난 변화를 불러오는 미래라는 뜻이다.

하지만 '궁서설묘窮鼠囓猫'라는 말이 있다. 쥐도 궁지에 몰리면 고양이를 문다는 뜻으로, 극한 상황에 처한 인간이나 동물은 예상치 못한 행동을 할 수 있다는 말이다. 인간은 극한 상황에서 생존을 위해 자살 공격 같은 극단적인 행동 또는 상대방의 강한 반응을 유도하는 벼랑 끝 전술을 사용할 수 있다. 이는 개인뿐만 아니라 국가도 마찬가지다. 평화로운 시기에는 안전한 선택을 하는 것이 인간의 본성이다. 그러나 위기 상황에서는 나의 한쪽 팔을 희생하더라도 적을 물리칠 수 있다면 주저하지 않고 팔을 잘라낼 수도 있다.

이런 비합리적인 선택은 전쟁과 같은 극한 상황에서 자주 일어난다. 예를 들어 하마스의 이스라엘 공격이나 러시아의 우크라이나 침공이 그렇다. 실제로 세상에는 종종 비합리적이고 극단적인 사건들이 자주 일어난다. 특히 전쟁은 합리적 판단으로 발발하는 것이 절대 아니다. 비합리적 판단과 실수, 오해 등이 뒤범벅되어 일어나는 '사건'이다.

시진핑 주석이 대만에 대한 군사적 선택을 고려하는 이유를 단순히 권력을 유지하기 위한 것이 아니라고 생각해볼 수도 있다. 미국과의 패권 경쟁에서 직면한 군사적 위협과 경제적 압박 같은 외부 위협을 극복하기 위한 생존 전략일 수도 있다. 예를 들어 중국 정부가 미국이 인도-태평양 전략에 기반해 행하는 군사적 포위와 기술 제재, 경제적 고립 등을 생각하는 것보다 심각하게 자국의 생존을 위협하는 핵심 요소로 판단하고 있다면 어떻게 될까?

2022년 8월 14일 미국 상원 외교위원회에서 '하나의 중국'을 인정하는 미국의 정책을 사실상 폐기하는 「대만정책법안」이 통과되었다. 「대만정책법안」에는 대만을 나토의 동맹국으로 지정하고 4년 동안 45억 달러 규모의 군사원조를 하며 미국이 주도하는 다양한 국제기구와 다자무역협정에 대만이 참여할 기회를 증진하는 조항들이 포함되었다. 사실상 대만을 독립 국가로 인정하는 내용과 다름없는 셈이다.

2022년 8월 18일 바이든 대통령은 CBS와의 인터뷰에서 중국이 대만을 무력 침공하면 직접 군사 개입을 하겠다는 의사도 표명했다.

2022년 9월 15일 G7도 새로 구축하는 글로벌 공급망에서 중국을 배제하고 대만을 편입하는 미국의 입장에 지지를 표명했다.

중국의 입장에서 볼 때 대만의 독립은 중국의 화약고이자 최대 에너지 창고인 신장위구르자치구(940만 명)의 독립 운동에 불을 지필 수 있다. 신장위구르자치구는 중국 3대 유전을 비롯해 석탄 등 중국의 육지 전체 에너지의 34퍼센트가량이 매장되어 있다. 중국으로 오는 송유관 대부분이 이곳들을 지나며 희토류 등 희귀 자원도 다량 매장되어 있다.

대만이 독립을 하고 신장위구르자치구에서 독립운동이 격하게 일어나면 티베트자치구(540만 명), 중국 내 대표적인 비한족 계열 자치구인 네이멍구자치구(580만 명), 후이족자치구(1,000만 명), 옌볜조선족자치구(190만 명), 광시좡족자치구(1,610만 명)로 독립 운동의 물결이 걷잡을 수 없이 번질 수 있다. 이들 지역은 중국 전체 영토의 65퍼센트에 이른다.

최악의 경우 대만의 독립은 중국이 3~4개 독립국가로 쪼개지는 상황을 몰고 올 수 있다. 이런 물꼬만 열려도 시진핑은 모든 책임을 지고 물러나야 한다. 이런 상황에서 미국이 대만과 밀착 관계를 유지하고 대만을 독립국으로 인정하는 발언과 행보를 늘리며 중국보다 우월한 성능을 자랑하는 F-35 스텔스 전투기와 사드 등 첨단 무기를 제공하면 시진핑 정부는 대만 전쟁에의 강력한 유혹을 이겨내지 못할 수도 있다. 이는 민심을 한순간에 바꿔 시진핑의 4연임을 통과시킬 카드가 될 수 있기 때문이다.

2023년 5월 30일 베이징에서 열린 제20기 중앙 국가안전위원회 제1차 회의에서 시진핑은 미국과의 관계에서 "최악의 경우와 가장 극단적인 시나리오에 대비할 것"을 강조했다. 그는 작금의 국가 안보가 복잡하고 어려운 상황에 직면해 있으며 앞으로의 도전과 위험을 극복해야 한다고 강조했다. 이 발언은 단순한 경고가 아니라 실제로 중국이 직면할 수 있는 심각한 상황에 대비해야 한다는 것을 의미한다.

칭화대학교 국가전략연구소 셰마오쑹謝茂松 선임연구원은 시진핑의 최근 발언에 나온 "최악의 시나리오에는 중국의 해양 경제 벨트를 파괴하거나 핵전쟁이나 중국의 에너지, 금융 및 식량 공급에 대한 서방의 제재가 포함될 수 있다"고 지적했다. 이는 "만약 미국이 가장 극단적인 카드를 던진다면 시진핑 자신도 '대만 통일 전쟁'이라는 가장 극단적인 카드로 맞대응할 준비를 시작했다"는 의미가 아닐까?

2022년 윌리엄 번스William Burns 미국 CIA 국장은 "중국이 (대만 문제에 대해) 무력을 행사할 위험은 점점 커지고 있으며 2029년 이전에 일어날 가능성이 크다고 본다"고 자신의 견해를 밝혔다. 2024년 5월에는 존 아퀼리노John Aquilino 미국 인도태평양사령관도 "시진핑이 인민해방군에 2027년 침공 실행 준비를 하도록 지시했다"고 재차 강조했다. 2024년 6월 중국 당국은 분리독립을 시도하거나 선동하는 '대만 독립분자'에게 최고 사형 처분까지 내리는 지침을 발표했다.[8]

한편 중국의 인민해방군은 2023~2024년에 대만을 포위 및 봉쇄하는 대규모 훈련을 몇 차례나 실시했다. 훈련 내용 안에는 중국이 대만의 내륙 지역을 향해 미사일을 발사하는 모의훈련도 포함되어 있었다. 그리고 특히 모의 군사훈련을 하는 중에 갑자기 대만을 실제 공격하는 전환 능력의 향상도 내용 안에 포함되어 있었다.[9]

시진핑이 대만을 무력 봉쇄하거나 전쟁을 일으키면 미국과 동맹국들은 대중국 군사적 봉쇄, 무역 제한, 국제 금융 시스템 접근 차단, 기술제재 그리고 군사적 억지력 강화를 포함한 다양한 조치를 취할 게 분명하다. 대만에 대한 군사적 공격은 중국 내부의 문제를 외부로 돌리는 효과를 가져올 수 있지만 그 결과는 중국의 미래에 불확실성과 불안정을 더할 것이다.

그럼에도 불구하고 시진핑이 궁서설묘 상황에 빠지면 이런 위험을 감수하면서라도 강력한 지도자로서의 이미지를 구축하기 위해, 정치적 정당성과 권력 유지를 위해 대만 문제를 극단적으로 해결하려 할 수 있다. 그리고 시진핑이 그 위험한 방아쇠를 당기면 이는 곧바로 한반도 전쟁의 트리거도 될 수 있다.

북한은 중국과 「조중동맹조약(조중 우호·협조 및 호상원조에 관한 조약)」을 맺고 있다.[10] 이 조약에 따라 북한이 미중 군사 전쟁에 참전하는 것은 필연적이다. 2022년 9월 8일 김정은은 최고인민회의 시정연설에서 핵무력화 법제화 내용을 공개했다. 이 법령의 제3항 '핵무력에 대한 지휘통제'에는 김정은을 포함한 북한 지휘부가 유사시 타격을 받을 경우 핵공격 작전계획이 자동으로 시행되는 내용이 포함되어 있다.[11]

만약 미국이 중국, 북한, 러시아 연합군에 무력을 사용하면 북한은 이를 '북한 지휘부 타격'으로 해석하고 핵무력 사용을 정당화할 명분이 생긴다. 그런데 문제는 그게 아니다. 북한이 단독으로 한국과 전쟁을 벌인다면 미국이 북한의 핵무기를 제어하는 건 쉬운 일이다. 하지만 대만을 두고 중국, 러시아, 북한이 모두 미국과 대결을 벌이는 국면이라면 미국이 북한의 핵무기를 제거하거나 방어하는 것이 불가능하다. 북한, 러시아, 중국 3국이 모두 미국, 한국, 일본을 향해 동시에 핵무기를 쓸 수 있다는 위협을 가할 수 있기 때문이다.

미국이 한반도에서 북한의 핵무기를 제거하거나 방어하더라도 한반도를 향하는 중국이나 러시아의 핵무기까지 방어할 수는 없다. 그렇기 때문에 미국이 북한의 핵무기를 선제적으로 제거할 수 없고, 북한은 그런 상황을 믿고 한국에 재래식 무기로 국지전을 벌이는 것이 가능해지는 아이러니한 상황이 벌어진다.

한반도에서 벌어지는 한국과 북한의 재래식 전쟁에서 북한의 전세가 불리하게 돌아가면 김정은은 '전략 핵무기' 사용을 심각하게 고려한다는 메시지를 언론에 흘릴 수도 있다. 이로써 핵전쟁 우려가 고조되면 전 세계 경제성장률이 하락하고, 물가는 치솟고, 100년 만에 대공황이 재발하는 게 아니냐는 공포심이 난무할 것이다.

전술핵 카드는 현대 군사학에서는 '전쟁을 격화시키지 않도록 일시적으로 전쟁을 격화시키는 전략 escalate to deescalate'의 수단으로 거론한다. 김정은이 선제적으로 전술핵 타격을 하려면 미국은 북한, 중국, 러시아와 전면적인 핵전쟁을 각오해야 한다. 또한 미국 본토에도 핵미사일이 쏟아지는 상황을 각오해야 한다. 미국에게 한반도가 아무리 중요해도 이런 상황을 절대 받아들일 리 없다. 미국 의회는 미군의 핵무기 사용을 허락하지 않을 것이다.

국제 사회는 미국과 중국에 평화협상을 하라고 압박할 것이다. 유엔 회의에서 친중국 나라들(러시아, 북한 등)과 중립적 입장에 있는 나라들(인도 등)이 전쟁의 확산을 원치 않는다는 목소리를 높일 것이다. 미국과 그 동맹군이 북한보다 압도적인 군사력 차이가 난다고 해도 제3차 세계대전으로 확산되는 것을 우려해, 결국 미국은 북한의 전술핵 타격에 보복 핵공격보다는 종전 및 평화 협상 의지로 급속히 돌아서는 반전 상황을 수용할 가능성이 크다.

대만 전쟁이 발발할 경우 한국과 세계의 피해 규모

한반도에서 전쟁이 벌어지면 한국이 받을 경제적 피해는 측정 불가다. 국가 경제의 존망을 따져야 할 수준이기 때문이다. 따라서 여기서는 한국 전쟁의 트리거가 될 대만 전쟁이 발발할 경우 한국과 세계경제가 입을 피해 규모를 추정해보자.

미국 국무부는 중국이 대만을 전면적으로 해상 봉쇄할 경우 최소 2조 5,000억 달러(2025년 1월 기준 약 3,687조 원)의 경제적 손실이 발생할 것으로 추정했다. 중국이 대만을 봉쇄하면 대만의 수출과 수입이 모두 막히게 된다. 대만의 주요 산업인 반도체와 전자제품 생산이 멈추면서 이를 기반으로 하는 IT, 자동차, 통신 장비와 같은 관련 산업들이 전 세계적으로 큰 타격을 받을 것이다.

특히 이들 산업에 필요한 부품 공급이 중단되면서 생산이 지연되고, 공장들이 가동을 멈추며 실업률이 급증할 것이다. 이에 투자자들의 불안이 커지고 주식과 채권 등의 시장에서 자본 유출이 가속화되며 기업들의 재정적 압박도 증가하면서 종합주가지수가 50~70퍼센트 정도 폭락할 가능성이 크다. 이는 2008년 글로벌 금융위기 당시 발생한 폭락의 규모다. 이때처럼 금융 시스템 전반에 걸쳐 큰 충격이 일어나고 경제 전반에서 연쇄적인 침체가 초래될 가능성도 있다.

대만 경제는 즉각 마비상태, 혼동의 상태로 들어간다. 중국 정부는 대만의 경제 상황을 더욱 악화시키기 위해 중국 내 대만 사업장도 폐쇄할 가능성이 있다. 2021년 기준으로 중국 본토에 진출한 대만 기업은 12만 개가 넘고, 대만 출신 사업가도 100만 명이 넘는다. 이 중 1,199개 기업은 대만 증시에 상장되어 있으며, 중국 정부가 이들 기업에 제재를 가할 경우 대만 증시와 경제 전체에 부정적인 영향을 미칠 것이다.[12]

대만 전쟁에 휩쓸려 들어간 중국, 한국, 일본 등의 시장도 불안감이 극에 달할 것이다. 중국 정부는 주한 미군이 움직이고 한국이 미국을 후방에서 지원하면 자국 내 한국 기업에 대해 전방위로 고강도 제재를 시작할 것이다. 대만해협은 미국 본토에서 멀다. 주한미군 대부분을 동원하지 않으면 미군의 군사력은 열세에 빠진다. 한국의 전쟁 개입은 필연적이고 중국의 한국 기업에 대한 보복도 필연적이다.

중국은 각종 경제 협력 사업 중지, 불매운동 방관(조장), 관광 제한, 중국 내 한국 기업에 대한 제재 강화, 한국 상품에 대한 수입 제한을 시작할 것이다. 2020년 발효된 「중화인민공화국 수출 관리·통제법」과 2021년 발효된 「반외국제재법」 등으로 체계적이고 강력한 경제제재를 퍼부을 수 있다. 중국은 전방위로 한국 기업을 공격하고 사드 보복의 몇 배, 몇십 배를 능가하는 충격을 가할 것이다.

중국은 원자재 강국이다. 2023년 10월 20일 중국 상무부와 해관총서(세관)는 '흑연 품목의 임시 수출 통제 조치 최적화 및 조정에 관한 공고'를 발표했다. 흑연이 군수물자로 사용된다며 고민감성 흑연 품목 3종의 수출을 통제한다는 내용이었다. 흑연은 한국 기업이 주력으로 하는 2차전지의 핵심 원료로 94.3퍼센트(2023년 기준)를 중국에서 수입한다. 우리나라 수입액 1,000만 달러 이상 품목 중에서 중국 의존도가 90퍼센트 이상인 것이 266개다. 대만은 전 세계 파운드리(반도체 위탁 생산) 시장의 64퍼센트를 차지하고 있으며, TSMC는 고성능 파운드리 칩의 90퍼센트 이상을 생산한다.

대만의 반도체 수출이 중단되면 한국의 반도체 기업이 어부지리로 이익을 얻을 것이라는 분석도 있다. 순진한 발상이다. 일시적으로 유리해 보일 수 있지만 한국 역시 대만해협 봉쇄로 공급망 불안이 커지고, 중국이 원자재 수출을 전면 중지하면 반도체 공장 가동에 심각한 차질이 빚어질 것이다. 반도체 생산의 핵심 광물 중 하나인 희토류의 대중 의존도는 86.4퍼센트다. 반도체 생산 공정에 쓰이는 네온의 의존도도 82.7퍼센트다. 대만 전쟁으로 TSMC 등이 타격을 보더라도 대중 보복이 동시에 일어나면 반사이익은 고사하고 한국 반도체 공장 가동 자체가 불가능해진다.[13]

미국 주식시장도 흔들릴 것이다. 중국, 미국, 한국, 일본 경제가 세계경제에서 차지하는 비중은 절대적이다. 각국의 금융 시스템에 큰 혼란이 생기면 자금줄이 막히면서 많은 기업이 파산 위기에 직면할 수 있다. 사회 전반에 걸쳐 소비와 투자 심리가 위축되고 실업률이 급증하며 각종 경제활동이 위축될 위험이 크다. 이는 글로벌 경제 침체까지 불러올 수 있다. 각국 정부는 이를 막기 위해 대규모 재정 정책을 도입해야 할 것이다. 특히 한국 시장의 충격은 1997년 IMF 위기와 비견될 정도로 커질 것이다. 전 세계 기업들은 한국도 대만 전쟁의 주요 영향국으로 분류하고, 대만 전쟁이 한반도 전쟁의 트리거가 될 것이라는 분석도 쏟아질 것이다.

오른쪽 그림을 살펴보자. 대만 전쟁이 벌어지면 중국이 가장 먼저 봉쇄할 영역을 표기한 것이다. 중국은 아시아태평양 지역에서 미국의 해양 공격력을 방어하고 미국의 태평양 독점 지배를 저지하기 위해 '반접근/지역 거부 Anti-Access/Area Denial, A2/AD'● 전략을 구사하고 있다. 이를 위해 제1~3 도련선을 지정하고 미국의 해양 공격력 방어 전략을 마련했는데, 제1 도련선은 중국 근해인 '오키나와~타이완~

● 반접근/지역 거부는 군사 전략에서 특정 지역으로 적군이 접근하거나 진입하지 못하도록 하거나, 그 지역 내에서 자유롭게 작전을 수행하지 못하도록 방해하는 것을 의미한다.

필리핀~보르네오'를 연결한다. 제2 도련선은 '오가사와라~괌~사이판~파푸아뉴기니'로 연결되며 제3 도련선은 태평양 한가운데에 있는 '알류샨열도~하와이~뉴질랜드 일대'로 연결된다.

중국은 미국과의 충돌을 우려해 공식적으로는 제2 도련선까지만 언급하고 있지만 내부적으로는 2040년까지 제3 도련선까지 중국 해군방어선을 진출시킨다는 계획을 세우고 있다. 대만 전쟁이 발발할 때 한국에 중요한 것은 제1 도련선이다.

중국의 제1~2 도련선과 아시아태평양 전략[14]

지도에 표시했듯이 제1 도련선에는 두 곳의 요충지가 있다. 첫째, 대만 남서쪽과 필리핀 북쪽 바탄제도(바타네스주) 사이에 있는 바닷길로 바시해협이라고 불리는 곳이다. 대만 전쟁이 일어나면 중국이 봉쇄할 가장 중요한 해협이다. 중국이 이곳을 철저히 봉쇄하면 태평양과 남중국해를 지나는 국제 화물선까지 영향을 받는다.

대만해협과 그 주변을 통과하는 해상 교통로는 전 세계 해양 운송의 약 50퍼센트를 차지하며, 한국의 해상 운송량도 약 33.27퍼센트를 차지하고 있다. 한국의 원유 수입 중 약 90퍼센트가 바시해협을 통과한다. 이곳이 봉쇄되면 에너지 의존도가 높은 국내 산업들의 생산에 차질이 발생하고 원가 상승과 제품 가격 상승으로 이어져 소비자들이 직면하는 부담이 커지며 경제 성장률이 폭락한다.

전문가들은 중국이 바시해협을 봉쇄하면 3개월 내에 반도체 산업을 비롯한 한국의 주요 산업이 마비될 수 있다고 예측했다. 중국은 이곳을 봉쇄해 한국과 일본을 비롯한 대만 주변국은 물론이고 미국과 유럽 경제에 전체에 거대한 위협을 가할 계획이다.

둘째, 일본 오키나와와 대만 북동쪽 사이의 바닷길이다. 이곳은 한국과 일본에 주둔한 미군 전력을 봉쇄하는 핵심 지역이다. 중국 해군은 중국은 일본 오키나와와 대만 북동쪽 사이의 바닷길에도 항공모함, 이지스함, 094형 핵추진 탄도탄 잠수함 Type-094 JIN Class SSBN, 항모 킬러 미사일(DF-21D, DF-26), DF-17 극초음속 미사일 등 핵심 군사 자산을 집중 배치해 항해 위험 지역으로 만들 수 있다. 특히 일본 오키나와와 대만 북동쪽 사이의 바닷길에는 최근 건조한 세계 최대 규모의 항공모함을 배치해 주한미군과 주일미군의 활동을 저지하려 할 것이다. 이 정도가 되면 이 지역을 통과하는 화물선이 매우 어려워진다.

한국은 이곳이 막히면 서해와 남해 수출입 바닷길 대부분이 봉쇄된다. 한국의 경우 이 해상 교통로에 문제가 생기면 주요 자원과 제품 운송에 큰 차질이 생기면서 하루에 약 4,452억 원의 경제적 손실이 발생할 수 있다. 미국과 중국이 전면전을 벌이지 않으면 한국과 일본은 대체 해상로를 마련해 무역을 재개할 것이다. 하지만 대체 해상로를 마련하기까지는 짧게는 7일, 길게는 70일이 소요될 수 있으며 이런 차이는 대체 경로의 확보 상황, 해상 운송로의 안전성, 국제적인 협력 여부 등 여러 요인에 따라 달라진다. 이 기간 동안 최대 31조 원의 경제적 손실이 발생할 수 있다.

한편 대체 해상로를 마련하더라도 물류비는 최소 두 배 이상 증가할 것이다. 다른 자원과 제품, 항공 교통로까지 포함해 분석하면 예상되는 경제 피해는 더 커질 것으로 보인다. 이런 상황은 기업들의 투자 계획에 차질을 초래하고 기업들은 비용 절감을 위해 고용을 줄이거나 투자를 보류할 가능성이 크다.

중국이 두 해상 요충지를 전면 봉쇄하려는 목적은 분명하다. 이 지역에서 한국, 일본, 미국 해군과 전면전을 벌이기 위함이 아니다. 일본과 한국의 주요 수출입 경로를 차단해서 미국, 한국, 일본의 동맹에 균열을 일으키려는 목적이다. 대만과 한국, 일본은 전 세계 반도체 공급망에서 절대적 위치를 차지한다. 중국이 대만을 완전히 봉쇄할 경우 대만뿐만 아니라 수출입에 심각한 차질이 발생하면서, 전 세계 반도체 및 모든 제조업 공급망에 연쇄적인 충격이 가해질 것이다. 글로벌 제조업체들은 생산에 어려움을 겪게 되고, 제품 생산 비용이 상승하면서 소비자 물가에도 큰 영향을 미칠 것이다. 또한 반도체 공급 부족은 전자기기, 자동차, 통신 장비 등 다양한 산업에 영향을 미쳐 전 세계 경제가 침체될 가능성이 크다.

군사적 긴장감이 높아지면 각국은 방위비를 늘리고 군사적 대비태세를 강화해야 한다. 이는 국가 재정 부담을 늘리고 사회복지 예산이 축소되는 결과를 초래할 수 있다. 미 국무부가 중국 군대가 대만을 전면 해상 봉쇄하면 전 세계 경제가 최소 2조 5,000억 달러에 이르는 경제적 손실이 발생할 것으로 추산한 것은 허언이 아니다. 이렇게 세계경제에 지속적인 타격이 발생하면 중국은 대만 전쟁에서 유리한 국면에 올라설 수 있다.

한국의 동해 바닷길이 뚫려 있다고 하지만 안심할 수 없다. 북한이 동해로 반복적으로 미사일 실험을 하고 러시아가 핵잠수함을 배치해 위기감을 조장할 수 있다. 러시아는 미국이 두려워하는 전략 핵무기 포세이돈을 보유하고 있다. 포세이돈은 최후의 날이라는 의미의 '둠스데이doomsday'라는 별명을 지닌 드론형 핵 어뢰다. 포세이돈은 길이 20미터, 높이 2미터로 잠수함에 탑재된다. 사정거리는 1만 킬로미터이고 한 발의 위력이 100메가톤에 이른다. 제2차 세계대전 때 히로시마에 떨어졌던 원폭 위력(15kt)의 6,000~7,000배 위력이다.

보통 핵무기 위력은 TNT(트라이나이트로톨루엔trinitrotoluene)로 측정한다. 화차 50량에 TNT를 가득 실으면 2.5킬로톤(2,500톤) 정도다. 히로시마에 투하된 핵폭탄의 위력은 15킬로톤, 나가사키는 21킬로톤 규모였다. 1메가톤은 1킬로톤의 1,000배다. 대만의 면적은 한국 영토의 3분의 1 수준이다. 포세이돈 3~4발만 명중시키면 대만과 같은 작은 나라는 국가 전체가 붕괴된다. 만약 포세이돈이 수중에서 핵폭발을 일으키면 500미터 높이의 '방사능을 품은 인공 쓰나미'가 일어난다. 러시아가 한국이나 일본을 겨냥해 단 한 발만 명중시켜도 해안 전체에 방사능이 퍼져 생명체가 살 수 없는 불모지로 변한다.

포세이돈이 무서운 이유는 더 있다. 러시아는 포세이돈을 최첨단 스텔스 핵잠수함 K-329 '벨고로드'에 탑재하고 발사한다. 벨고로드는 세계 최대이자 최강의 잠수함이다. 길이 184미터로 미국 최강 잠수함인 오하이오급(171미터)보다 13미터 더 길다. 미국 해군 핵추진 항공모함 로널드 레이건호(332.8미터)의 절반을 넘는 크기다. 벨고로드의 스텔스 역량은 세계 최고다. 미국의 군사전문가이자 《푸틴의 플레이북Putin's Playbook》 저자인 레베카 코플러Rebekah Koffler는 러시아가 세계 최고 수준의 스텔스 능력이 있어서 과거에도 수차례나 미국 영해를 들키지 않고 진입한 사례가 있다고 경고했다(여기서 '플레이북'은 작전계획이라는 의미다).[15]

벨고라드는 최대 120일간 연속으로 심해 작전이 가능하고 포세이돈을 10발까지 장착 가능하다. 중국 인민해방군도 대만 상공을 가로질러 일본이 지정한 배타적 경제수역에 최대 사거리는 800킬로미터인 둥펑미사일 DF-16, DF-15, DF-10 등의 핵탄두 장착이 가능한 탄도미사일을 발사해 위협을 가할 수도 있다.

미국과 중국이 대만을 사이에 두고 전면전이라도 벌이면 전 세계 경제적 피해는 6조 달러를 넘어선다. 미국 랜드연구소는 두 나라 사이에 무력 충돌이 발생할 경우 미국은 GDP(2022년 25.3조 달러)의 5퍼센트, 중국은 GDP(19.9조 달러)의 25퍼센트가 감소할 것으로 분석했다. 2009년 서브프라임 모기지 사태가 벌어졌을 때보다 큰 타격이다. 전면전의 규모에 따라서는 20세기 초에 벌어진 대공황 수준의 충격이 발생할 수도 있다.

세계 최고의 두 강대국인 미국과 중국이 전면전을 벌이는 전쟁이다. CNN을 포함해 각국의 언론들은 미국과 중국이 대만을 두고 전면전을 벌일 경우 미군 전력의 80퍼센트를 투입해야 승산이 있을 것이라는 워게임 시나리오를 재조명할 것이다.

객관적으로 미국의 군사력은 중국을 압도한다. 미국은 최신 항공모함과 F-22, F-35 등으로 구성된 5세대 전투기 등을 보유하고 있다.[16] 중국도 5세대 전투기 J-20과 4.5세대 전투기 J-11/Su-30MKK 등을 보유했지만 중국 공군의 주력은 J-7, J-8과 같은 3세대 전투기다. 미국의 핵추진 잠수함 한 척에는 핵탄두 탑재 SLBM이 20기를 싣는다. 미 해군은 이런 핵 추진 잠수함을 50척이나 보유했다. 반면 중국은 62척 잠수함 중 7척만 핵 추진 방식이다.[17] 미국의 압도적 전력차이에도 불구하고 중국과 미국이 전면전을 벌이면 미국의 피해도 상상을 초월한다. 중국의 미사일 전력이 미국에 근접했기 때문이다.

중국이 2019년에 배치를 시작한 중거리 탄도미사일 DF-17은 세계 최초로 WU-14로 알려진 극초음속 활공 비행체Hypersonic Glide Vehicle, HGV를 탑재했다. DF-17은 2단으로 구성되어 있다. 1단은 일반적인 탄도미사일 부스터와 같은 구조다. 중요한 것은 2단이다. 2단은 HGV 자체다. HGV는 마하 5~10 사이에서 극초음속으로 활공하며 레이더 탐지를 회피하는 능력이 있다. 중국이 DF-17을 사용하면 미국의 미사일방어체계의 탐지와 대응 능력을 무력화하고 태평양에 떠 있는 미국 항공모함이나 한국과 일본의 미군기지는 물론 괌과 하와이까지 직접 타격할 수 있다.[18]

이런 분석 뉴스가 쏟아지면 전 세계는 미국의 승리를 보장할 수 없다는 불안감에 빠지고 언론은 중국과 미국이 핵전쟁을 일으킬 것이라고 떠들어댈 것이다. 제3차 세계대전이 일어날지 모른다는 두려움에 각국의 주식시장은 대공황 때와 같이 87퍼센트 대폭락하는 재앙적 충격을 받을 것이다. 중국 경제가 GDP 대비 25퍼센트 손실을 보면 금융투자시장에서는 마진콜margin call이 쏟아지면서 수많은 회사가 파산 위기에 처한다. 마진콜은 증거금의 부족분을 채우라는 전화call를 받는다는 뜻에서 붙여진 이름이다.

주식거래에서 증거금은 40퍼센트이며 파생상품(선물·옵션) 거래는 대부분 5~15퍼센트 내외의 증거금으로 매매를 할 수 있다. 증거금 비율이 낮을수록 더 높은 배수를 투자할 수 있다. 마진콜을 받으면 투자자 및 금융회사는 증거금을 빨리 채워 넣어야 한다. 그렇지 못하면 거래소는 반대매매를 통해 계약을 청산해버린다. 이것이 '반대매매 리스크'다. 글로벌 금융위기 때 리먼 브라더스가 마진콜 위기를 벗어나지 못해 파산했다.

결국 불안과 공포에 빠진 세계 정세 속에서 한국을 비롯한 아시아 주요국과 신흥국에서는 주식·외환·채권 시장이 동시에 붕괴하는 '트리플 붕괴' 재앙이 발생하고 IMF에 구제금융을 신청하는 나라들이 쇄도할 것이다. 러시아 침공을 받은 우크라이나의 GDP 추정치가 45퍼센트 감소할 것임을 감안한다면 대만은 물론 한국도 GDP의 많은 부분에서 손실이 발생할 수도 있다.

김정은이 전쟁을 일으킬 첫 번째 내부 문제

김정은이 통치하는 북한이 남침을 시도해 한반도에 전쟁을 일으킬 수 있는 세 가지 기회 혹은 가능성도 위 세 가지(외부 억압, 전략적 기회의 틈새, 내부 문제) 역사적 패턴을 토대로 추정해볼 수 있다. 앞서 다뤘듯이 '전략적 기회의 틈새'로 전쟁을 선택할 가능성이 그중 하나였다. 다음으로는 내부 문제로 전쟁을 선택할 가능성이다.

필자는 김정은이 전쟁을 일으킬 내부 문제를 크게 두 가지 꼽는다. 첫 번째는 북한 내부에서 권력 다툼이나 잘못된 통치로 리더십에 대한 불만이 극단으로 치닫는 상황이다(두 번째는 백두산 폭발로 인한 대규모 피해가 발생하고 주요 시설과 행정이 마비되어 국가 통치가 어려워지는 상황이며 뒤에서 설명하겠다). 북한 내부에서 권력 다툼이나 잘못된 통치로 리더십에 대한 불만이 극단으로 치닫는 상황도 여러 가지 요인이 있다. 예를 들어보자.

1. 강압적인 통치로 북한 주민과 군부의 불만을 키우는 것.
2. 경제정책 실패, 극심한 기근의 만연, 장마당에 대한 감시·통제로 북한의 젊은 세대와 군부의 불만을 키우는 것.
3. 납득하지 못할 후계 구도를 설정해 군부 강경 세력의 불만을 키우는 것.

현재 김정은 정권의 강압적인 통치는 북한 주민과 군부 사이에 불만을 키우고 있다. 김정은은 필요하다면 노동당 당원만으로 체제를 유지할 수 있다고 생각하는 강력한 통치 방식을 취하는데, 이런 통치는 주민과 군부의 불만을 키우고 결국 정권에 등을 돌리게 만든다. 이는 북한 내부에서 리더십에 대한 불만이 증가하고 체제 붕괴 가능성을 높이는 중요한 요인이 될 수 있다.

2023년 11월 귀순한 리일규 전 쿠바 주재 북한대사관 정무참사는 김정은이 자기에게 충성하지 않는 모든 사람을 죽일 수 있는 폭군이라고 평가했다. 김정은의 아버지 김정일도 고난의 행군 때 "당의 충실한 500만 당원만 있으면 계속 혁명을 할 수 있기에 나머지는 다 죽어도 된다"라고 했다. 김정은도 똑같은 생각과 언행으로 통치를 하고 있다. 하지만 김정은 체제는 김정일 체제보다 허약하다. 김정일은 군대가 무너지면 나라가 망한다면서 선군정치를 해서 군부의 기를 세워주었지만, 김정은은 "당의 영도를 받지 않는 군대는 필요 없다"며 당의 영향력을 강화했다.

리 전 참사는 김정은의 당 중심 정치는 군부의 불만을 키우고 지방 사람들은 당법에 대한 두려움이 없는 등 한계가 뚜렷하다고 평가했다. 그리고 아버지 김정일 때는 장마당을 통제하지 않고 북한 인민이 먹고살 길을 열어주었는데, 김정은은 감시·통제 정치를 해서 북한 주민들의 불만이 목구멍까지 찼다고 지적했다.[19]

이런 상황에서 북한은 반복적인 기근과 전염병으로 경제적 위기가 계속되고 있다. 1990년대 '고난의 행군' 시기 이후로도 수많은 주민이 영양실조에 시달리는 상황이 해소되지 않았으며 최근에도 기근으로 인한 식량 부족이 심각한 상황이다.

2023년 카이스트 연구팀이 기초과학연구원, 서강대학교, 홍콩과학기술대학교, 싱가포르국립대학교와 국제공동연구를 통해 유럽우주국[ESA]이 운용하는 센티넬-2 위성영상을 AI로 분석해 북한의 지역별 경제 상황을 추정할 수 있는 기술을 개발했다. 연구팀은 대북 경제제재가 심화된 2016~2019년 사이 북한의 지역의 위성영상을 6평방킬로미터(2.5×2.5평방킬로미터)의 작은 구역으로 세밀하게 분할한 뒤 각 구역의 경제 지표를 건물, 도로, 녹지 등의 시각적 정보를 AI를 통해 수치화하여 분석했다.

그 결과 대북제재 이후 북한은 평양과 대도시에 경제 발전이 더 집중되는 경향이 심해져 도시와 농촌 간 격차는 더 커졌고, 전통적인 공업이나 수출 특구 지역의 발전은 멈췄다. 또한 새로운 건물과 도로 건설이 관광 특구에만 이뤄지고 관광 프로젝트와 우라늄 광산 부지가 있는 지역에만 발전이 집중되어 경제 전체가 기형적 상황에 놓인다고 평가했다.[20]

전국적인 늘어난 부정부패 때문에 주민들의 불만도 점점 더 커지고 있다. 이 상황이 점점 더 통제할 수 없는 수준으로 악화되고 더 강압적인 통치와 감시 체계 강화로도 문제를 해결하지 못한다면 김정은은 최후의 수단으로 내부의 불만을 외부로 돌리기 위해 남한을 공격하는 것을 선택할 가능성이 있다.

2023~2024년 사이 김정은이 딸 주애에게 후계자 수업을 시키고 있다는 보도와 이에 대한 분석이 난무했다. 이례적으로 김정은이 주애를 각종 준공식 현장이나 조선인민군 창건 경축 기념연회, 열병식, 화성-17형 ICBM 발사일 등 다양한 군사 분야 활동에 공개적으로 동행하는 비중이 높아졌고, 《노동신문》에 주애를 지칭하는 듯한 뉘앙스로 "당 중앙에 드리는 충성과 신념의 맹세"가 등장하는 점 등이 이유였다. 하지만 이런 행보와 주애를 4대 세습 후계자로 공식 지목하는 것은 별개의 문제다. 만약 주애를 후계자로 지목하면 강경 군부 세력의 불만이 증폭할 것이기 때문이다.

그 이유는 분명하다. 첫째, 북한이나 사회주의 국가에서는 여자를 지도자로 내세운 적이 한 번도 없다. 둘째, 정통성 문제가 생긴다. 북한은 사회주의 국가이면서 동시에 왕조체제 국가다. 북한 주민과 군부 세력은 조선왕조가 멸망한 후 한반도의 정기를 받은 백두혈통이 새로운 왕권국가를 계승한 것이 북한이라고 생각한다. 동시에 이들은 과거 조선시대에서 지속되어온 남존여비 사상도 굳건하게 믿고 있다.

2021년 탈북한 자강도 출신의 남성 A 씨가 비영리 민간단체 북한인권정보센터 인터뷰에서 밝힌 북한의 여성 인권 현실은 참담하기 그지없다. "진급을 막는 경우가 뭐냐 하면 거의 그거예요. 성관계. 북한은 간부들이 성관계를 통해서 진급을 시키거든. (관계를 안 하면) 직업 생명, 인생이 끝나는 거예요."[21] 북한인권정보센터가 2019~2023년 사이 탈북한 20명에 대해 심층 인터뷰 한 내용 중 일부다. 2024년 2월 22일 북한인권정보센터가 발표한 유엔의 북한인권에 대한 제3차 보편적 정례 검토UPR 결과를 보면 북한에서는 여성이 사회적 성공을 위해 성상납이나 불륜이 빈번하게 이뤄진다.

하지만 2021년 북한이 발표한 〈자발적 국가검토보고서〉를 보면 "(북한은) 이미 성평등을 달성했으며, 대부분의 전 세계적인 지속 가능한 발전 목표SDGs가 달성됐다"고 명시되어 있다. 2022년 여성으로는 최초로 최선희 외무상이 임명되기도 했다. 그러나 북한인권정보센터가 조사한 탈북자의 75퍼센트는 2019년 이후 북한 직장 내 성차별을 처벌한 경우는 전혀 없으며 북한 내 여성의 인권은 최악의 상태라고 진술했다. 국내의 북한 여성인권 연구가도 "최선희의 외무상 지명은 한 개인의 능력에 기반한 것일 뿐, 북한의 여성권 제고와 연결 지을 수 없다"고 평가했다.

1990년대 이후 북한에서 여성은 생계 유지를 위해 시장경제로 내

몰린 상황이다. 그래서 배급제가 작동하지 않는 지역에서 경제활동을 책임지는 여성들을 중심으로 '어쩔 수 없이' 여성의 위상이 오르는 현상이 나타나고 있을 뿐이다. 북한인권정보센터에 따르면 북한의 유일한 남녀평등 정책은 1년에 하루 여성들이 한데 모여 소풍을 떠나는 '부녀자의 날'뿐이라고 밝혔다. 이런 사회 풍토와 문화에서 김정은이 딸 주애를 후계자로 세운다는 건 70세가 넘은 나이 든 당 간부나 장군들은 물론 젊고 강경한 군 하급 간부들까지 받아들이기 힘든 세습이다.

셋째, 여성이라는 성별만 문제가 아니다. 북한의 최고 권력 승계는 본질적으로 '혈통 중심 세습'이지만 권력 승계와 관련된 북쪽의 공식 담론은 '핏줄'보다 '능력'을 앞세운 후계자론도 중요하다. 여성인 것도 받아들이기 힘들지만 주애가 현재 북한 경제가 처해 있는 극심한 위기, 국가의 존립을 지속적으로 위협하고 있는 주변 국제 상황, 시간이 갈수록 외교적으로 고립되어 가고 있는 북한을 통치할 능력이 있다고 받아들일 수 있을까? 권위가 세워질까?

세습 후계자였을 때 김정은은 마른 체형이었다. 그런 그가 급격히 체중을 불린 이유는 두 가지다. 하나는 할아버지 김일성을 최대한 닮도록 해 '정통성'을 강조하기 위함이다. 그리고 다른 하나는 북한의 엘리트들, 특히 권력의 수뇌부인 늙은 장군들에게 권위를 발휘하기 위해서였다. 북한의 정치·리더십 구조·엘리트를 분석하는 북한리더십워치 North Korea Leadership Watch 창립자 마이클 매든 Michael Madden은 한 매체 인터뷰에서 "(김정은이) 권위를 발휘하려면 체중을 늘려야 했다. 그래서 북한의 엘리트들, 특히 나이가 70이 넘은 늙은 장군들이 27~28세의 젊은 남성을 봐도 육체적으로 위협을 느끼게 해야 했다"라고 밝혔다.[22]

백두혈통이며 군부를 장악한 김정일이 살아 있을 때 후계 지목을 받았고 젊은 남성이었던 김정은도 노회한 정치인과 늙은 군인들, 강경 군부에게 권위를 획득하기 위해 체중까지 늘리는 연출을 해야 했다. 그런 그가 인정받기 어려운 후계 구도를 설정하려고 한다면 군부 강경 세력의 불만이 극대화될 것이다.

북한 정권의 특성상 김정은은 이런 상황에서 군사적 모험을 선택할 수 있다. 2024년 3월 4일, 동북아 지역 및 군사부문 전문가인 브루스 베넷Bruce Bennett 랜드연구소 선임연구원은 세계정치연구소IWP 웨비나에서 김정은이 군부의 불만이 고조될 경우에는 남한 침공을 지시할 가능성이 충분히 있다는 분석을 발표했다. 현재 북한은 남성은 최장 10년, 여성은 5년 동안 복무하면서 130만 명의 정규 군인을 보유 중이다(예비군은 760만 명을 보유해 세계 4위 규모다).[23]

동시에 김정은은 1989년 루마니아 군대가 민중혁명에 가담해 니콜라에 차우셰스쿠 독재 정권을 무너뜨렸던 것처럼 언젠가 그의 군대가 반기를 드는 것을 가장 두려워하고 있다. 베넷은 그런 일이 코앞에 닥치면 그 불만을 외부로 돌리기 위해 남침을 지시할 것이라고 분석했다. 그 역시 필자와 같이 북한이 한반도 전쟁을 일으키는 것은 '시간'보다는 '사건'에 의해 결정될 것이라고 분석했다.[24]

필자는 이 시나리오의 경우 김정은이 추구하는 전쟁의 목표가 군부의 불만을 잠재우고 민심을 전환하는 것이기에 전쟁을 길게 끌고 갈 마음은 적을 것으로 예측한다. 그래서 기습 공격으로 초기 충격과 혼란을 일으켜 남한의 대응을 지연시키고, 빠른 승리로 국제 사회의 개입을 최소화하는 시도를 할 것이다.

만약 국제 사회가 개입하기 전에 전쟁을 끝내면 제재나 군사적 지원과 같은 외부 압력도 줄일 수 있다고 판단할 수 있다. 그리고 이런 성과를 명분으로 북한 정권 내부의 다양한 불만을 잠재우고 체제의 결속을 회복하려고 할 것이다. 그렇기 때문에 이 경우에는 한국군과 주한미군의 반격이 예상보다 빠르고 강해서 전쟁을 사흘 안에 끝내기 어렵다는 판단이 서면(전쟁을 장기간 지속하는 것이 너무 큰 위험이라고 판단하면) 북한은 외교적인 방법을 통해 휴전 협상을 시도하고, 체제 붕괴를 막으며 가능한 빨리 상황을 안정시키는 것으로 만족할 것이다.

전쟁 발발 시나리오 2: 체제 유지를 위한 도박

상황 1: 숱한 경고, 하지만 누구도 믿지 않았다

북한은 기근, 질병 그리고 반복되는 쿠데타 시도로 심각한 혼란에 빠졌다. 군부는 내부의 충성심과 통제력을 잃었고 사람들은 불안에 떨었다. 붕괴 직전의 상황에서 김정은은 체제가 무너질까 두려워하면서 군부의 압박을 이기지 못하고 전쟁을 결심했다. 군부는 체제를 유지하려면 외부 적과의 갈등이 필요하다고 주장하며 김정은에게 강력한 조치를 요구했다. 결국 내부의 불만을 외부로 돌리고 군의 지지를 얻기 위해 전쟁을 선택할 수밖에 없었다. 전쟁은 체제를 유지하고 정치적으로 살아남기 위한 마지막 도박이었고, 그 결과 한반도 전체가 위험에 빠졌다.

북한의 불안정한 통치와 군사적 움직임은 외부에서도 여러 차례 감지되었지만 한국 정부와 사회는 이를 심각하게 받아들이지 않았다. 이는 정치적 계산과 사회적 무관심이 결합된 결과였다. 한국 정부는 경제 성과가 안보보다 중요하다고 국민들에게 강조했으며 이로 인해 사회 전반에 안보 위협을 실질적인 위험으로 보지 않는 무관심이 퍼졌다.

정부는 경제 성장을 국민들의 삶의 질을 높이고 정치적 지지를 유지하기 위한 매우 중요한 목표로 여겼으며 북한과의 갈등을 피하는 것이 경제적 안정을 지속하는 데 도움이 된다고 생각했다. 국민들 역시 전쟁이 일어날 가능성을 거의 생각해보지 않거나 아주 나중에 일어날, 저 멀리 있는 문제로 여겼다. 일부 전문가들은 북한의 위험을 지속적으로 경고했지만 이런 경고는 경제 성장과 안정이라는 목표에 가려 무시되었다. 정치 지도자들은 경고를 무시하고 평화가 계속될 것이라는 환상에 빠져 있었다.

여러 차례의 경고에도 불구하고 한국 사회는 평화가 계속될 것이라는 믿음을 유지했고, 전쟁의 위험을 제대로 인식하지 못한 채 경제 성장과 안정에만 집중했다. 이는 한국전쟁 이후 경제 재건과 발전이 사회의 최우선 과제였기 때문이다. 사람들은 남북 관계가 더 이상 악화되지 않을 것이라고 믿었고, 평화에 대한 과도한 낙관에 빠져 방심했다. 그래서 북한에서 어떤 움직임이 보여도 무시하거나 기껏해야 단순 도발 정도로 여겼다.

이런 분위기 속에서 북한의 위협에 대한 대비가 부족해지는 것은 당연한 귀결이었다. 평화에 대한 지나친 믿음은 전쟁 대비를 소홀히 하게 만들었다. 군사적 준비뿐만 아니라 민방위 체계도 제대로 작동하지 않았고, 국민들은 경제 발전과 사회적 안정이 계속될 것이라는 착각 속에서 일상을 이어갔다. 정부와 언론은 상황을 낙관적으로 보도하며 국민들에게 안도감을 주려고 애썼다.

그러던 어느 추운 겨울날 새벽, 평화에 대한 믿음은 산산조각 났다. 북한은 겨울철의 추위를 이용해 '3일 전쟁 시나리오'라는 작전계획을 실행에 옮겼다. 북한군은 남한군보다 추위에 강했고, 추운 날씨는 남한 시민들의 고통과 불만을 더욱 가중시킬 것이라고 판단했다. 이 계획은 2013년에 북한이 공개한 것으로, 단기간 내에 남한을 완전히 점령하고 전쟁을 끝내겠다는 야심 찬 계획이었다. 주요 목표는 특수부대의 선제공격으로 남한의 정부기관과 핵심 시설을 단시간에 마비시키고 미국의 대응을 지연시키면서 빠른 속도로 수도권을 장악하는 것이었다.

상황 2: 새벽의 기습

새벽 4시 30분, 북한 특수부대가 남한의 정부기관과 주요 시설들을 선제공격하며 전쟁이 시작되었다. 추운 겨울 새벽에 벌어진 침략은 남한군과 시민들의 대응을 더욱 어렵게 만들었고 북한군은 이를 최대한 이용했다. 먼저 북한군은 미국의 개입을 막기 위해 미국 대사관을 습격하고 직원들을 인질로 삼았다. 이런 공격은 한국뿐만 아니라 국제 사회에도 큰 충격을 주었고 한반도에 긴장이 급격히 고조되었다.

전쟁을 개시한 순간 북한은 수도권과 남한의 주요 기반 시설을 목표로 방사포와 단거리, 중거리 미사일을 집중적으로 발사했다. 이 중 약 30퍼센트의 미사일에는 화학탄이 사용되었으며 여러 지역에서 심각한 피해가 발생했다. 수도 시설도 화학탄으로 오염되어 안전한 식수 공급이 중단되었고, 시민들은 심각한 식수 부족을 겪었다. 독성 물질이 퍼지면서 많은 시민이 호흡 곤란과 화상, 심각한 중독 증상을 겪었다. 방공호와 대피소가 화학 공격에 대비되어 있지 않아 시민들은 더욱 큰 공포에 빠졌고, 의료진도 부족한 장비로 피해자들을 치료하는 데 한계를 느꼈다.

이 공격은 남한의 정부기관과 주요 시설을 마비시키고 공포를 확산시키기 위한 것이었다. 한국군은 미사일 방어망을 가동했지만 예기치 못한 다수의 미사일 공격을 완전히 막아내지는 못하고 상당한 피해를 입었다.

이후 북한군 선봉부대인 제1, 2, 5 군단이 '통일대전 신남침로'를 따라 남하해 3일 만에 전쟁을 끝내겠다는 계획을 실행했다. 첫 3일 동안 주한미군의 대응 역시 당초 예상했던 것보다 큰 효과를 보지 못했다. 북한의 기습적인 공격과 혹독한 겨울 날씨 때문에 주한 미군의 기동성과 전술적 대응이 크게 제한되었기 때문이다. 추위로 병력과 장비의 이동이 지연되었고, 북한군의 전략적 목표 타격은 주한 미군의 통신과 지휘 체계를 혼란에 빠뜨렸다. 그 결과 초기 대응은 효율성을 잃고 북한군의 진격을 효과적으로 막지 못했다.

김정은의 '통일대전 신남침로'는 서해 기습 상륙로와 중부권의 문산·광덕산 루트를 통해 수도권을 3면에서 공격하는 방식으로 이뤄졌다. 6.25 전쟁 당시 주된 남침로였던 서울로 향하는 서부 축선은 한미 전력이 집중되어 있어 피했으며 대신 무인정찰기 등을 통해 수집된 정보를 바탕으로 새로운 남침 루트를 선택했다.

북한군 제1, 2, 5 군단은 남한의 전후방에서 총알받이 역할을 하며 한국과 주한미군의 화력을 파악한 후, 집중된 화력에 지대공 단거리 미사일을 쏟아부었다. 이후 미국의 태평양 함대나 본토에서 추가 병력이 파견되기 전에 나머지 군단들이 남하해 남한 전체를 점령하고 전쟁을 끝내는 것이 그들의 계획이었다. 이런 공격은 전례 없는 속도와 조직력으로 진행되었다.

상황 3: 평화가 무너졌을 때 돌아오는 대가

우리 정부는 무능했다. 잘못된 지시와 느린 정보 전달로 혼란을 더욱 키웠다. 한 예로 대피 명령이 일관되지 않아 일부 지역에서는 서로 상반된 지시가 내려졌다. 정부의 지휘 체계가 붕괴되면서 현장의 지휘관들은 상황을 정확히 파악하지 못했다. 주요 대피 경로에 대한 정보가 부족했고 대피 지침은 엇갈렸으며, 한 지역에서는 북쪽으로 대피하라는 지시가 내려진 반면 다른 지역에서는 남쪽으로 이동하라는 지침이 내려져 혼란이 초래됐다. 또한 안전 구역으로 지정된 장소들이 실제로는 포격을 받는 등 위험한 곳으로 밝혀져 시민들은 탈출로를 찾지 못하고 공포에 빠졌다.

정부의 대응은 매우 서투르고 혼란스럽고 비효율적이었다. 시민들은 생존을 위해 스스로 결정을 내려야 했다. 이런 상황은 전쟁 초기에 많은 인명 피해를 초래했고 도시 곳곳은 무질서와 혼란으로 뒤범벅되었다.

평화롭다고 믿었던 일상이 한순간에 무너졌다. 이제 사람들은 가혹한 현실과 마주해야 했다. 안전했던 집과 삶은 하루아침에 위협받았고 모든 것이 불확실해졌다. 피난을 떠나기 위해 길을 나선 사람들은 끊어진 도로와 극심한 교통 정체에 갇혔고, 일상의 작은 행복들은 전쟁의 불길 속에 사라졌다. 군사적 대응은 느리고 부족했으며 사람들은 더 이상 국가를 신뢰할 수 없었다. 각지에서 들려오는 폭발과 전투의 소식은 사람들의 불안을 극대화했고 공포는 그들의 삶을 잠식했다.

전쟁은 모든 것을 바꿔놓았다. 단 며칠 만에 사람들은 기본적인 생활을 유지하는 것조차 어려움을 겪기 시작했다. 식량 부족으로 아이와 노인들이 배고픔을 견뎌야 했고, 전기와 난방이 끊기면서 추운 겨울을 견뎌야 했다. 혹독한 추위는 사람들의 고통을 배가시켰다. 난방이 없는 집과 공공장소에서 많은 사람이 저체온증에 시달렸다.

식량과 물 같은 필수 자원의 부족은 상황을 더욱 악화시켰다. 화학탄으로 수도 시설이 오염돼 안전한 식수를 구하기 어려웠고 많은 사람이 오염된 물을 마셔 질병에 걸렸다. 하루 한 끼조차 제대로 먹지 못하는 사람들이 늘어났고, 깨끗한 물의 부족은 사람들의 고통을 더욱 가중시켰다. 전력 공급이 끊겨 전기 없이 지내야 했으며 난방이 불가능해 추운 날씨에도 고통받았다.

피난소는 사람들로 넘쳐났고 의료 지원은 턱없이 부족했다. 가족과 친구들을 잃은 사람들은 슬픔에 빠질 새도 없이 살아남기 위해 필사적으로 노력해야 했다. 한때 평화롭던 거리와 마을은 이제 전쟁의 흔적과 파괴로 가득했다. 사람들은 더 이상 이전의 삶으로 돌아갈 수 없다는 것을 깨달았다.

'무너진 평화'라는 경고를 무시한 대가가 얼마나 참혹한지 모두가 너무 늦게 깨달았다. 경고를 무시한 결과, 한국 사회는 상상조차 할 수 없었던 비극을 맞이했다. 모두가 평화를 당연하게 여기며 경각심을 잃던 그 순간, 비극의 불씨는 이미 피어나고 있었다. 그 방심이 거대한 파국으로 이어질 것임을 아무도 예상하지 못했다. 이제 한국 사회는 그 대가를 어마어마하게 치르고 있다. 앞으로 다시는 평화로운 일상을 되찾지 못할지도 모른다는 두려움만이 사람들의 마음속에 자리 잡았다.

김정은이 전쟁을 일으킬
두 번째 내부 문제

필자가 김정은이 전쟁을 일으킬 두 번째 내부 문제로 꼽는 것은 백두산 폭발로 대규모 피해가 발생하고 주요 시설과 행정이 마비되어 국가 통치가 어려워지는 상황이다. 백두산 폭발이 초래하는 자연재해가 국가 통치를 어렵게 만든다면 김정은은 이를 전쟁으로 이어가 내부 문제를 해결하려는 '전환의 정치' 카드로 사용할 수 있다. 이처럼 자연재해는 국가의 주요 시설과 행정을 마비시키고 체제의 붕괴 위험을 초래할 수 있다.

1783년 아이슬란드의 라키 화산은 화산폭발지수Volcanic Explosivity Index, VEI* 6급 폭발로 아사를 포함해 당시 거주민의 20퍼센트에 이르는 1만 여 명의 사람이 목숨을 잃었고, 기르던 가축의 약 70퍼센트가량이 폐사했다. 가장 심각한 문제는 분출된 대량의 아황산가스였다. 이 가스가 지구 대기권에 태양빛 차폐막을 만들어 몇 년간 기온이 내려갔고 유럽 전역에서 이상 저온과 기근이 발생해 유럽 인구의 약 10퍼센트가량이 굶어 죽었다. 특히 프랑스는 1785년부터 수년간 연속해서 식량 부족 사태가 일어나면서 민심의 불안과 사회 불만이 끓

● 화산폭발지수는 1982년 화산학자 크리스 뉴헐Christopher Newhall과 스티븐 셀프Stephen Self가 만든 기준으로 0부터 8까지로 나뉘며 이는 화산의 크기, 분화 구름 높이, 분출 물질의 양을 기준으로 평가된다. 한 등급 사이 폭발 규모는 10배 차이다.

어오르기 시작했고 이것이 1789년 프랑스 혁명의 도화선으로 작용했다.[25]

백두산 폭발로 대규모 피해가 발생하고 주요 시설과 행정이 마비되면 김정은이 통치를 유지하기 어려운 상황에 빠질 수 있다는 이 주장은 무리가 아니다. 그리고 이 시나리오에서 전쟁은 '휴전을 선택할 수 없는 전면전이자 장기전'이 될 가능성이 크다. 백두산 폭발로 북한 영토의 상당이 회복 불가능해지고 북한의 주요 기반 시설은 영구 마비될 것이다. 주민들의 삶의 위협은 극단으로 치닫고 수많은 사상자가 발생할 것이다. 평양도 심각한 재해를 입을 것이다.

하지만 북한의 군병력 70퍼센트가 전진 배치되어 있는 관계로 전면전을 벌일 수준의 군사력은 보전이 가능하다. 중국과 러시아도 자국을 향한 북한 주민의 탈북을 막기 위해 군대를 북한의 북쪽으로 자연스럽게 보낼 것이다. 백두산 폭발의 피해가 빠르게 한국 전역에 퍼지면서, 한국은 군과 민간의 전자장비 교란, 전자통신 및 도로시설 마비, 식수 오염과 농작물 피해로 사회적 혼란이 발생해 북한군의 진격에 취약한 상태에 직면할 것이다.

결국 김정은은 이 틈을 타 전쟁을 감행할 것이다. 대신 김정은 정권은 백두산 폭발로 북한 영토의 3분의 1 이상이 폐허가 되었기 때문에 되돌아갈 곳이 없어진다. 그래서 전쟁은 매우 치열하고 장기전으로 진행될 가능성이 높으며, 휴전 협상이 이루어지기 어려울 수 있다. 한마디로 김정은의 입장에서는 퇴로가 없는 '끝장 전쟁'을 강요받는 상황일 것이다.

전쟁 발발 시나리오 3:
지옥의 불, 한반도를 삼키다

상황 1: 위기 신호

북한은 심각한 경제 위기를 겪고 있었다. 이런 상황 속에서 정권의 불안정성이 높아지는 건 당연했다. 그러던 어느 날, 백두산에서 이상 징후가 감지되었다.

백두산 인근에 위치한 소수의 과학자들이 모여 근무하는 조용한 연구소. 고립된 이곳에서 몇 년간 화산의 움직임을 연구해 온 지질학자 한철우는 최근 들어 지진계에서 나타나는 불규칙한 진동에 의문을 품고 긴장했다. 몇 주 전부터 미세하게 떨리는 백두산 아래에서 점점 더 빈번하게 감지되는 지진파가 전보다 강해지고 있었다. 예사롭지 않은 상황임이 분명했다.

한철우는 직감적으로 백두산이 분화의 초기 징후를 보이고 있음을 느꼈지만 동료들은 조심스러운 반응을 보이며 정부에 보고하기를 망설였다. 결국 한철우는 위험성을 담은 보고서를 작성해 평양의 중앙에 있는 상부에 보고했지만 아무런 답변도 없는 상황에 좌절했다. 그날 밤 그는 떨리는 백두산의 기슭을 바라보며 불길한 예감을 떨치지 못했다.

며칠 후 과학자들이 근무하는 연구소에 고위급 관계자가 찾아왔다. 조정길 장군, 김정은의 측근이자 실세로 불리는 인물이다. 조정길은 연구소를 둘러보며 한철우에게 보고서의 내용을 묻고는 이내 위험을 과장하지 말 것을 경고했다. 한철우는 백두산이 심상치 않다는 점을 거듭 설명했지만 조정길은 말을 자르며 괜한 불안을 조성하지 말라는 명령을 내렸다. 한철우는 갈등에 빠졌다. 연구소 내에서도 일부 동료들은 현실적인 문제를 들어 굳이 위험을 강조할 필요가 없다고 주장했다.

한철우는 매일같이 진동을 측정하며 자신의 판단이 틀리지 않았기를 바랐지만 그럴수록 불안감은 커져만 갔다. 어느 날 밤 그는 백두산이 갑자기 지진과 함께 진동하기 시작하는 것을 관찰했다. 전날과는 비교할 수 없는 강도로 땅이 울리고, 백두산 정상에서 가늘게 연기가 피어오르는 모습을 목격하며 그는 그만 공포에 질렸다.

상황 2: 평양의 비밀 연구소

연구원들은 백두산의 활동을 분석하며 긴박한 분위기 속에서 토론을 벌였다. 연구소 내부는 붉은 경고등이 깜빡이며 긴급 상황을 알렸고 각종 기기에서 경고음이 계속 울렸다. 책상 위에는 여러 자료와 지도들이 어지럽게 널려 있었고, 연구원들은 창백한 얼굴로 서로 의견을 교환하며 절박한 목소리로 대화를 이어갔다. 공기는 무겁고 긴장감이 감돌았다. 시간은 그들 편이 아닌 듯했다.

과학자 1   산이 점점 불안정해지고 있습니다. 과거 사례와 비교해보면 분명 폭발의 징후입니다.

과학자 2   이번 폭발이 일어난다면 VEI 6급 대재난이 될 가능성이 큽니다. 이 진실을 숨긴다면 우리 모두가 위태로워질 겁니다. 지금 바로 행동해야 합니다.

과학자 3   김 위원장께 이 상황을 그대로 보고해야 합니다. 시간이 없습니다! 백두산이 폭발한다면 주요 인구 밀집 지역들이 큰 위험에 처할 겁니다.

과학자들은 백두산의 상황을 심각하게 받아들였다. 한 과학자가 지도를 펼쳐 위험 지역을 가리켰다. 결국 조정길 장군은 급히 보고서를 작성해 김정은에게 전했다. 지진 활동이 증가하면서 주민들 사이에서도 불안이 커져갔다. 그러나 김정은은 이를 심각하게 받아들이지 않았다.

정권 안정을 위해 사실을 은폐하고 주민들에게는 '일시적인 자연 현상'이라며 모든 소식을 듣지 못하도록 했다. 내부의 혼란은 점점 심각해졌고 군부 내에서도 김정은의 강경한 통치 방식에 대한 불만이 쌓여갔다.

상황 3: 김정은의 집무실

백두산 화산 상황이 심각하다는 보고를 받은 김정은은 군부와 당 간부들을 소집해 비상회의를 열었다. 그러나 그러는 그의 얼굴에서는 여전히 자신만만한 태도와 권력에 대한 집착만 보일 뿐 자연재해에 대한 두려움은 전혀 보이지 않았다.

참모 1	위원장님, 백두산의 상태가 심각하다고 보고되었습니다. 폭발 가능성에 대해 긴급 대응이 필요할 듯합니다.
김정은	백두산? 그 화산이 정말 터진다는 건가?
참모 1	그렇습니다, 위원장님. 지진 활동이 급격히 증가하고 있습니다. VEI 6급, 아니면 VEI 7급 폭발 가능성도 배제할 수 없습니다. 폭발이 일어나면 우리 영토에 큰 타격이 있을 겁니다.
김정은	(팔짱을 끼고 의자에 기댄 채 무심한 표정으로) 자연재해까지 겹치면 귀찮겠군. 하지만 그까짓 자연재해가 우리를 무너뜨릴 것 같나? 더 이상 이런 보고는 하지 마라. 주민들에게는 아무 일도 없다고 알려라. 불안감을 줄 필요가 없다.
군 간부	하지만 장군님, 이번엔 상황이 심상치 않습니다. 과학자들도 위험성을 경고하고 있습니다. 폭발이 현실화되면 군부에도 큰 타격이 있을 겁니다.
참모 2	위원장님, 재난이 발생하면 경제적 타격뿐 아니라 민심도 흔들릴 겁니다. 이미 경제 상황이 심각한데 재난까지 겹치면 통치에 큰 문제가 생길 겁니다.
군 간부	군부 내에서도 정책에 대한 의문과 불만을 제기하는 이들이 많습니다. 더 이상 이런 상황을 무시할 수 없습니다.
김정은	(미간을 찌푸리며) 그들에게 확실히 경고하라. 내가 직접 나서기 전에. 군부와 당 간부들은 주어진 일만 하라. 우리의 체제는 절대 무너지지 않는다.

결국 백두산은 VEI 6급 폭발을 일으켰다. 엄청난 화산재와 화쇄류火碎流*가 북한 전역을 덮쳤고 평양과 주요 도시들은 마비되고 주요 시설은 파괴되었다. 재난 대책이 전혀 준비되지 않은 정권은 혼란에 빠졌고 불만은 극에 달했다. 주민들 사이에서는 굶주림과 질병이 빠르게 퍼졌고 경제가 붕괴하면서 주민들은 극한의 생존 위기에 직면했다. 화산 폭발 후 하늘은 엄청난 양의 화산재로 뒤덮여 햇빛을 가렸다. 공기는 타는 듯한 유황 냄새로 가득 찼고 매캐한 연기가 코를 찔렀다. 폭발의 굉음이 끊임없이 귓가에 울려 퍼졌으며 대지의 진동으로 발밑은 불안하기 짝이 없었다.

상황 4: 남한 침공

군부 내에서는 반란의 움직임이 본격화되었다. 일부 간부들은 더 이상 김정은의 명령을 따르지 않고 독자적으로 행동하기 시작했다. 그들은 주민들의 불만을 이용해 정권을 전복하려는 계획을 세웠다. 주민들 사이에서도 비밀리에 저항 운동이 시작되었다.

김정은은 정권의 위기를 느꼈다. 우선 체제를 지키기 위해 반란을 일으키려는 군부 세력을 숙청하고 자신에게 충성하는 몇몇 인물들만 남기기로 했다. 반역자를 색출하고 감시망을 강화했지만 내부의 불안은 쉽게 가라앉지 않았다. 군부 내에서는 김정은의 통치에 대한

• 화쇄류는 분화구에서 분출된 고온의 온실가스, 암석 부스러기 등이 하늘 높이 치솟았다가 한데 뒤엉켜 빠른 속도로 땅을 향해 쏟아지는 현상이다.

불만이 점점 커지면서 몇몇 간부들이 그를 배신할 계획을 모의했다. 일부는 비밀 회합을 열어 김정은의 정책을 비판하고 명령을 이행하지 않는 식으로 소극적인 저항을 시도했다.

주민들 사이에서도 정부의 무능함에 대한 비난이 커져갔다. 백두산 폭발에 대한 정부의 무능한 대응과 재난 관리 실패로 김정은에 대한 신뢰는 크게 무너졌다. 결국 김정은은 남한을 침공하라는 명령을 내렸다. 군부 강경파는 지지했지만 일부 당 간부들은 전쟁이 북한을 더 큰 혼란으로 몰아넣을 것이라며 걱정했다. 그러나 김정은은 전쟁으로 모든 문제를 해결할 수 있다며 강하게 밀어붙였다.

비서 (급히 뛰어들어오며) 위원장님! 평양까지 화산재가 덮치면서 모든 게 마비 상태입니다. 교통도 끊기고, 전력 공급도 중단됐습니다.

군 간부 1 (다급히) 이대로는 안 됩니다! 군 내에서도 불만이 터질 겁니다. 주민들은 이미 공포에 빠져 있고 식량 부족까지 겹치면…. 장군님, 어떻게 하실 겁니까?

군 간부 2 백두산 폭발 이후 민중의 불만이 커지고 있습니다. 군대마저 동요하고 있습니다. 지금 강력한 조치가 필요합니다.

김정은 강력한 조치라면 뭘 말하는 건가? 반역자는 처단하겠지만 더 많은 사람을 우리 편으로 만들 방안을 생각해야 한다. 충성심을 확인하는 것이 중요하다.

군 간부 2 하지만 이렇게 가다가는 체제를 유지할 수 없습니다. 전쟁을 통해서라도 길을 열어야 하지 않겠습니까?

김정은	(초조하게 방 안을 걸으며) 이건 단순한 재난이 아니다. 우리 나라의 기반이 무너졌다. 이제 더 이상 물러설 곳이 없다.
군 간부 1	(냉정하게 대답하며) 장군님, 이제 선택의 여지가 없습니다. 내부 불안도 위험하고 군부도 제대로 장악하지 못하고 있습니다. 군부와 인민의 불만을 외부로 돌릴 방법이 필요합니다.
당 간부	하지만 위원장 동지, 전면전은 우리에게도 큰 부담입니다. 주민들은 이미 고통받고 있습니다. 전쟁이 오히려 내부 불안을 더 키울 수 있습니다.
군 간부 2	전쟁밖에 답이 없습니다. 화산재로 인한 혼란을 이용해 남한을 기습해야 합니다. 지금이 기회입니다. 다행히 병력 70퍼센트를 휴전선 부근에 배치해두었기 때문에 피해도 미미할 겁니다.
김정은	(한참 침묵 후) 좋다. 전쟁이다. 이 나라의 불만을 남쪽으로 돌리겠다. 모든 준비를 당장 시작하라!
비서	위원장님, 군대가 아직 준비되지 않았습니다. 백두산 폭발 이후 물자도 부족합니다.
김정은	우리는 이미 물러설 곳이 없다. 주민들은 신경 쓸 필요 없다. 불만이 있는 자는 모두 숙청하겠다. 우리 영토가 산산이 부서졌는데, 이제 물러설 곳은 없다. 이 전쟁으로 끝장을 보겠다.

김정은은 마지막 도박으로 남침을 결정했다. 군대는 준비가 덜 된 상태였지만 전쟁만이 군부 내 반란의 조짐을 없애고 내부 갈등을 억누르며 체제를 유지할 수 있는 유일한 방법이라고 믿었기 때문이다.

상황 5: 남한 정부의 반응

남한 정부도 북한의 움직임을 감지하고 긴급 대응 회의를 열었다. 그러나 남한 역시 준비가 부족한 상태였다. 정치적 리더십의 혼란과 군사 자원의 부족, 백두산 폭발로 인한 혼란이 겹쳐 군사적 대비가 늦어지고 있었다. 또한 주민 보호와 복구 작업에 많은 자원이 투입되어 군사적 준비가 우선되지 못했다. 정치적 혼란과 백두산 폭발 이후 자원 부족으로 군사적 대비가 늦어졌고 환경적 장애물 또한 군사 작전을 어렵게 만들고 있었다. 백두산 폭발로 한반도 전체가 혼란에 빠져 있었기 때문이다.

남한 정부는 급하게 대응책을 마련하려 했지만 상황은 쉽지 않았다. 화산재로 인해 주요 도로와 통신망이 끊기고 주민들은 대피소로 이동하며 혼란에 빠졌다. 남한 군부는 군사적 방어 준비를 서둘렀다. 그러나 환경적 요인으로 계획이 지연되고 있었다.

비서실장 백두산 폭발이 북한을 위기로 몰고 가는 건 확실합니다. 그리고 김정은이 군대를 휴전선 부근에서 움직였다는 첩보입니다. 이 위기를 전쟁으로 해결하려는 듯합니다.

대통령 상황이 매우 급박하다. 그들의 상태가 좋지 않은 것은 알고 있다. 하지만 전쟁이 시작되면 우리도 피해를 막을 수 없다.

국정원장 지금 남한도 화산재와 기후 변화로 혼란입니다. 그들이 남침을 강행하면 우리 대응도 늦을 수밖에 없습니다.

국방장관 우리는 방어에만 집중해야 합니다. 이 전쟁을 장기적으로 끌어들인다면 상황이 더 나빠질 겁니다.

비서실장 (굳은 표정으로) 그래서 지금이 중요합니다. 북한군이 화산재 속에서 공격을 감행한다면 그들은 절박한 상황일 겁니다. 이 전쟁은 절대 쉬운 싸움이 아닐 겁니다.

북한군은 화산재로 뒤덮인 험난한 길을 뚫고 남한으로 진군을 시작했다. 백두산에서 날아온 강하 화산재가 불과 하루 만에 남쪽까지 날아오면서 서울을 비롯해 주요 도시들이 암흑천지가 되었다. 곳곳에서 전기가 끊기고 통신시설이 마비되었다. 도로, 다리, 공항 등 주요 인프라도 마비되었다. 남한은 급하게 방어에 나섰지만 화산재로 뒤덮인 환경적 장애물로 대응에 심각한 어려움을 겪었다. 북한군과 남한군은 휴전선에서 맞섰고 전쟁의 불길은 점점 더 커졌다.

전쟁 초기 북한군은 남한의 여러 주요 도시를 기습했고, 화산재로 마비된 일부 남한 지역에서 승리했다. 전쟁은 예상보다 훨씬 더 복잡하게 발전했다. 북한도 백두산 폭발로 인한 내부 혼란과 자원 부족으로 공격 속도에 어려움을 겪었다. 평양 등 북한 내부도 식량과 자원이 부족해지며 점점 더 약해졌다.

남한도 김정은의 공격에 대응하기 위해 긴박하게 움직였지만 피해가 계속 늘어나고 있었다. 화산재로 남한의 주요 도시들이 마비되면서 혼란이 커졌고 방어 전략 수행에 심각한 제약을 겪었다. 남한 정부는 국제 사회의 지원을 긴급 요청하며 주한미군과 방어에 나섰지만 주한미군도 화산재로 자원과 인력 손실이 커지면서 어려움을 겪고 있었다. 국제 사회는 사태의 심각성을 인지하고 개입을 고려했지만 중국과 러시아가 있어 쉽게 개입할 수 없는 상황이었다. 시간이 지날수록 양측 모두 큰 피해를 입었고, 상황은 점점 통제 불능 상태로 빠져들고 있었다.

상황 6: 김정은의 은신처

김정은이 은신하고 있는 어두운 방 안에 전투 지휘관과 참모들이 긴장한 표정으로 전쟁 상황을 보고했다.

지휘관 장군님, 남쪽에서의 초기 전투에서 승리했습니다. 몇몇 도로는 화산재로 차단됐고 그들이 예상하지 못한 기습이었습니다.

김정은 잘했군! 남한은 우리를 우습게 본 대가를 톡톡히 치를 것이다! 하지만 이건 단지 시작일 뿐이다. 그들이 반격해온다고? 좋다. 그러나 우리는 더 신중해야 할지도 모른다. 그들의 피로 이 땅을 물들일 준비를 하라! 하지만 모든 것을 잃지 않도록 조심하라.

참모 위원장님, 전쟁은 생각보다 길어질 것입니다. 내부에서도 불안이 커지고 있습니다. 우리도 오래 버티기 힘듭니다. 연료와 보급품이 바닥을 드러내고 있으며 화산재는 차량 이동을 방해하고 장비를 손상시켜 군사 활동이 심각한 영향을 받고 있습니다.

김정은 우리는 끝까지 싸워야 한다! 이 전쟁에서 지면 모든 것이 끝이다! 선택지는 없다. 백두산이 폭발하고 우리 땅이 폐허가 되었다고? 그렇다면 더 이상 돌아갈 곳도 없지! 우리는 전진할 뿐이다!

김정은의 말이 끝나자 방 안에는 무거운 침묵이 흘렀다. 참모들의 얼굴에는 피로와 불안이 가득했다. 전쟁이 장기화되면서 그들도 얼마나 더 버틸 수 있을지 의문이었다. 그러나 김정은의 결의는 굳건해 보였고 절대 물러설 생각이 없는 듯했다. 그때 갑작스러운 소식이 들어왔다. 중국과 러시아의 지원 부대가 북한 영토로 진입하고 있다는 것이었다. 이 소식은 김정은과 참모들에게 일말의 희망을 안겨주었다. 참모들은 잠시 안도의 숨을 쉬었지만 이 상황이 새로운 갈등을 불러일으킬 가능성도 있었다.

중국과 러시아의 지원에도 불구하고, 전쟁이 장기화되자 김정은에 대한 군부의 충성심도 서서히 균열이 일어나기 시작했다. 군부 총지휘부는 김정은의 명령을 따랐지만 후방에 주둔하는 군대와 당의 일부 세력이 반란을 일으켰다. 군부 곳곳에서 충성을 유지해야 할지, 반란에 동참해 김정은을 몰아낼지 갈등이 심화되고 있었다.

상황 7: 혼란에 빠진 남한과 전쟁의 장기화

남한도 전쟁과 자연재해로 극심한 혼란에 빠졌다. 일부 군부 장성과 정치인들은 북한의 내부 혼란을 기회로 삼으려 했지만 남한 역시 기후 변화와 식량 부족으로 어려움을 겪고 있었다. 그때 북한에 중국과 러시아의 지원 부대가 진입했다는 소식이 남한 정부에도 전해졌다.

비서실장 북한 내부가 점차 붕괴되고 있습니다. 일부는 김정은을 배반할

	준비를 하고 있을 겁니다. 이 기회를 반드시 잡아야 합니다. 그렇지 않으면 우리에게 더 이상 기회는 없습니다.
군 인사	우리도 힘든 상황입니다. 화산재와 기후 변화로 물자 부족이 심각합니다. 전쟁을 끝내기 위한 외교적 수단이 더 이상 남아 있지 않습니다. 게다가 중국과 러시아의 개입은 우리에게 큰 위협이 될 겁니다.
비서실장	이 전쟁으로 김정은은 퇴로가 없음을 알게 됐으니 더욱 필사적으로 싸울 겁니다. 우리 역시 더 이상 물러날 곳이 없습니다. 모두 끝까지 싸워야 합니다.

전쟁은 예상대로 장기화되었다. 남한과 국제 사회는 전쟁에 대응하기 위해 노력했지만, 북한은 인프라가 붕괴되면서 김정은 정권은 점점 더 고립되었다. 김정은은 물러날 곳이 없음을 알기에 마지막까지 항복을 거부하며 남한을 공격하려 했다. 그럴수록 북한 군부 내 반란은 커졌고 북한은 내부적으로 붕괴 직전에 이르렀다. 그럼에도 전쟁은 계속되면서 남북한 모두 막대한 피해를 입었다.

전쟁으로 인한 고통은 남북한 모두에게 커다란 부담이 되고 있었다. 남한 국민들도 끊임없는 폭격과 전투 속에서 삶의 터전을 잃고 곳곳에 부서진 집들과 검은 연기가 피어올랐다. 폭격 소리와 비명 소리가 끊이지 않았고 공기는 화약 냄새와 화산재로 가득했다. 식량과 물자는 바닥을 드러냈고 사람들은 굶주려 점점 더 야위어갔다. 남한 정부는 국제 사회의 지원을 끌어내기 위해 노력하고 있었지만 전쟁의 규모와 복잡성 때문에 외부의 개입이 어려운 상황이었다. 한반도 전체는 점점 더 황폐해져 갔다.

백두산 화산 폭발에 대한 과학적 근거와 실제 사례들

백두산 화산 폭발 시나리오는 공상이 아닌 현실적인 가능성이 있는 상황이다. 일본은 지진과 화산 폭발에 잘 대비하는 나라로 알려져 있지만 2014년 9월 온타케 화산 폭발로 약 100명의 사상자가 발생했을 때 화산 분화의 징조조차 파악하지 못했다. 온타케 화산은 아무런 경고 없이 폭발했으며 이는 자연재해를 예측하는 것이 매우 어렵다는 것을 보여준다.

한국 기상청은 현재 백두산이 당장 폭발할 가능성은 매우 낮다고 평가하지만 앞으로도 폭발이 전혀 없을 것이라 단정할 수는 없다. 2002~2005년 사이에 백두산 천지 근처에서 화산 지진이 3,000번 이상 발생했으며 2015년에는 천지 주변의 온도가 평균치인 섭씨 60도를 넘어 83도까지 상승했다.[26]

이런 징후들은 마그마 활동이 활발해지고 있다는 신호로, 화산 폭발이 일어날 전조일 수 있다. 1980년 세인트헬렌스산 폭발 전에도 비슷한 지진 활동과 온도 상승이 관찰된 바 있다. 세인트헬렌스산 폭발은 미국 서부 지역에 큰 피해를 주었고 많은 경제적 손실과 인명 피해를 야기했다.

현재 백두산에 대한 연구는 주로 중국과 북한의 자료에 의존하고 있다. 백두산은 중국과 북한의 경계에 위치해 있어 화산 활동에 대한 정확한 모니터링과 연구를 진행하려면 남한과 북한 양국 간의 협력이 필수적이다. 이를 통해 화산 분화 가능성을 조기에 감지하고 공동 대응 방안을 마련해야 한다. 그러나 지금은 정보 공유의 한계로 정확한 예측이 어려운 상황이다. 이는 자연재해에 대한 국제적인 협력의 중요성을 보여준다.

북한의 반복적인 핵실험 역시 백두산의 폭발 가능성을 높이는 요소로 작용할 수 있다. 학자들은 마그마가 폭발하기 위해서는 대기압의 1.2배 정도가 되는 압력(120킬로파스칼)이 필요하다고 추정하는데, 2017년 북한의 6차 핵실험으로 발생한 지진의 압력은 60킬로파스칼, 즉 규모 5.6밀리바 정도였다. 핵실험으로 백두산이 바로 폭발할 가능성은 낮지만 폭발의 가능성이 커질 수 있다는 점은 간과할 수 없다.

인류 역사상 가장 큰 화산 폭발은 VEI 8급 규모로 약 2만 6,500년 전에 뉴질랜드 타우포 화산에서 발생한 것으로 알려져 있다. 이 폭발은 히로시마 원자폭탄의 약 5,500만 배에 이르는 파괴력을 지녔고 이로 인해 지구 기후에 큰 변화가 일어나 빙하기가 발생했다고 한다. 이런 대규모 화산 폭발은 기후 변화와 생태계에 심각한 영향을 미칠 수 있다.

현재 VEI 8급 규모의 폭발 가능성이 가장 높은 화산은 미국의 옐로스톤이다. 과학자들은 옐로스톤이 약 64만 년 전에 VEI 8급 폭발을 일으켰을 것으로 추정하며, 앞으로 옐로스톤이 다시 폭발한다면 미국 서부 지역에 막대한 피해를 끼치고 전 세계적인 기후 변화와 식량 위기도 초래할 수 있다고 본다. 단, VEI 8급의 대규모 폭발은 최소 5만 년에 한 번 정도 일어나는 드문 현상이다.[27]

필자가 김정은이 남침을 시도할 수밖에 없는 내부 문제로 꼽은 백두산 폭발은 VEI 8급은 아니다. 최악의 경우 VEI 7급의 대폭발부터 최소한 VEI 4급이다. 백두산 화산이 폭발한다면 가장 심각한 경우는 VEI 7급 규모의 폭발이다. 전문가들은 백두산이 VEI 7급의 폭발을 일으킬 가능성까지 생각한다.

역사적으로 VEI 7급의 폭발은 여섯 번 정도 기록되었다. 서기 946년 백두산에서 발생한 대분화(일명 '밀레니엄 분화')가 VEI 7급 규모다. 당시 만주 지역과 한반도에 심각한 영향을 미쳤고, 분출된 화산재는 일본 홋카이도까지 날아갔다. VEI 7급 규모의 대폭발은 2010년 아이슬란드 화산 폭발보다 분화량이 1,000배 이상 크고 서기 79년에 폼페이를 사라지게 한 베수비오 화산 50개가 동시에 터진 정도의 위력이다.[28] 엄청난 파괴력도 무섭지만 수년간 기후 변화도 유발한다.

가장 최근의 VEI 7급 규모의 화산 대폭발은 1815년 4월에 인도네시아 숨바와섬에 위치한 탐보라 화산이었다. 지난 2,000년 동안 역사상 규모가 가장 큰 폭발로 기록된다. 탐보라산은 인도네시아 숨바

와섬에 있는 활화산(높이 2,722미터)이었다. 인도네시아 탐보라 화산 폭발로 1만 1,000명에서 1만 2,000명이 직접적인 피해로 사망했고, 흉작으로 굶어 죽은 사람만 7만여 명에 이르렀다. 동인도회사 직원들의 기록에 따르면 150억 톤의 화산재가 인도네시아 전역을 3센티미터 두께로 뒤덮었다. 분화구에서 2,000킬로미터 떨어진 곳에서는 분출음을 대포 소리로 착각할 정도였다.

탐보라 화산의 폭발로 지구의 기온은 급락했고 지구 곳곳에서 다양한 형태의 재난이 발생했다. 서유럽과 미국은 1816년을 '여름이 없었던 해a year without summer'라고 부를 정도로 혹한이 발생해 대흉작을 기록했다. 미국과 캐나다 동부 지역에서는 6월에 눈 폭풍이 발생했고 7~8월에도 호수와 강에서 얼음이 관찰됐다. 공교롭게도 당시는 현재의 온도보다 섭씨 1.2도가량 낮았던 소빙하기Little Ice Age*의 마지막 무렵이었다. 탐보라 화산 폭발은 소빙하기 평균 기온을 0.6~0.7도나 더 하락시켜 버렸다.

기온 저하와 혹한만 일어난 것이 아니다. 단기적인 가뭄과 홍수 및 장마, 이른 서리와 추운 겨울 등이 1819년까지 반복되어 지구촌 곳곳에 다양한 형태의 시위와 저항, 사회적 재난이 발생했다.[29] 만약 VEI 7급의 대폭발이 일어나서 이 정도의 피해가 북한에 발생하면 김정은 정권은 체제 유지가 사실상 불가능해질 수도 있다.

- 소빙하기는 1300~1850년 사이 현재보다 온도가 낮았던 것으로 추정되는 시기를 의미한다.

하지만 현재 백두산이 VEI 7급의 대폭발을 일으킬 가능성은 상대적으로 낮다고 평가된다. 전문가들은 백두산이 폭발할 경우 VEI 4~6급 정도의 규모가 가장 현실적이라고 본다. VEI 6급 정도의 폭발이라면 화산재가 25킬로미터 상공까지 도달할 수 있으며, 성층권에 있는 제트기류를 타고 한반도 남쪽까지 도달할 가능성도 크다. 겨울이나 봄철에 폭발하면 피해가 더 심각할 수 있다. 백두산의 폭발 기록을 보면 겨울과 봄에 폭발한 빈도가 40퍼센트로 높다. 이 폭발로 방출된 화산재와 이산화황이 성층권까지 도달하면 지구 평균 기온도 낮춘다.

기온이 낮아지면 수질 오염으로 농업용수 사용이 어려워지고 화산재로 토양의 산성도가 증가하는 등 농업 생산량에 큰 영향을 미친다. 강하 화산재는 땅에 1밀리미터 이상만 쌓여도 도로 교통을 마비시킨다. 시야 확보도 힘들고 자동차 헤드라이트도 떨어지는 화산재를 관통하지 못한다. 또한 화산재가 인체로 들어가면 규폐증 등 호흡기 질환을 일으킨다. 화산가스와 초미세먼지는 호흡기 건강에 직접적인 영향을 미쳐 노약자와 어린이에게 큰 위험을 초래한다.

2020년 《대한원격탐사학회지》에 발표된 논문에 따르면 백두산이 분화한 후 초미세먼지가 서울에 도달하는 시간은 31시간 후였으며, 농도의 최고치는 2만 4,547마이크로그램/입방미터로 예상했다. 초미세먼지 '매우 나쁨' 기준선(76마이크로그램/입방미터)의 320배다.[30] 젖은 화산재는 송전선에 누전을 일으켜 전력 공급을 중단시키거나 불안정하게 만들기도 한다.

또 다른 VEI 6급 규모의 화산 폭발 사례는 1883년의 크라카토아 화산과 1991년 필리핀의 피나투보 화산이 있다.[31] 크라카토아 화산 폭발은 VEI 6급으로 분류되며 화산 폭발로 약 3만 6,000명이 사망하고, 인도네시아 전역에 거대한 쓰나미가 발생해 큰 피해를 입혔다.

피나투보 화산 폭발도 VEI 6급으로 기록되었는데, 약 800명이 사망하고 수십만 명이 집을 잃었으며 화산 중심부에서 서울 면적의 200배에 이르는 지역이 36시간 동안 암흑천지가 되었다. 주변 지역도 몇 년 동안 회복이 어려울 정도로 피해를 입었다. 이 폭발로 도로, 다리, 공항 등 주요 인프라가 파괴되었고 경제적 손실은 수십억 달러에 달했다. 농업과 상업 활동도 중단되면서 지역 경제에 심각한 타격을 주었다.

서기 79년 도시 폼페이를 하루 만에 멸망시켰던 베수비오 화산 폭발도 VEI 6급으로 추정된다. 역사 기록에도 베수비오 화산 폭발로 하늘을 가린 화산재와 저온 현상, 그로 인한 식량 생산 감소와 그와 맞물려 발생한 영양실조, 전염병 창궐 등이 등장한다.

백두산이 VEI 6급의 폭발을 일으키면 남한의 농림수산업에서만 피해액이 약 4조 5,189억 원에 이를 것으로 예상된다. 남한의 피해가 이 정도라면 북한의 피해는 계산이 어렵다. 1930년대 대공황 시기 미국에서 농작물 생산량이 급감하고 농업 기반 경제에 심각한 타격을 준 더스트볼 dust bowl•이 발생했다. 존 스타인벡 John Steinbeck의 소설

• 더스트볼은 한 치 앞도 보이지 않을 정도로 모래바람이 계속 부는 현상을 말한다.

『분노의 포도』 배경이기도 했던 더스트볼은 1933년부터 4년간 지속된 극심한 가뭄과 미숙한 건조농법으로 인한 토양 황폐화가 그 원인이었다. 더스트볼로 토착 식물, 특히 '쇼트그래스'가 소멸하면서 토양이 고정 기능을 상실했고, 강한 바람으로 표토 유실과 먼지 눈보라가 자주 발생했으며, 태양을 가릴 정도의 심각한 대기 오염이 발생해 결국 주민들은 이주할 수밖에 없었다.[32]

백두산이 VEI 6급의 폭발이 북한 지역에 미칠 자연 재해는 남한의 농림수산업에서 발생하는 피해액이나 더스트볼의 피해와는 비교도 되지 않을 것이다. 북한 정권의 입장에서도 백두산의 폭발은 내부적으로 엄청난 위협이 될 게 분명하다. VEI 6급 정도의 폭발이면 백두산 인근 생태계는 수십 년 동안 복구되기 어렵다.

1980년 미국 워싱턴주의 세인트헬렌스산 2,550미터 정상에서 터진 화산은 VEI 5에 불과했지만 생태계가 오랫동안 회복되지 못했다. 화산의 사면을 따라 섭씨 500도의 화쇄류가 시속 40~120킬로미터로 흘러내리면서 주변 마을을 순식간에 덮친다. 1985년 콜롬비아에서는 네바도델루이스 화산 폭발로 화쇄류가 마을을 덮쳐 2만여 명이 목숨을 잃었고 농업 지역이 완전히 파괴되었다. VEI가 7 규모일 경우 화쇄류는 최대 23킬로미터까지 퍼진다.

백두산 천지는 북위 42도 06분, 동경 128도 03분, 해발 2,194미터에 위치한 구형 모양의 화산 호수이며 칼데라호다. 너비는 3.58킬로미터고 면적은 9.18평방미터, 평균 평균 수심은 214미터, 집수 면적 50.57평방킬로미터, 물 저수용량은 소양강댐 담수량의 70퍼센트 수

준인 20억 4,000만입방미터다. 천지의 연평균 수온은 섭씨 -7.3~ 11도이고 여름의 수면 온도는 섭씨 5도다. 20미터 깊이에서 수온은 섭씨 3.5~4도다. 천지는 맑은 물과 주변의 웅장한 산세로 관광 자원으로서 큰 가치를 지닌다.

그러나 동시에 천지의 물은 화산 활동과 연관되어 있어 폭발 시 큰 피해를 초래한다. 만약 천지의 물이 섭씨 1,000도 이상의 뜨거운 마그마와 만나게 되면 마그마는 급격히 식어 산산조각이 난다. 이렇게 산산조각 난 부석과 화산재는 공중으로 솟아오르며 마치 구름처럼 퍼져나간다. 이 화산재 구름은 계절풍(대기권 내에서)과 제트기류(성층권 내에서)를 따라 멀리 일본까지 이동해 떨어지는데 이를 '강하 화산재'라고 한다.[33] 강하 화산재는 백두산 주변에는 수십 미터 두께로 쌓이고 북한 대부분의 영토에서는 비 또는 우박처럼 쏟아져 내릴 것이다.

만약 VEI가 7급 규모일 경우 분출되는 화산 물질의 양은 남한 전체를 1미터 높이로 덮을 수 있을 정도로, 넓게 퍼질 경우에는 서울 면적의 약 605배에 이르는 지역을 덮을 수 있다. 곳곳에서 산불이 발생해 주변 산지를 모두 태우고 화산재는 허약하기 그지없는 북한 주민의 집 지붕도 무너뜨릴 것이다. 화산재에 포함된 유독 성분은 공기 중으로 퍼져 사람들의 호흡기 질환을 악화시켜 사망률을 크게 높일 수 있다.

또한 천지에서 넘쳐흐른 물로 대홍수가 발생할 수 있다. 1985년 콜롬비아에서 일어난 네바도델루이스 화산 폭발은 만년설을 녹여

2만 3,000명의 희생자를 낳았다.[34] 대홍수는 화산체의 부서진 암석과 화산재가 섞인 라하르lahar*를 일으켜 인근 토지를 황폐화한다.

북한 대부분의 경작지 농작물에 화산재가 덮이면 햇빛이 차단되어 생장이 멈추고 1990년대 '고난의 행군'을 능가하는 대기근이 휘몰아칠 것이다. 하천에 쌓인 화산재는 북한 전역에서 식수 오염을 발생시킨다. 더불어 도로, 댐, 전기, 광산 등이 마비되고 이 모든 상황은 주민들의 생활 수준을 급격히 떨어뜨릴 것이다.

이런 위험에 대비하려면 북한 정부가 지속적인 조사와 안전 대책을 마련해야 한다. 특히 화산 폭발 시 인근 주민들이 안전하게 대피할 수 있도록 계획을 세우고 비상 대응 체계를 마련하는 것이 중요하다. 하지만 북한 정부가 이런 대응 체계를 마련해두었을 리는 만무하다.

이미 경제적으로 어려움을 겪고 있는 북한이 VEI 6급 정도의 폭발이 만들어낼 대규모 자연재해를 겪는다면 김정은 정권은 심각한 위기를 맞이할 수밖에 없다. 사회적 혼란과 식량 부족, 주요 인프라의 붕괴는 정권의 통제력을 약화시킬 수 있으며, 특히 국제 사회의 지원이 제한적인 상황에서 체제 유지가 더욱 어려워질 수 있다. 김정은은 국가 통치가 더 이상 어렵다고 판단하면 얼마든지 전쟁을 문제 해결 수단으로 선택할 것이다.

• 라하르는 화산이류라고도 하는데, 쉽게 말해 화산재 반죽이 쏟아져 내리는 것을 말한다. 라하르는 시간이 지나면 콘크리트처럼 굳는다.

한국 정부는 백두산이 VEI 5급의 중규모 폭발이나 상대적으로 작은 VEI 4급 규모의 폭발이 일어나도 긴장을 늦추면 안 된다. 이미 북한 내부에서 권력 다툼이나 김정은 정권의 강압적인 통치로 북한 주민과 군부 사이에 불만이 커지고 있고, 반복되는 기근과 전염병 등으로 경제가 피폐해진 상황이다. 전국에 걸친 부정부패로 경제적 위기와 주민 불만도 커지고 있다. 아버지 김정일은 선군정치를 통해 군부의 기를 세워주었지만, 김정은은 "당의 영도를 받지 않는 군대는 필요 없다"며 당을 강화하면서 군부의 불만을 키우고 있다. 그러나 평양에서 먼 지방으로 갈수록 당의 영향력이 약해지는 한계가 드러났다.

그렇기에 만일 백두산의 폭발 규모와 상관없이 폭발 그 자체가 불만이 목구멍까지 찬 주민들의 분노에 불을 붙이고 백두산 인근 상황이 통제할 수 없는 수준까지 이르면, 이를 빌미로 강경 군부 세력이 쿠데타를 일으키거나 남침 전쟁을 압박할 수 있다.

VEI 5급 규모의 폭발은 최근 수십 년 동안에도 자주 일어났는데, 앞서 잠깐 언급한 1980년의 세인트헬렌스산 폭발과 1982년 멕시코의 엘치촌 화산 폭발이 그 예다.[35] 세인트헬렌스산 폭발로 57명이 사망하고 수백 채의 가옥과 다리, 철도, 고속도로가 파괴되었다. 이 폭발은 미국 역사상 가장 유명한 화산 폭발 중 하나로 광범위한 지역에 걸쳐 큰 피해를 남겼다. 그 결과 주변 환경은 완전히 변화했고 숲과 야생동물 서식지에도 큰 영향을 미쳤다.

1982년 엘치촌 화산 폭발은 VEI 5급으로 분류되며 약 2,000명의 사망자를 발생시켰다. 주변 마을이 파괴되었으며 지구 기후에도 영향을 미쳤다. 이 폭발로 방출된 화산재와 가스는 전 세계적인 기후 변화를 일으켜 농업 생산량 감소와 경제적 손실을 초래했다. 엘치촌 화산 폭발 후 지역 주민들은 대규모 이주를 해야 했다. 정부와 국제기구의 지원을 받아 복구 작업을 진행했지만 경제 회복에는 오랜 시간이 걸렸다.

백두산이 상대적으로 작은 규모인 VEI 4급 규모로 폭발할 경우에도 화산재는 지상 10킬로미터 높이의 성층권까지 도달할 수 있다. VEI 4급 규모의 폭발 사례로는 1914년 일본의 사쿠라지마 화산이 있다.[36] 사쿠라지마 화산 폭발로 큰 인명 피해는 없었지만 주민들은 지속적으로 화산재와 가스에 노출되어 건강 문제를 겪고 있다. 그 후에도 이 지역은 오랫동안 지속적인 화산 활동으로 위험 지역으로 간주되었으며, 화산재와 가스로 인한 건강 문제가 지속적으로 발생했다. 주민들은 호흡기 질환, 피부 문제 등 다양한 건강 문제를 호소했으며 이런 상황은 그들의 생활에 지속적인 스트레스를 주었다.

우리나라 기상청에 따르면 백두산은 900년대 이후 현재까지 31번 분화했으며, VEI 4~6급 규모의 폭발은 약 100년에 한 번꼴로 발생했다. 백두산의 마지막 분화는 1925년으로, 약 100년 전이다. 이 주기를 고려할 때 백두산의 폭발 가능성은 충분히 현실적이다. 제주도 한라산이나 하와이의 화산들은 현무암질 마그마여서 점성이 낮다. 점성이 낮으면 가스가 자유로이 빠져나갈 수 있어서 마그마가 비교적 평온하게 분출된다. 현무암질 마그마는 화산재도 많이 발생하지 않으며, 용암이 천천히 흘러내리면서 주변 지역에 미치는 피해가 상대적으로 적다.

반면 백두산은 제주도 한라산과 다른 마그마다. 백두산의 마그마는 한라산 마그마보다 수십만 배 점성이 높은 유문암질 마그마여서 화산가스를 밖으로 빠져나가지 않게 꼭 안고 있다.[37] 때문에 VEI 5급의 중규모나 VEI 6급 규모의 큰 폭발을 일으킬 가능성이 충분하다. 다시 한번 강조하지만 VEI 5급이나 VEI 6급의 폭발이 일어나면 김정은 체제는 심각한 위기에 빠진다.

한반도에서 전쟁이 벌어지면 미국과 일본은 손해가 아니다

냉정하게 생각해보면 한반도 전쟁 발발은 (미국과 중국의 전면전으로만 확전되지 않으면) 한국만 빼고 중국, 미국, 일본, 러시아 모두 다 이익이 큰 시나리오다. 2024년 8월 말, 중국 군용기가 처음 일본 영공을 침범하고 중국 군함의 일본 영해 침범 등이 이어졌다. 일본의 반응은 두 가지였다. 하나는 중국에 대한 강력한 경고였고, 다른 하나는 중국의 잇단 도발을 자국의 무기 수출 명분으로 활용한 것이었다. 2024년 일본은 함정을 구매하려는 호주 정부에 자국 해상 자위대의 모가미형 호위함(2022년 취역한 3,900톤급 함선) 정보를 제공했고,

2023년 말에는 패트리어트 지대공 미사일을 미국에 수출했다. 더불어 차세대 전투기의 제3국 수출 등 무기 판매 범위를 점점 넓혀가고 있다.[38]

일본 극우 및 보수 진영에서는 제2차 세계대전 패전으로 만들어진 「평화 헌법」을 무력화하고 전쟁이 가능한 '보통 국가'로의 전환을 끊임없이 시도 중이다. 나아가 과거 동아시아 제국주의 중심에 섰던 옛 위상(?)을 회복하려는 야욕을 품고 있다. 이런 일본에게 한국에서 발발하는 전쟁은 그들의 목적을 달성하는 데 절호의 기회이자 설득력 있는 명분이다.

러시아-우크라이나 전쟁에서 양국 사상자는 100만 명을 넘었다. 이스라엘-하마스 전쟁도 수많은 사상자를 냈다. 모든 전쟁은 해당 국민과 군인들에게는 비극적이다. 하지만 모두에게 비극인 것은 아니다. 전쟁을 선택하고 수행하는 지도자나 정치인들에게는 모종의 이익이 따른다. 미국의 휴전 제안을 계속 거부하며 중동에서 전쟁을 수행 중인 이스라엘 베냐민 네타냐후Benjamin Netanyahu 총리는 전쟁 덕분에 정치적 생명을 연장하고 부패 혐의(뇌물수수, 사기, 배임 등)로 처벌받을 위기를 교묘하게 피해가고 있다.

푸틴은 전쟁 직전인 2021년 11월 63퍼센트였던 지지율이 전쟁 이후인 2022년 3월에는 83퍼센트로 급등했다. 코미디언 출신으로 대통령 자질을 의심받았으며 지지율이 30퍼센트에 불과했던 우크라이나의 볼로디미르 젤렌스키 대통령은 전쟁 발발 이후 지지율이 91퍼센트까지 상승했다. 게다가 전쟁으로 대선을 치를 수 없게 되면서 그의 임기는 계속 늘어나고 있다. IMF는 전쟁이 3년째에 접어들었던 2024년의 러시아의 경제성장률을 3.2퍼센트로 상향 조정했다. 이런 조정에는 방산업 중심 산업생산 증가가 결정적인 역할을 했다.

2024년에는 미국의 국방과 우주산업도 18퍼센트 성장했다. 미국은 유럽 국가들이 러시아산 가스 대신 미국산 천연가스를 찾으면서 카타르와 호주를 제치고 세계 최대 LNG 수출국이 됐다. 미국은 우크라이나를 돕기 위해 군사적 지원을 아끼지 않는 모습이지만 최첨단 무기를 마음껏 시험하는 '이익'도 동시에 누리고 있다. 유럽 국가들은 트럼프가 나토 가입국들이 분담금을 더 내야 한다고 했을 때는 콧방귀를 뀌더니, 우크라이나가 전쟁에 휩쓸리고 유럽의 안보가 푸틴의 도발로 위험해지자 앞다퉈 미국산 무기를 샀고 미국을 향한 태도도 고분고분해졌다. 미국의 주장대로 유럽이 나토 분담금을 높여주는 것이 맞다는 목소리도 나온다.[39]

다시 말하지만 한반도에서 전쟁이 벌어지면 우리는 최악의 상황에 직면하지만 중국, 러시아, 미국, 일본 등 주변국은 결코 손해만 보는 상황은 아니다. 그러니 이들 국가가 알아서 한반도의 전쟁을 막아줄 것이라는 순진한 생각은 버려야 한다.

KOREAN WAR

3장

한반도 전쟁은 어떻게 전개되는가

평소 중국, 러시아, 이란, 북한, 이 네 나라의 동맹은 경제적, 군사적으로 국제 사회에 큰 위협이 되지 않는다. 하지만 어디선가 전쟁이 일어나면 달라진다. 특히 한반도에서 전쟁이 벌어지면 이 네 나라의 연대는 무서운 위력을 드러내고 골치 아픈 동맹이 된다.

북한, 우크라이나에서
미래의 전쟁 방법을 연습하다

2024년 11월 트럼프가 대통령 재선에 성공했다. 그러자 우크라이나 군은 모스크바를 비롯해 러시아의 핵심 전력 시설과 정유공장을 AI 드론을 이용해 정밀 타격했다. 전쟁 초기 우크라이나는 전파 방해에 취약한 GPS를 장착한 드론을 무기로 사용했다. 성공률은 50퍼센트 미만이었다. 하지만 전쟁이 길어지는 동안 기술 발전도 빨라졌다. 이제 우크라이나가 사용하는 드론은 미국 빅테크 기업 팔란티어가 개발한 AI를 탑재해 적진의 지형과 사물 데이터를 분석해서 표적을 스스로 포착할 뿐만 아니라 경로를 미세 조정하고 목표물을 정확히 식별한 후 자폭 공격한다.

미국 기업 에이벡스 에어로스페이스가 개발한 정밀타격 드론 '피닉스 고스트' 500대도 우크라이나 전장에 투입됐다. 역시 미국 기업인 안두릴이 개발한 드론도 약 1.4킬로그램의 탄약을 싣고 5분 내에 드론을 날려보내 적을 타격할 수 있다. 무엇보다 저렴하고 가벼워서 대량생산과 대량 투입이 가능한데 이 역시 우크라이나에 제공됐다. 2024년 말 기준 우크라이나 드론의 공격 적중률은 80퍼센트까지 상승했다.

러시아-우크라이나 전쟁, 이스라엘-하마스 전쟁은 미래 전쟁 기술의 각축장이라 해도 과언이 아니다. 이스라엘은 자국 스타트업 회사 엑스텐드가 개발한 가상현실VR 기술로 조종하는 드론을 가자지구 전쟁에 투입했다. 작전 본부에서는 편안한 의자에 앉은 게이머 출신 전투병이 VR 헤드셋을 착용하고 드론이 송출하는 화면을 보며 적을 찾아 수류탄을 발사한다. 이 기술에도 AI가 적용되어 있어서 드론의 정밀한 움직임을 5분이면 익힐 수 있다.

이 외에도 러시아-우크라이나 전쟁, 이스라엘-하마스 전쟁에서는 다양한 AI 무기, 드론, 로봇 전투 개 등이 속속 도입되어 실전 테스트가 이루어졌다.

마이크로소프트도 증강현실AR 기기인 IVAS를 미 육군에 공급했다. 이 기기를 착용하면 지도가 3D 입체로 열린다. 그리고 열화상 센서·GPS·야간투시 기술과 연동되어 궂은 날씨, 칠흑같이 어두운 밤, 연기가 자욱한 상황에서도 아군과 적군의 위치를 완벽하게 파악할 수 있다. 실시간으로 주변 상황을 인식하는 기술도 탑재되어 공중에서 폭격이 감지되면 경고 신호를 보낸다. 보잉은 AI 기반 무인 전투기 고스트 배트와 무인 잠수정 오르카를 개발했다.[1]

구글의 전 CEO 에릭 슈밋Eric Schmidt은 "러시아-우크라이나 전쟁이 5,000달러짜리 드론이 500만 달러의 탱크를 파괴할 수 있다는 것을 보여줬다"고 평가했다. 2024년 4월 우크라이나군은 3,600만 원대 폴란드산 자폭 드론 워메이트를 이용해 100억 원이 넘는 러시아군 레이더를 파괴하는 영상을 공개해 눈길을 끌었다.

《뉴욕 타임스》는 이런 사례를 들어 "비싸고 무거운 첨단 무기는 실전에서 사치다. 가볍고 즉각 기동하는 수십 달러짜리 무인 드론이 수천만 달러짜리 무기를 압도할 수 있다"고 평가했다.[2] 미국의 정치 전문 매체《폴리티코》도 미래의 전쟁에서는 "더는 군대가 어떤 종류의 무기를 보유하고 있는지가 중요한 것이 아니라 그 무기를 구동하는 소프트웨어가 중요하다"고 전망했다.

당연히 이런 기술에서 우위를 점하고 있는 곳은 최고의 빅테크 기업을 보유한 미국이다. 미국의 비영리 연구기관 테크 인콰이어리의 조사에 따르면 2019~2022년 마이크로소프트와 아마존, 구글 등 3대 빅테크가 따낸 방위사업 수주액은 총 280억 달러(2025년 1월 기준 약 41조 2,132억 원)였다. 미 국방부 연구개발 분야 예산 총액의 25퍼센트에 해당한다.[3]

최근 미 육군은 사우디아라비아에서 무인 항공기를 총으로 격추할 수 있는 인공지능 로봇 개 테스트에 성공했다. 한국 LIG넥스원의 계열사인 고스트 로보틱스에서 개발한 사족보행 로봇 비전 60을 기반으로 개조한 무기다. 이 로봇은 회전 포탑과 AR-15 소총, M-16 소총을 장착했고 전자광학 조준 시스템이 장착되어 공중에 있는 표

적을 감지하고 공격한다. 중국, 러시아, 영국 등도 유사한 기술을 적극 개발 중이다.[4]

　침묵의 전사들이라고 불리는 군사 로봇은 크게 무인지상차량, 무인항공기, 무인함정, 무인잠수함으로 분류할 수 있다. 교전 상황에서 군사 로봇은 정밀 유도 무기를 이용한 원거리 타격, 자동화된 표적 식별 및 교전 시스템을 통한 근접 전투 수행, 최근 주목받고 있는 스웜 전술swarm tactics•을 이용한 대규모 공격 등을 한다. 24시간 연속 작전 수행이 가능하기 때문에 전투의 속도도 가속화할 수 있다.

　2024년 8월 우크라이나는 로봇 전투용 개 배드 원BAD One에 이어 지상 전투 지원용 로봇까지 최전선에 투입하는 등 '로봇 전쟁'도 시작했다. 우크라이나군이 배치한 지상군 전투 지원용 무인지상로봇은 기관총이 장착된 작은 탱크 모양인 류트 2.0이다. 이 로봇은 네 개의 바퀴로 이동하는데 최대 주행거리는 20킬로미터고 사흘간 자율 주행하며 작전을 수행하면서 최전선에서 우크라이나 보병과 정찰병에게 화력 지원을 해준다. 우크라이나는 이 로봇을 직접 제작하며 비용은 한 대당 1만 2,200파운드(2025년 1월 기준 약 2,179만 원)로 비교적 저렴한 편이다.

　우크라이나에서는 현재 250개 스타트업이 다양한 지상용 무인 차량을 개발 중이며 군 당국에서는 이들 기업이 개발한 50여 종의 지

• 스웜 전술은 다수의 개별 유닛(드론, 병사, 함선 등)이 협력해 하나의 집단처럼 행동하는 전술을 의미한다. 여기서 '스웜'은 꿀벌이나 개미 같은 군집 행동을 보이는 생물의 움직임을 뜻한다.

상 시스템을 시험하고 있다.⁵ 이스라엘 기업 엘빗 시스템즈가 만든 스카이스트라이커 자폭 드론은 동체 내부에 5~10킬로그램 탄두를 장착하고, 전기 추진 방식을 사용해 소음과 열 방출을 최소화하면서 10분 이내에 20킬로미터 거리에 도달할 수 있는 고속 성능을 지녔다. 이 드론은 최대 한 시간 동안 표적을 추적하며 비행하고 100킬로미터 이상을 날아갈 수 있다. IAI가 개발한 하롭은 최대 1,000킬로미터의 비행 거리를 자랑한다. 유비전이 개발한 히어로-1250은 30킬로그램의 탄두를 탑재하고 200킬로미터 이상을 비행한다. 안두릴의 알티우스-700M은 15킬로그램짜리 탄두를 장착하고 100킬로미터 넘게 날아가 전차도 파괴할 수 있다.⁶

이런 첨단 기술들은 현대 전장의 판도를 바꾸는 전술적 역할을 수행할 뿐만 아니라 미래 전장의 핵심 전술 무기로 떠오르고 있다.⁷ 그리고 최근에는 자폭 드론에 사용되는 데이터 링크와 무인 기술 등에 대한 장벽도 낮아지고 있어서 개발도상국에서도 상당한 성능을 지닌 자폭 드론을 출시하는 사례가 늘고 있다.

여기서 문제는 두 가지다. 첫째, 러시아-우크라이나 전쟁에 특수부대를 파병한 북한이 이런 기술의 위력과 미래 전장의 전투 운용 방안을 실전에서 배우고 있다는 점이다. 둘째, 중국도 미국 빅테크의 기술을 몰래 빼내거나 공개형 AI 알고리즘과 기술을 활용해 비슷한 군사기술을 개발하는 중이라는 점이다. 《로이터》에 따르면 중국 인민해방군과 연계된 주요 연구기관들이 메타의 개방형(오픈소스) AI 모델 라마를 활용해 군사용 AI를 개발한 것으로 추정된다.

러시아도 서방이 우크라이나에 지원한 다양한 AI 드론, 로봇 전투용 개 등의 기술을 습득하고 있다. 북한은 과거 중동에서 전쟁이 벌어질 때 이라크나 이란 등에서 서방의 부서진 무기들을 가져다 분석해서 군사기술을 발전시킨 전례들이 있다. 이번 러시아-우크라이나 전쟁에서도 러시아와 북한은 비슷한 이득을 얻을 가능성이 크다.

AI는 북한의
비대칭 전력 무기

세계 최강대국 미국조차 북한을 경계하는 이유는 단 하나, 핵무기다. 핵무기는 일명 '비대칭 전력'으로 분류된다. 일반적으로 전쟁에 이용되는 전력은 대칭 전력과 비대칭 전력으로 나뉜다. 대칭 전력은 재래식 전력이라고도 불리는 탱크, 전차, 군함, 전투기, 포, 미사일, 총 등 실제 전투에서 사용되는 무기를 가리킨다. 대칭 전력을 구축하려면 많은 시간과 비용이 든다. 하지만 투자한 만큼 효과가 있기 때문에 대칭 전력이라고 부른다.

반면 비대칭 전력은 비교적 적은 비용으로 효과를 극대화하는 무기를 가리킨다. 핵무기, 생화학무기, 탄도미사일 등 재래식 무기에 비해 인명을 살상하는 데 월등한 위력을 발휘하고 상대방의 취약점을 최대한 공략할 수 있다.

미국, 중국, 러시아 등 군사 강대국들은 대칭 전력과 비대칭 전력이 모두 우수하다. 하지만 약소국들은 대칭 전력과 비대칭 전력 양쪽 모두에서 이들을 따라잡을 수 없다. 그래서 선택하는 것이 비대칭 전력이며 여기에 집중 투자한다.

북한은 남한이나 미국에 비해 재래식 무기가 부족하고 낙후되어 있다. 그래서 오랫동안 비대칭 전력 위주로 군사력을 강화하는 데 집중해 미국의 본토에 핵폭탄을 투하할 수 있는 기술을 확보하기 직전까지 이르렀다. 하지만 핵무기·생화학무기 등은 실제 전쟁에서 사용하려면 정권과 국가의 몰락까지 감수해야 한다. 그래서 북한의 핵무기는 미국 등 강대국을 위협할 수는 있지만 실제로 사용할 가능성은 낮다. 한반도에 전쟁이 일어나도 마찬가지다.

AI와 로봇을 활용한 새로운 무기와 전술은 김정은이 가진 이런 딜레마를 해결해줄 수 있는 해답이다. 2024년 11월 3일 미국 《월스트리트 저널》은 우크라이나 전장에서 빠른 판단력과 섬세한 기계 작동 능력으로 '일당백' 역할을 해내는 젊은 드론 조종사들의 활약을 보도했다. 기사 제목은 〈우크라이나에서 가장 치명적인 드론 조종사가 된 괴짜 게이머들The Nerdy Gamers Who Became Ukraine's Deadliest Drone Pilots〉이었다. 우크라이나 전장에서 드론 조종사가 가장 치명적인 군인이 되어 지난 세기의 기관총 사수나 저격수와 같은 역할을 하고 있다는 내용이었다. 그러면서 맹활약 중인 우크라이나 드론 조종사 한 명인 올렉산드로 다크노를 소개했다.[8]

어린 시절 다크노는 비디오 게임에 푹 빠져서 괴짜 취급을 받던 아이였다. 그는 이번 전쟁에서 약 1년 반 동안 혼자 300여 명의 러시아군을 해치웠다. 이는 과거 이라크 전쟁에서 미군 역사상 최고의 저격수로 꼽힌 크리스 카일이 사살한 적군 수보다 많았다.

놀라운 사실은 우크라이나 드론 부대엔 다크노보다 월등한 성과를 낸 동료가 더 많다는 것이다. 《월스트리트 저널》은 다크노의 경우처럼 우크라이나 젊은이들이 섬세한 드론 조종 실력을 바탕으로 손쉽게 러시아군을 소탕하고 있다고 전했다. 그러면서 과거 영화 속에 등장했던 엘리트 군인은 강인하고 마초적인 이미지를 풍기지만 오늘날 전장에서 성과를 내는 건 '컴퓨터 중독에 빠졌던' 민첩한 엄지손가락을 가진 젊은이들이라고 묘사했다.

실제로는 러시아가 우크라이나보다 더 많은 드론을 띄웠다. 하지만 그럼에도 불구하고 우크라이나가 선전을 펼칠 수 있었던 이유는 서방의 우수한 드론 무기 지원도 있었지만 우크라이나 정부가 군대 여단에 드론 부대를 통합해 부대 운영도 원만하게 했고, 드론 조종사의 숙련된 기술에서 우위를 점했기 때문이다. 우크라이나 드론 부대들은 자체적인 기술 허브와 폭탄 공장을 갖추고 있으며 빠르고 민첩한 일인칭 시점 자폭 드론 FPV First-Person View를 매달 수만 대씩 생산해내고 있다.

북한은 세계적인 수준의 컴퓨터 해킹 집단을 보유하고 있다. 김정은은 러시아-우크라이나 전쟁에서 미래 전투를 배울 것이 분명하다. 러시아-우크라이나 전쟁, 이스라엘-하마스 전쟁에서 5,000달러 드론이 500만 달러 탱크를 파괴하고 있다. 단언하건대 김정은은 이번 전쟁 이후에 북한 군에 AI 드론, 로봇 전투 개 등의 부대를 통합해 운용할 방법을 고심할 것이다. 러시아에 특수부대를 파병해서 단기적으로는 외화벌이를 하지만 장기적으로 핵무기 연관 기술뿐만 아니라 AI 드론, 로봇 전투용 개 등의 기술을 확보하려고 애쓸 가능성이 크다. 중국 인민해방군이 메타의 개방형 AI 모델 라마를 활용해 군사용 AI를 개발한 것처럼 북한도 비슷한 시도를 할 것이다.

특히 중국의 드론 기술은 미국을 앞선다. 2024년 인민해방군 창립 97주년 기념 훈련에서 중국은 물속에서 한 군인이 새를 하늘로 던지는 장면을 전 세계에 공개했다. 중국 해군 특수부대 교룡돌격대 부대원들이 시범으로 보인 훈련이었다. 이들이 하늘로 던진 새는 드론으로, 새나 곤충처럼 날갯짓하며 비행하는 드론을 '오니숩터ornithopter'라 부른다.[9]

《블룸버그》에 따르면 우크라이나 수도 키이우에서 활동하고 있는 드론 제조사인 비리Vriy가 생산하는 400달러짜리 자폭 드론 FPV는 월마트 장난감 코너에 있는 것들과 유사해 보이지만 최대 시속 100마일로 비행하며 900만 달러짜리 장갑차를 무력화하는 파괴력을 지닌다.[10] 2024년 10월 라이칭더賴清德 대만 총통도 미국으로부터 킬러 드론 1,000대를 구매하는 계약에 서명했다. 대만이 구매할 드론은 대인 공격용 드론인 스위치블레이드300 685대와 대장갑 공격용 드론인 알티우스 600M-V 291대다. 계약 금액은 52억 7,000만 대만달러였다.[11] 앞으로 김정은도 가격도 싸고 기술도 최고인 중국제 드론을 대량으로 지원받으려고 하거나 구매할 가능성이 크다.

2024년 10월 사우디아라비아 리야드에서 열린 미래투자이니셔티브FII에서 테슬라 CEO 일론 머스크는 인공지능이 매년 10배씩 발전하고 있어서 1~2년 이내에 인간이 할 수 있는 모든 것을 할 것이라고 자신했다. 그리고 2040년이면 휴머노이드 로봇이 100억 개가 넘고 사람보다 더 많아질 것이라고도 전망했다. 그는 자사가 2026년부터 판매할 휴머노이드 로봇 옵티머스의 가격을 한 대당 2만~2만 5,000달러(2025년 1월 기준 약 2,944~3,680만 원) 사이로 예고했다. 일본 소프트뱅크그룹의 손정의 회장도 같은 행사에서 AI는 2035년까지 인간 뇌보다 1만 배 뛰어난 초인공지능Artificial Super Intelligence에 이를 것이라고 전망했다.[12]

2024년 AI 기술 개발의 공로를 인정받아 노벨 물리학상을 수상한 제프리 힌턴Geoffrey Hinton은 인류를 위협할 존재로 AI를 첫손가락으로 꼽는다. 이유는 분명하다. AI가 공격 목표를 자동으로 설정하는 무기 시스템이 실용화되면 전쟁을 제어할 수 없을 것이기 때문이다. 2021년 유엔 보고서는 '자율 살상 무기 시스템Lethal Autonomous Weapon Systems, LAWS'이 미래 전장에서 사용될 가능성을 경고했다. 2021년 6월 3일 유엔은 리비아 내전에 투입된 인공지능 드론이 인간의 개입 없이 자율적으로 적군을 사살했을 가능성을 의심했다. 만약 이것이 사실이라면 인류 역사상 최초로 로봇이 스스로 생명 살상 결정을 내린 사건이 된다.

이런 사례들이 속속 등장하고 AI의 위험성을 경고하는 목소리가 커지면서, 전 세계 각국은 AI의 불법 사용이나 전쟁에서 사용을 제한하는 법안을 만들기 시작했다. 일명 'AI 군비 통제' 논의들이다. 하지만 이런 규제는 자유민주주의 진영에서나 일어나는 일이다. 김정은이나 푸틴, 시진핑은 이런 규제에 동참하지 않는다.

2023년 9월 서울에서 세계 96개국이 모여 '2024 AI의 책임 있는 군사적 이용에 관한 고위급 회의REAIM 2024'를 열고 군사적 목적으로 AI를 활용하는 기준과 규범을 논의했다. 국가 및 테러 집단이 대량 살상무기를 확산하기 위해 AI 기술을 활용하는 것을 방지하고, 무책임한 행위자들이 군사 분야 AI 역량을 획득하거나 오용하지 못하도록 강력한 통제와 보안 조치를 취하며 AI를 적용한 기술을 활용 시에는 국내법과 국제법을 준수할 것을 기준으로 세웠다. 하지만 이런 내용이 담긴 '행동을 위한 청사진'에 서명한 나라는 96개국 중 미국과 한국 등 60여 개국뿐이었다. 중국과 이스라엘 등은 회의에 참여했지만 이 안에 동의하지 않았다.[13]

앞으로 5~10년 후면 북한과 러시아 등은 보유한 AI 무기들이 인간의 개입 없이 스스로 교전하게 할 것이다. 이 AI들은 자체 판단으로 사람을 죽일 수도 있다. 김정은이 한반도에서 전쟁을 일으킬 때도 곧바로 핵무기를 사용하진 않을 것이다. 먼저 AI 로봇이나 드론을 보내 서울 등의 시가지 전투 상황에서 타깃을 발견하면 스스로 공격하게 하는 전술을 먼저 사용할 것이다.

과거 구글이 만든 AI 전략 시뮬레이션 게임 '스타크래프트'에서 인간을 능가하는 전술, 기술, 전투 절차를 보인 것은 유명한 사건이다. 다르파DARPA(미국국방고등연구계획국)는 알파고와 알파 스타의 성과에 영감을 받아 '도그파이트 프로젝트'를 시작했다. 도그파이트는 전투기가 벌이는 공중전을 뜻하는 은어다. 인간 조종사가 도그파이트를 마스터하려면 8~10년이 필요하다. 미 국방부는 알파고를 만든 원리를 따라 머신 러닝으로 스스로 학습해 인간을 뛰어넘는 알고리즘을 개발 중이다. 알파 도그파이트 알고리즘은 30년이 걸리는 인간 파일럿의 훈련 분량을 10개월 만에 완료했다.

2023년에 이미 인공지능은 웬만한 인간 파일럿의 실력을 뛰어넘었다. 인간 파일럿은 적기를 뒤에서 공격하는 것을 주로 한다. 하지만 인공지능은 정면에서 공격하는 전략을 구사한다. 전투기의 무서운 속도 때문에 정면으로 달려가면 적기를 맞히고도 충돌할 위험이 크다. 인간은 구사하지 않는 전략이다. 하지만 두려움이라는 감정이 없고 인간보다 정밀한 인공지능은 정면 공격을 주로 사용한다. 최종 알고리즘이 완성되면 앞으로 공중전은 AI가 지휘할 것이다.

AI가 한번 인간을 추월하면 이후 인간은 AI를 절대 이길 수 없을 것이다. 그 시점은 빠르면 2025년이다. AI가 조종하는 전투기 한 대도 힘든데 수십 대가 연합으로, 즉 스웜 전략으로 달려들면 인간이 조종하는 전투기는 무기력 그 자체다. 수백 대의 인공지능 전투기 편대가 출격하면 웬만한 나라 하나는 초토화할 수 있다. 스웜 알고리즘은 일개 소대에 대대나 연대급 파괴력을 제공하는 기술로 사용되는데 드론에도 적용될 수 있다.

2024년 9월 중국 인민해방군은 '드론 떼 공격' 훈련을 공개했다. 중국중앙TV가 공개한 영상을 보면 인민해방군이 드론 무리에 대항해 대공포를 발사하는 훈련을 실시했으나 적중률은 40퍼센트에 그친 것을 알 수 있다. 드론은 크기가 작고 속도가 빠르고 비행 궤적을 스스로 바꿀 수 있기 때문에 기존 방공망으로 드론 무리를 격추하는 것은 매우 까다롭다. 현재 중국 인민해방군은 우크라이나와 가자지구에서 벌어지는 전쟁을 연구하고, 세계 최고의 드론 기술을 보유한 자국 제조업체들을 통해 더욱 스마트하고 효율적인 드론 공격 및 방어 무기 생산에 박차를 가하고 있다.[14]

군 전체의 의사결정 시스템에도 인공지능이 도입될 수 있다. 미국, 중국, 러시아, 영국 등 주요 군사 강국들은 자동화된 전장 의사결정 시스템인 '로봇 지휘관'도 개발 중이다. 미 육군은 '컨버전스 계획'이라는 프로젝트를 진행 중이며 해군에는 '오버매치'가 있고 공군은 '어드밴스드 배틀 매니지먼트 시스템'을 구축 중이다. 실시간으로 쏟아져 들어오는 전투 현장의 정보를 빠르게 분석하고 이에 대응해 전력을 재배치해서 제안하는 실력은 인공지능을 따라갈 수 없다. 이런 능력을 지닌 인공지능 전투 감독관은 장성급에 해당하는 지휘권이나 권력도 가질 수 있다. 인공지능 전투 로봇의 등장은 더 이상 공상과학이 아니다.

문제는 이런 수준의 인공지능 알고리즘 기술 개발이 북한도 가능하다는 점이다. 그리고 김정은은 이런 수준의 '새로운 전쟁 방식'을 한반도 전쟁에서 얼마든지 적용할 인물이다. 최악의 시나리오에 따르면 김정은을 제거하기 위한 움직임이 일어날 경우 김정은은 핵무기 발사를 직접 하진 못해도 핵무기에 대한 최종 통제권을 위임받은 로봇 최고사령관이 핵전쟁을 일으킬 수도 있다.

이런 미래는 기술적으로 볼 때 몇 년 남지 않은 미래다. 이제까지 우리는 체스, 바둑, '스타크래프트', 자연어 구사 능력 등에서 AI는 절대 못 할 거라고 자신했던 전문가들의 주장들이 여지없이 무너지는 것을 봐왔다. 지금의 초거대 인공지능은 1990년 초 인터넷 혁명의 여명기와 비슷한 단계다. 로봇 혁명도 시작되었다. 터미네이터 같은 로봇이 아니다. 인간이 하는 특정 임무를 훌륭하게 수행하는 로봇이다.

머신러닝 로봇은 인간이나 동물처럼 환경에 적응하는 방법을 배울 수 있는 단계다. 컴퓨터 시뮬레이션에서 다양한 조건 속에서 딥러닝 알고리즘으로 학습한 내용을 현실의 로봇에 다운로드하면 현실의 실제 환경에 적응도 빠를 뿐 아니라 그다음 단계도 배운다. 학습의 가속화다. 2030년에는 범용인공지능이 출현할 것이라고 한다. 이 알고리즘도 오픈소스로 풀리지 않을까? 이런 기술을 김정은이 한반도 전쟁에 사용한다면? 아니, 충분히 사용할 가능성이 있다.

인류에게 AI는 인간의 문명을 발전시키고 기후 위기나 전염병 등 수많은 난제를 해결하는 기술이지만 김정은에게 AI는 값싼 비대칭 전력 무기다. 2024년 8월 24일 김정은은 북한 내 국방과학원 무인기연구소를 찾아 새로 개발한 자폭 무인기가 우리 군 K-2 전차와 닮은 목표물을 향해 날아가 폭발하는 장면을 시찰하고 "각종 자폭형 무인기를 더 많이 개발, 생산하라"는 지시를 내렸다.[15] AI 무기 개발에서 북한은 소형언어모델sLLM로 특수한 임무만 수행하게 극대화할 수도 있고 오픈AI를 해킹해 짧은 시간에 공격 무기로 사용할 수도 있다.

더 위험한 시나리오도 있다. 인공지능 드론이나 로봇으로 전투가 바뀌면 인간 군인의 사망을 줄일 수 있을지도 모른다. 하지만 그렇게 되면 언제 어디서나 전쟁이 일어나는 시대가 될 수도 있다. 나아가 이런 전쟁이 핵전쟁 위험을 높이는 지렛대 역할을 할 수도 있다. 약소국이 강대국을 대상으로 벌이는 무인 전쟁은 게임 체인저가 될 수 있다. 하지만 한반도에서 미국과 중국 혹은 러시아가 합세한 강대국끼리의 무인 전쟁은 다르다. 이런 무자비한 인공지능 로봇 전투를 막는 유일한 길은 핵공격뿐이라는 판단을 강대국이 내릴 수도 있기 때문이다.

북한은 업그레이드된 하마스식 전략도 구사 가능하다

김정은이 전면전이 아닌 국지전을 시도한다면 '업그레이드된 하마스식 전략' 구사도 가능하다. 2023년 10월 17일 합동참모본부는 팔레스타인 무장 정파 하마스가 이스라엘에 공격을 시작한 상황을 분석하고, 북한과 하마스가 북한과 무기 거래, 전술 교리, 훈련 등 여러 분야에서 직간접적으로 연계돼 있었다고 밝혔다. 그러면서 북한이 대남 기습 공격을 감행할 경우 하마스 공격 방법을 활용할 수 있다는 전망도 내놓았다.

그 근거로는 하마스의 대전차 무기 F-7이 북한이 RPG-7을 수출할 때 사용하는 명칭이었고 하마스 예하 무장단체가 북한제 122밀리 방사포탄을 사용한다는 추정을 들 수 있다. 또한 하마스가 휴일 새벽에 기습 공격을 시도하고 대규모 로켓 발사로 아이언 돔 무력화, 드론 공격으로 분리장벽에 설치된 각종 감시·통신·사격통제체계 파괴, 지·해·공 침투 및 공격 등 비대칭 공격 양상이 북한의 전술교리 전수나 훈련 지원 측면과 비슷하다고 분석했다. 그리고 하마스가 기관총을 들고 패러글라이딩으로 이스라엘을 침투한 방법도 북한이 2016년 12월 김정은 주관 아래 진행한, 패러글라이더 등을 활용해 청와대를 타격하는 훈련과 비슷하다고 분석했다.[16]

필자는 북한이 미래의 어느 시점에 한반도를 기습 공격해 국지전을 일으킨다면 하마스의 전략에 더해 AI 침묵의 전사들이라고 불리는 군사 로봇 등을 활용하는 좀 더 향상된 전술을 구사할 가능성이 크다고 예측한다. 즉 어느 휴일 새벽에 122밀리 방사포 등 대규모 로켓 발사로 서해 5도 등의 해병대 화력 무력화를 시도하고, 드론 공격으로 각종 감시·통신·사격 통제 체계를 파괴한 후 무인항공기, 무인함정, 무인잠수함 등을 동원해 정밀 유도 무기를 이용한 원거리 지·해·공 침투 및 타격 등 비대칭 공격을 시도하는 시나리오다.

그리고 해병대와 교전 상황에서는 북한의 로봇 전투용 개를 투입하고, 기존에 간이 트레일러에 실었던 122밀리미터 MRL 방사포를 탑재한 무인지상차량 등의 군사 로봇들이 자동화된 표적 식별 및 교전 시스템을 통한 근접 전투를 수행한다. 이와 함께 중국산 드론 수천, 수만 대로 대규모 공격을 감행하는 것이다.

김정은은 2022년 9월 시정연설에서 "(미국의 힘이 약해지면서) 조성된 다극화 국면을 군력軍力 강화의 더없이 좋은 기회로 삼을 것"이라고 강조했다. 2023년 말에는 '대사변'이라는 단어를 언급했다. 대사변은 대혁명 사건을 가리키며 북한에서는 무력에 의한 한반도 통일을 암시하는 말이다.[17] 이후 김정은은 러시아-우크라이나 전쟁을 기회 삼아 미국에 맞서기 위해 러시아와 협력을 강화했다. 러시아에 수백만 발의 포탄과 무기, 단거리탄도미사일SRBM 등을 제공했고 특수부대도 참전시켰다.

그리고 2024년 11월 11일 일명 '북러조약'이라 불리는 「조선민주주의인민공화국과 러시아연방 사이의 포괄적인 전략적 동반자 관계에 관한 조약」에 서명을 완료했다. 이는 북한과 러시아의 관계를 동맹 수준으로 끌어올리는 내용의 조약으로 한반도에서 전쟁이 발발할 경우 러시아의 자동 참전을 가능케 하는 법적 근거다.[18] 북한과 러시아가 맺은 이 조약은 북한이 한반도에서 국지전을 일으켜도 효력이 발생한다.

군사 전문가들은 북한이 국지전을 일으킬 경우 가장 유력한 지역으로 서해 5도 일대를 꼽는다. 필자도 동의한다. 이 지역은 서해 해상 완충 구역(적대 행위 중지 구역)이지만 북한은 오래전부터 사격훈련을 상습적으로 실시한 곳이다. 그리고 이곳에서 무력 충돌이 일어나면 유엔군 사령부가 즉각 개입할 것이다. 미국을 협상 테이블에 즉각 끌어들여 담판을 벌일 수 있는 요충지인 것이다.

  전문가들은 서해 5도 중 가장 위험성이 높은 곳으로 우도와 연평도를 꼽는다. 우도에는 민간인이 전혀 없고 연평도에는 해병대가 소규모만 주둔 중이어서 전투를 빨리 끝낼 수 있고 확전의 위험성이 가장 낮다. 북한은 '업그레이드된 하마스식 전략'으로 이 두 섬을 순식간에 점령한 후 서해 5도가 위치한 바다를 북한 영해라고 우기고 미국을 협상 테이블에 끌어들여 한국의 추가적인 확전을 막을 것이다. 1999년부터 북한은 1994년에 발효된 「신해양법」 제3조의 '영해폭이 12해리'라는 규정을 근거로 등산곶과 굴업도의 중간선을 새로운 해상 군사분계선으로 삼을 것을 주장하고 있다.[19]

뜻밖의 시나리오 1:
국지전의 시작, 예고 없는 침투

상황 1: 새벽의 침묵

  새벽 4시 5분, 연평도의 하늘은 조용했다. 겨울의 차가운 바닷바람이 섬 곳곳을 지나며 잠들어 있던 해병들의 얼굴을 차갑게 스쳐 지나갔다. 하지만 평화는 오래가지 않았다. 갑자기 경고등이 깜빡이며 기지 곳곳에 불이 들어왔다. 경계 시스템이 작동했고 수많은 드론이 몰려와 하늘을 가득 채웠다. 처음엔 몇 대 정도가 지나가는 것처럼 보였지만 순식간에 수가 늘어났다. 김혁 중위는 경보 소리에 잠에서 깨어나 재빨리 통신망을 연결해 상황을 확인하려 했다. 화면에 보인 모습은 충격적이었다. 북한군의 드론뿐만 아니라 인간형 로봇들까지 공격에 참여하고 있었다. 로봇들은 마치 사람처럼 움직이며 전장을 누비고 있었다.

"이게 뭐야…. 대체 무슨 일이야?"

김혁은 숨을 삼키며 혼잣말을 했다. 하늘에선 북한의 드론들이 벌떼처럼 몰려오고 있었다. 단순한 감시용 드론이 아니라 무기를 장착한 드론들이었다. 누군가가 원격으로 조종하는 것 같지 않고 스스로 움직이는 듯했다.

"중위님, 드론들이 이쪽으로 오고 있습니다!"

후임 병사가 다급하게 외치며 모니터를 가리켰다.

"몇 대나 되는 거야?"

"확인된 드론 수는 200대 이상입니다. 그리고 계속해서 늘어나고 있습니다."

김혁은 마른침을 삼켰다. 드론들은 마치 스스로 생각하며 목표를 찾아 움직이는 것 같았다. 과거에 사용된 자율 드론 전술과 비슷했다. 드론들은 숙련된 조종사가 조종하는 것처럼 정교하게 움직였고, 마치 인공지능이 학습을 거듭해 더욱 정밀한 전략을 펼치는 것 같았다. 잠시의 방심이 기지 전체를 위험에 빠뜨렸다.

"모든 대원은 즉시 방어 위치로 이동하라!

김혁의 명령이 기지에 울려 퍼졌다.

상황 2: 지옥의 불길

명령이 떨어진 듯 드론들이 본격적으로 공격을 시작했다. 드론들의 날카로운 소리와 프로펠러 소리, 미사일 발사 소리가 섬 전체를 덮었다. 일부 드론들은 새처럼 날개를 퍼덕이며 하늘로 날아올랐다. 오니숍터라고 불리는 이 드론들은 마치 새나 곤충처럼 날아 목표물을 정확하게 타격했다. 이내 무인항공기, 무인함정, 무인잠수함 같은 정밀 유도 무기들도 멀리서 공격을 퍼부었다.

불길이 섬 곳곳으로 빠르게 번져나갔다. 초소와 방어 타워는 마치 거대한 불덩이에 삼켜진 듯했고 거세게 불어오는 바람을 따라 불꽃이 사방으로 흩어졌다.

"중위님! 초소 하나가 파괴됐습니다! 드론이 자폭했습니다!"

김혁의 머릿속에는 본능적인 공포가 밀려왔다. 이 거대한 힘 앞에서 자신이 얼마나 작은 존재인지 새삼 깨달았다. 그러나 지금은 생각에 빠질 시간이 없었다. 그는 눈앞의 위협에 집중하며 정신을 붙잡으려 애썼다. 이 드론들은 단순히 폭탄을 떨어뜨리거나 총을 쏘는 것이 아니었다. 북한의 드론들은 컴퓨터 게임을 하는 것처럼 무자비하게 그리고 정확하게 움직였다. 적의 로봇과 무장 차량들도 자동화된 시스템으로 전투에 참여하고 있었다.

수많은 드론이 벌떼처럼 계속해서 몰려왔다. 하늘은 드론의 그림자로 가득 찼고 해병들은 눈앞에 펼쳐진 드론의 물결을 바라보며 두려움에 사로잡혔다. 병사들이 대공포로 반격했지만 드론들은 빠르게 방향을 바꾸며 공격을 피했다. 오니숍터 드론들은 마치 살아 있는 것처럼 순간적으로 방향을 틀어 병사들의 공격을 피했다. 마치 누군가가 뒤에서 조종하거나 실시간으로 명령을 내리고 있는 것처럼 정확하게 움직였다.

상황 3: 필사의 저항

김혁은 탄약이 다 떨어진 병사들을 바라보며 이를 악물었다. 선택의 여지가 없었다. 지금은 오직 살아남기 위해 끝까지 싸워야 할 때였다. 공포와 의지 사이에서 그의 심장은 계속 뛰었다. 휴머노이드 로봇들도 드론과 함께 전진하며 인간 병사들과 싸웠다. 그들은 사람처럼 빠르게 움직였으며 혼란 속에서도 한 치의 오차도 없이 정확하게 목표를 추적했다. 기계적인 움직임과 냉정한 판단은 전투를 더 두렵게 만들었다.

김혁의 시선은 드론 너머 일렁이는 붉은 빛에 멈췄다. 하늘에는 거대한 무인항공기 몇 대가 떠 있었는데 그 안에서 수백 대의 드론이 계속해서 투입되고 있었다. 어두운 하늘을 배경으로 떠 있는 항공기는 마치 절망의 상징처럼 보였다.

"이건 전쟁이 아니야…. 학살이야."

김혁의 중얼거림은 주변 병사들에게도 들릴 만큼 절박했다.

드론들은 인간의 개입 없이도 목표를 찾아내 초소를 하나씩 공격하며 방어선을 점점 좁혀왔다. 해병들은 필사적으로 맞섰지만 드론의 숫자는 계속 늘어났고 모든 방어 시설이 빠르게 파괴되었다. 폭발음과 불길이 기지 전역을 집어삼켰다.

그 순간 통신이 끊겼다. 김혁은 이어폰에서 들리던 소리가 갑자기 사라진 것을 확인하고 급히 무전기를 점검했다. 적의 드론이 통신 장비를 파괴하면서 기지의 내부 통신망이 완전히 끊어진 것이다. 연평도는 이제 완전히 고립되었다. 드론과 무인 차량들은 소리 없이 다가와 방어선을 무너뜨리고 있었다.

김혁은 아직 파괴되지 않은 시설을 지키고자 마음을 다잡았다. 그는 병사들에게 용기를 북돋우며 최선을 다해 지시를 내렸다. 하지만 그 순간 해안가를 넘어 기지로 상륙하는 적의 무인 차량들이 보인다는 보고가 들어왔다. AI로 제어되는 이 차량들은 무기를 자동으로 발사하며 해병대 진지를 빠르게 향하고 있었다. 김혁은 무전기를 들고 다급히 외쳤다.

"제2 방어선 전원 대기하라! 놈들이 해안을 넘어오고 있다!"

하지만 이미 적의 무인 차량들은 해병들을 하나씩 제거하며 기지를 점령하고 있었다. 초소는 하나씩 무너졌고, 병사들은 더 이상 버틸 수 없는 상황에 놓였다. 김혁은 무력감을 느끼며 하늘을 올려다봤다. '우리가 이길 수 있을까?' 절망이 그의 마음을 짓눌렀지만 그 속에서도 저항하려는 의지가 피어올랐다. 그러나 의지도, 용기도 소용이 없었다. 모든 것이 너무 빠르게 무너지고 있었다. 수십 대의 자폭 드론이 하늘을 가득 메웠고 무인 차량들이 해안을 넘어 기지로 밀고 들어오고 있었다.

북한은 섬 곳곳에 드론을 배치해 주요 장소를 포위했다. 그 후 마치 점령이 완료된 것처럼 방송을 송출했다. 북한의 방송이 섬에 울려 퍼졌다. 차가운 목소리의 방송은 마치 그들의 승리를 선언하는 듯했다.

"조선민주주의인민공화국은 서해 5도의 영유권을 공식적으로 선언한다. 연평도를 포함한 모든 군사 시설은 즉시 항복하라. 만약 저항이 계속된다면 추가 공격을 가할 것이다. 그리고 추가 공격은 무자비한 핵공격이 될 것이다."

김혁은 무전을 시도했지만 외부와 연결되지 않았다. 연평도는 완전히 고립되었다. 모든 통신수단이 끊어지고, 외부의 지원을 받을 수 없다는 것이 그를 더욱 절망스럽게 만들었다. 그는 다시 한번 무전을 시도했지만 여전히 답이 없었다.

상황 4: 긴박해진 대통령실

한편 대한민국 대통령실에서는 이 상황을 지켜보는 고위 관계자들이 모여 있었다. 상황실의 화면에는 연평도의 영상이 실시간으로 송출되고 있었다. 드론과 무인 차량들이 곳곳에 배치된 모습이 화면에 비칠 때마다 회의실의 공기는 점점 무거워졌다. 모두가 상황의 심각성을 느끼고 있었다. 국방부 장관이 먼저 입을 열었다. 그의 얼굴에는 굳은 표정과 걱정이 서려 있었다.

"북한이 서해 5도를 자신의 영해로 선포하려고 하고 있습니다. 이 상태로 시간이 지나면 국제 사회에서 그들의 주장이 기정사실로 받아들여질 수 있습니다."

그의 목소리에는 깊은 걱정이 담겨 있었다. 시간이 지날수록 상황은 더 나빠질 게 분명했다. 북한의 전략은 매우 영리했고, 그들은 이미 원하는 것을 얻기 위한 단계를 밟고 있었다. 국가안보실장 정윤호는 화면을 보며 굳은 표정을 지었다.

"북한의 목표는 분명합니다. 미국을 포함한 국제 사회와 협상을 벌여 그들이 원하는 조건을 받아내려는 것이죠."

그는 상황의 본질을 간파하고 있었다. 북한은 처음부터 전면전을 할 생각이 없었다. 기습적으로 섬을 점령한 뒤, 이를 협상의 지렛대로 사용해 서해 5도를 자신의 영해로 주장할 생각이었다. 1999년부터 북한은 1994년에 발효된 「신해양법」(제3조)의 '영해 폭이 12해리'라는 규정을 근거로 등산곶과 굴업도의 중간선을 새로운 해상 군사 분계선으로 주장해오고 있었던 터였다. 외교부 장관이 설명을 덧붙였다.

"미국 측은 현재 상황을 주의 깊게 보고 있지만 확전이나 북한의 전술핵 공격을 우려하고 있습니다. 우리가 연평도에 해병대를 추가로 보내거나, 북한 영토로 군대를 보내 '동등 대응 원칙' 또는 '비례적 대응 원칙'을 적용한다면 미국뿐만 아니라 국제적 압박도 예상됩니다."

그는 미국의 입장을 설명하며 현재 상황이 얼마나 복잡한지를 강조했다. 국제 사회의 시선과 미국의 신중한 대응은 한국 정부의 선택을 더욱 어렵게 만들고 있었다. 모두가 침묵했다. 북한은 전쟁으로 점령한 지역을 영토로 선언해 한국이 반격하지 못하도록 하고 있었다. 정윤호가 다시 입을 열었다.

"북한은 우리에게 대응할 시간을 주지 않고 있습니다. 지금도 그들은 섬을 하나씩 점령하고 서해 5도를 자기 영해로 고착시키려 하고 있습니다. 국제 사회가 이를 기정사실로 받아들이면 우리는 손쓸 방법이 없을 겁니다."

그의 목소리에는 절박함이 묻어났다. 시간이 지날수록 상황은 악화되고 있었고, 선택의 여지가 점점 줄어들고 있었다. 그는 이 상황이 얼마나 심각한지 모두에게 다시 한번 상기시켰다.

상황 5: 7일 후 대통령실

북한이 서해 5도의 영유권을 선포한 지 7일째 되던 날, 전황은 더욱 긴박해지고 있었다. 북한의 무인 병력은 연평도뿐 아니라 대청도와 백령도까지 침투하면서 서해 5도 전체를 고립시키려는 움직임을 보이고 있었다. 주요 국제 언론들은 한반도에서의 긴장 상황을 헤드라인으로 보도하고 있었지만 정작 실질적인 국제적 개입은 보이지 않았다.

정부의 긴급상황실은 24시간 체제로 운영되면서 실시간으로 변하는 전황을 분석하고 있었다. 스크린에 떠오른 최신 정보들은 북한의 다음 목표가 백령도 점령이라는 한 가지 명확한 사실을 계속 말하고 있었다. 그들의 의도는 명확했다. 서해 5도를 장악하고 이를 기반으로 협상 테이블에서 자신들의 위치를 강화하려는 것. 서해 5도를 이용해 남한 전체를 협박하고 있다는 것. 국방부 장관이 차트를 들고 상황을 설명했다.

"북한이 오늘 새벽, 대청도 남단에 자폭 드론 군단을 배치했다는 보고가 들어왔습니다. 그들의 전략은 명확합니다. 연평도 점령을 확실히 하고 다른 섬들까지 차례로 고립시켜 서해를 완전히 자신들의 통제 아래 두려는 것입니다."

"그렇군요…. 백령도와 대청도의 우리 군은 아직 방어선을 유지하고 있습니까?"

대통령이 차분히 물었다.

"현재까지는 버티고 있습니다. 하지만 무인지상차량과 드론의 스웜 전술로 병사들이 빠르게 소진되고 있습니다. 추가적인 지원 병력이 필요합니다."

정윤호가 굳은 얼굴로 말했다.

"대통령님, 시간이 없습니다. 북한은 우리를 협상 테이블로 몰아 넣으려 하고 있습니다. 지금의 지연은 그들에게 더 큰 이득을 줍니다. 이대로라면 국제 사회에서도 그들의 주장을 기정사실로 받아들일 가능성이 큽니다."

대통령은 깊은 숨을 내쉬며 화면을 응시했다. 화면에는 백령도의 방어선이 점점 좁혀지는 모습이 잡혀 있었다. 병사들이 드론의 공중 공격을 방어하려 애쓰고 있었지만 끝없이 몰려드는 스웜 드론들은 자폭과 폭격을 반복하며 방어선을 무너뜨리고 있었다. 대통령이 물었다.

"백령도에 남은 병력이 얼마입니까?"

"현재 주둔 병력은 300명 미만입니다. 추가 지원 병력을 보낼 수는 있지만 방공망이 거의 무력화된 상태라 지원군이 도착하기도 전에 격추될 가능성이 큽니다."

그 순간 국방부 장관의 통신기로 다급한 목소리가 울려 퍼졌다.

"장관님, 긴급 보고입니다! 북한이 백령도 남쪽 해안에서 무인잠수정을 띄웠다는 정보가 확인되었습니다. 이들은 해상 방어선을 우회해 주요 병력 보급로를 끊으려는 움직임을 보이고 있습니다."

상황실은 일순간 얼어붙었다. 스크린에는 백령도 방어선이 무너져가는 모습과 북한의 무인잠수정이 해안을 따라 움직이는 영상이 떠 있었다. 병사들은 끝까지 싸우고 있었지만 끝없는 드론과 자폭 공격에 점점 압박받고 있었다. 정윤호가 입을 열었다.

"추가 병력을 파견하지 않으면 몇 시간 내로 섬을 잃을 가능성이 큽니다. 만약 북한이 백령도까지 장악한다면 서해 전역을 영해로 통제하는 것이 가능해집니다. 그리고 그들이 다음 단계로 목표로 삼을 곳은 아마 인천이나 수도권 해안일 겁니다."

그때 상황실 내 스피커에서 북한의 목소리가 다시 울렸다. 그들은 한국에 공개적으로 협상을 요구하고 있었다. 그들의 목소리는 차가웠고 위협적이었다.

"조선민주주의인민공화국은 서해 5도를 우리의 정당한 영해로 선언하며 즉각적인 국제 협상을 요구한다. 한국 정부는 우리의 요구에 응하라. 만약 거부한다면 한반도 전체로 상황을 확대할 수밖에 없다. 만약 이곳으로 병력을 추가 투입한다면 우리는 즉각 서해 5도 지역에 전술핵을 투하할 것이다."

모두가 숨을 죽였다. 평상시 같으면 북한의 전술핵 사용 협박을 대수롭지 않게 여겼을 것이다. 하지만 지금은 상황이 다르다. 북한이 서해 5도에서 전쟁을 일으킨 상황이다. 협박이 아니라 진짜 실행에 옮길 수도 있다. 모든 선택이 가시밭길처럼 느껴졌다. 미국과의 소통을 맡은 외교부 장관이 신중하게 말을 꺼냈다.

"만약 전술핵무기를 사용한다면 북한은 국제 사회의 압박을 피하고 협상에서 더 많은 양보를 얻어낼 겁니다. 이번 사태는 한국만의 문제가 아니라 한반도를 넘어서는 국제적 위협이라는 것을 미국과 다른 서방국가들이 분명히 알도록 해야 합니다."

대통령은 천천히 고개를 끄덕였다.

"미국의 입장은 어떻습니까?"

"일단 미국은 가능하면 북한과의 직접적인 협상에 나서는 것을 피하고 싶어 합니다. 하지만 상황이 더 악화된다면 직접 협상에 개입할 준비도 하고 있습니다. 지금은 한국이 주도적으로 문제를 해결하기를 바라고 있습니다. 미국 의회도 본토에 위협이 가해질 수 있는 충돌은 피하고 싶다는 분위기입니다. 즉 우리가 협상을 이끌어야 한다는 뜻입니다."

국방부 장관이 불만 섞인 목소리로 끼어들었다.

"협상이라니요. 그들이 우리의 영토를 침범하고 불법으로 점령한 상황에서 우리가 협상에 나서야 한다는 겁니까? 북한의 요구는 시간이 지날수록 늘어날 겁니다. 지금도 북한은 계속해서 우리를 압박하고 있습니다."

정윤호는 장관의 말에 동의하며 고개를 끄덕였다.

"장관님 말씀대로 북한은 단순히 영토를 점령하는 것이 목표가 아닙니다. 그들은 이 영해 문제를 시작으로 협상을 통해 한국과 미국을 더 강하게 압박하고 자신의 영향력을 확대하려 합니다. 만약에 이번 협상에서 그들의 요구를 일부라도 받아들인다면 우리는 서해 5도를 영원히 빼앗길 뿐만 아니라 한반도에서의 전략적 주도권도 잃을 겁니다."

대통령은 잠시 눈을 감고 깊이 숨을 들이마셨다. 이 결정은 너무나도 무거웠다. 그는 국민의 안전과 한반도의 평화를 생각하며 여러 시나리오를 머릿속으로 떠올렸다. 협상에 나서면 북한의 요구가 계속 커질 것이고, 강경 대응을 한다면 더 큰 충돌이 일어나고 제3차 세계대전으로 확전될 위험이 있었다. 정치적, 군사적 부담을 모두 안고 있는 문제다. 한반도의 평화와 국민의 생명을 책임져야 하는 대통령의 입장에서 어느 쪽도 쉬운 선택은 아니다. 그때 상황실 문이 열리며 한 보좌관이 들어왔다.

"대통령님, 속보입니다. 북한이 백령도에 병력을 상륙시키고 있다는 보고가 방금 들어왔습니다."

이 소식을 들은 대통령은 눈을 감았다가 힘겹게 뜨며 결단의 순간이 다가왔음을 느꼈다. 이제 협상을 통해 얻을 수 있는 최대의 이익과 군사적 개입이 불러올 위험 사이에서 선택해야 했다. 그는 다시 한번 상황실에 모인 사람들을 바라보며 차분히 말을 꺼냈다.

"우리의 입장을 최대한 분명히 전달할 준비를 하세요. 외교부는 국제 사회의 지지를 확보하는 데 주력하고, 국방부는 군사적 대비 태세를 점검해주세요. 협상에서 우리가 얻을 수 있는 최대의 이익을 위해 외교적 노력을 집중해야 합니다. 그러나 만약 협상이 실패한다면 서해 5도를 지키기 위한 최악의 상황도 준비해두어야 합니다."

상황 6: 회의와 결단

화상회의 화면이 커지고 미 국방부 고문 미셸 하인즈의 모습이 나타났다. 그는 냉철한 표정을 유지했지만 미묘한 피로감이 얼굴에 드러나 있었다.

"대통령님 그리고 여러분, 현재 상황에 대해 충분히 인지하고 있습니다. 미국 역시 한반도에서 벌어지는 사태를 매우 심각하게 보고 있습니다."

대통령이 차분히 물었다.

"미국의 입장은 무엇입니까? 북한의 추가 도발과 전술핵 위협을 막기 위해 군사적 지원을 받을 수 있습니까?"

"한반도는 우리 동맹국의 중심이며 우리가 결코 가볍게 볼 수 없는 지역입니다. 하지만 북한의 전술핵 도발에 개입하는 것은 전체적인 리스크를 감수해야 하는 상황입니다. 미국이 나선다면 중국과 러시아의 반발로 제3차 세계대전으로 확산될 가능성을 배제할 수 없습니다."

회의실의 공기가 무거워졌다. 하인즈의 말은 너무나 현실적이어서 더욱 절망감을 안겨주었다. 그가 다시 입을 열었다.

"시간이 필요합니다. 미국 정부는 외교적 해결 방안을 모색 중이며 군사적 개입에 대한 내부 논의도 진행 중입니다. 그러나 지금으로서는…, 직접적인 군사적 개입을 결정하기에는 위험성이 너무 큽니다."

정윤호가 차분히 말을 이었다.

"시간이 없습니다. 북한은 지금 이 순간에도 백령도를 장악하려 하고 있습니다. 그들은 서해 5도를 자신들의 영해로 고착화하려는 시도를 멈추지 않을 겁니다."

하인즈는 화면 속에서 고개를 끄덕였지만 눈빛은 여전히 흔들리고 있었다. 그는 깊은 갈등 속에 놓여 있었다. 동맹국을 돕고자 하는 의지는 강했지만 한반도의 갈등이 더 큰 국제적 재앙으로 번질 가능성은 그를 두렵게 만들었다.

"정윤호 실장님 그리고 대통령님, 저 역시 이 상황의 심각성을 잘 알고 있습니다. 하지만 우리가 여기서 잘못된 결정을 내린다면 인류의 미래까지 위태로워질 수 있습니다."

화상회의가 끝난 뒤 대통령은 자리에서 일어나 상황실을 천천히 걸었다. 그리고 무겁게 입을 열었다.

"미국의 개입을 기다릴 여유가 없습니다. 백령도를 반드시 지켜야 합니다. 지금 우리가 처한 상황은 단순한 섬 방어가 아닙니다. 이건 우리의 주권과 국민의 생존이 달린 문제입니다. 북한이 이곳에서 얻고자 하는 건 단순한 영토가 아니라 한반도 전체를 협상 테이블로 끌어내려는 겁니다. 즉각적으로 대응해야 합니다. 백령도 방어선에 추가 병력을 파견하고 공중 지원을 위해 남은 전투기를 총동원하십시오. 동시에 국제 사회에 북한의 공격 행위를 확실히 고발하십시오. 우리는 전쟁을 막기 위해 이 순간 우리 자신을 지켜야만 합니다."

정윤호가 고개를 끄덕였다.

"추가 병력과 공중 지원을 즉각 파견하겠습니다."

국방부 장관도 즉각 통신망을 통해 군에 명령을 전달했다. 대통령은 화면 속 전장을 응시하며 굳은 목소리로 말했다.

"이 땅을 지키는 것은 우리 자신의 몫입니다. 한반도의 운명을 우리가 쥐고 있다는 것을 증명합시다."

회의실의 공기가 다시 한번 긴장감으로 꽉 찼다. 시간이 없었다. 북한은 이미 백령도를 점령하려는 마지막 수를 던지고 있었고 한국은 최선을 다해 그들의 전진을 막아야 했다.

북한의 전술핵 전략이 더해지면 한국의 승리를 장담할 수 없다

2024년 3월 23일 북한의 김정은은 초대형 방사포를 동원한 핵반격 가상종합전술훈련에 참관했다. 이 훈련은 사거리 352킬로미터의 섬을 목표로 핵 모의 전투부(탄두) 탑재 초대형 방사포탄 사격을 최초로 실시한 것이다. 이 거리는 평양에서 육·해·공군 본부가 있는 계룡

대까지의 직선 거리이며 한미 연합편대군종합훈련KFT이 진행 중인 군산 공군기지도 사정권에 든다.[20] 이 외에도 북한은 '화살-2형' 잠수함발사 순항미사일SLCM에 '화산-31형' 전술핵탄두와 동일한 무게의 탄을 장착해 발사하는 훈련을 하는 등 전술핵 공격 집중 훈련도 실시했다.[21]

앞서 언급했듯이 필자는 북한이 한반도에서 전면전을 벌이든, 서해 5도에서 국지전을 벌이든 상관없이 북한 김정은이 전술핵 전략을 더하면 한국의 승리를 결코 장담할 수 없다고 본다. 전면전이 일어난다면 북한은 전술핵을 서울이나 부산 등 한반도에서 인구밀도가 가장 높은 곳을 공격할 것이다. 특히 부산은 6.25 전쟁에서 최후의 보루였고 일본과 가장 가까워서 일본의 두려움을 극대화할 수 있다. 또한 북한과 가장 멀리 떨어져 있어서 북한 지역의 핵 오염에서 가장 안전한 곳이다.

국지전이 벌어지면 북한은 서해상의 무인도에서 전술핵무기를 터뜨릴 수 있다. 잠수함으로 동해나 남해로 내려와서 잠수함발사 탄도미사일에 핵을 탑재해서 발사할 수도 있다.

북한이 전술핵으로 미군기지를 직접 공격할 가능성은 낮다. 전술핵 사용의 목적은 확전을 막고 협상에서 유리한 고지를 선점하기 위한 것이다. 그렇기 때문에 미군기지를 그대로 때리면 북한도 협상의 여지가 사라져서 안 된다. 그다음 후보는 상주다. 남한의 정중앙에 위치한 분지여서 대부분 지형이 평평하기 때문에 원폭 위력을 극대화할 수 있기 때문이다.

2023년 3월 북한은 평안북도 철산군 동창리 일원에서 모형 전술 핵탄두를 탑재한 '북한판 이스칸데르$^{KN-23}$' 탄도미사일을 800미터 상공에서 폭발시키는 시험을 했다. 북한《조선중앙통신》은 전술핵 공격 임무 수행 절차와 공정을 숙련하기 위한 종합 전술 훈련이라고 대놓고 보도했다. 800미터는 전술핵탄두가 폭발할 때 살상 반경을 가장 크게 만들 수 있는 높이다. 지상에서 폭발시키는 것보다 인명 피해 규모를 최대 다섯 배까지 끌어 올릴 수 있다.

미국 스티븐스공과대학교의 앨릭스 웰러스타인$^{Alex\ Wellerstein}$ 교수가 개발한 핵폭발 시뮬레이션 프로그램인 누크맵으로 분석해보면 히로시마에 투하되었던 10킬로톤 위력의 전술핵무기가 서울시청 일대 800미터 상공에서 폭발하면 예상되는 즉각 사망자는 4만 4,000명이다. 그리고 반경 1.47~2.12킬로미터 내에 있는 사람들은 열복사 피해로 3도 화상을 입는다. 바람을 타고 번지는 낙진의 위력은 더 크다. 최종적으로 사망자는 4만 4,000~11만 5,000명, 부상자는 30만~42만 명에 이른다.

북한이 800미터 상공에서 20킬로톤급 전술핵탄두를 폭발시키면 11만 4,600여 명이 즉각 사망한다. 만일 용산 상공 800미터에서 20킬로톤의 핵탄두를 터뜨리면 대통령실·국방부·합동참모본부가 지도상에서 완전히 사라지고 순식간에 한국의 지휘체계가 마비된다. 《38 노스》는 북한이 서울에 핵미사일(250킬로톤급)을 단 한 발만 명중시켜도 즉각 사망자 78만 3,197명, 부상자 277만 8,009명이 발생한다고 추산했다. 핵미사일 단 한 발로 6.25 전쟁의 인명 피해(사망

37만 3,599명, 부상 22만 9,625명, 납치 및 실종 38만 7,744명)와 일본의 제 2차 세계대전 인명 피해(사망 50만~80만 명)를 뛰어넘는다.[22]

전면전이든, 국지전이든 북한이 전술핵을 남한 영토에 사용하면 그 즉시 일본과 미국, 유럽은 한반도 전쟁이 확전될 걱정에 참전을 주저하고 협상 테이블을 우선으로 생각할 것이다. 그리고 한반도는 김정은이 6,000배의 위력을 가진 핵미사일을 추가 발사할 수도 있다는 두려움에 휩싸일 것이다. 한국 국민들조차 협상을 서두르라고 소요가 일어날 수 있다.

유럽은 유엔 안전보장이사회만 소집하면서 휴전하라고만 외칠 수 있다. 한국 전쟁에 무기를 지원하거나 직접 개입하기에는 거리가 멀기 때문이다. 국지전만 발생한 상황이고 북한이 즉각 휴전을 요구하면서 서해 5도의 일부가 원래부터 자신의 영해였다고 주장하면, 유럽은 개입의 명분조차 만들기 쉽지 않다. 한반도의 국지전 때문에 중국과 경제적 관계에 문제가 생기는 것을 원치 않을뿐더러 한반도 전쟁이 확전되면 유럽 어딘가가 러시아와 또다시 전쟁에 휘말릴 수 있다고 겁먹을 가능성도 있다.

유엔 안전보장이사회에서 중국과 러시아는 북한 편을 들 것이다. 친중국 국가들(러시아, 북한 등)과 중립적 입장에 있는 나라들(인도 등)도 유엔 회의에서 전쟁의 확산을 원치 않는다는 목소리를 높일 것이다. 1950년 6.25 전쟁 당시와 국제 정세는 다르다. 동맹 간에도 전쟁을 두고는 이견이 엇갈리는 시대다.

필자는 핵전쟁에 대한 우리의 고정관념을 뒤집어볼 필요가 있다고 누누이 강조했다. 전술핵 카드는 현대 군사학에서는 '전쟁을 격화시키지 않기 위해 일시적으로 전쟁을 격화하는 전략'의 수단으로 거론한다. 한국군은 북한이 한국 영토에 포격 도발을 할 경우 같은 수준의 군사력을 사용해 동일한 규모로 즉각 대응하는 '동등 대응 원칙' 또는 '비례적 대응 원칙'을 가지고 있다. 이 원칙을 따른다면 김정은이 민간인이 없는 우도나 자국 영해라고 우기는 서해 5도 해상에 선제적으로 전술핵 타격을 할 경우 한국군은 그에 상응해서 전술핵으로 맞대응을 해야 한다.

하지만 한국군은 독자적으로 이를 실행할 수 없다. 동등 대응 원칙 또는 비례적 대응 원칙으로 전술핵을 쏘려면 미군이 개입해야 한다. 그러나 미국의 입장에서 전술핵 맞대응은 북한, 중국, 러시아 3국과 전면적 핵전쟁을 각오해야 하는 결정이다.

최악의 경우 김정은 정권을 붕괴시킨다고 해도 미국 본토에 '우발적'으로 핵미사일이 쏟아지는 상황까지 각오해야 한다. 미국으로선 한반도가 아무리 중요해도 이런 상황을 절대 받아들일 수 없다. 미국 의회는 전술핵 핵무기 사용을 허락하지 않거나 통과시키는 데 매우 오랜 시간이 걸릴 것이다. 물론 그 안에 북한은 미국과 협상 테이블에 앉아 있을 것이다.

미국과 그 동맹국이 아무리 북한을 압도하는 군사력을 가지고 있어도 결국 미국은 제3차 세계전쟁으로 확산되는 것을 우려해 북한의 전술핵 타격에 보복 핵공격보다는 종전 및 평화 협상 의지로 급속히 돌아서는 반전 상황을 수용할 가능성이 크다.

참고로 2018년에 미국은 〈핵 태세 검토 보고서〉를 통해 전쟁 현장에서 사용할 신형 저위력 핵무기를 개발하겠다고 선언했다. 그러자 2020년 러시아도 통상무기 공격에 전술핵으로 반격할 수 있다고 핵 독트린을 바꿨다.[23]

남북한 전투력 비교

2024년 1월 기준 북한과 남한의 군사력을 각 분야별로 비교해보자. 이는 공개된 자료를 바탕으로 한 추정치임을 밝힌다.

육군 군사력 비교

남한

병력 약 36만 5,000명. 이는 전체 상비병력 약 48만 명 중 육군이 차지하는 숫자다. 하지만 앞으로 육군 병력은 저출산에 따른 병역 자원 감소로 현재보다 더 줄어든다. 2040년이면 우리 군의 상비병력 전체로도 35만~36만 5,000명 정도까지 줄어들 것으로 예측된다.[24] 참고로 예비전력은 310만여 명이다. 사관후보생, 전시근로소집, 전환 및 대체복무 인원 등을 포함했다. 하지만 남한 상비군의 1인당 연간 교탄 소모량은 600발 정도로 북한(3발 미만)에 비해 월등하다.

주력전차(K1, K2 흑표, M48) 약 2,200대(해병대 포함).

장갑차 약 3,100대. 북한의 장갑차 보유량(약 2,600대)보다 많고 성능은 월등히 우수하다. 남한이 보유한 대전차 무기도 북한군 전차를 완파할 만큼 강력한 수준이다.

야포/자주포 약 5,600문(해병대 포함).

다련장/방사포 약 310문.

지대지 유도무기 발사대 60여 기.

북한

병력 약 110만 명. 남한의 병력(약 36만 5,000명)보다 세 배 가까이 많다. 하지만 매우 열악한 상황이다. 참고로 예비 전력은 762만여 명이다. 보위부, 교도대, 노농적위군, 붉은청년근위대 인원 등을 포함했다. 하지만 북한 상비군의 1인단 연간 교탄 소모량은 3발 미만에 불과하다.

주력전차(폭풍호, 선군호, T-62/72) 약 4,300대. 남한의 약 2,200대보다 두 배 많다.[25] 하지만 대부분 노후화되어 제 기능을 발휘하기 힘들고 남한의 전차에 비해 방어력, 기동력, 화력이 현저하게 약하다.

장갑차 약 2,600대. 참고로 북한군의 대전차 무기는 한국군 장갑차의 측면(장갑차의 약점)을 제대로 맞혀도 관통하지 못할 정도다.

야포/자주포 약 8,800문. 남한의 약 5,600문보다 우세하다.

다련장/방사포 약 5,500문으로 남한의 약 310문보다 월등히 많다.

지대지 유도무기 발사대 100여 기(전략군)로 남한의 60여 기보다 많다.

해군 군사력 비교

남한

병력 약 7만 명(해병대 2.9만여 명)으로 북한보다 우세하다.

전투함정 90여 척(세종대왕급, 충무공이순신급 구축함 12척 포함).

상륙함정 10여 척.

기뢰전함정(소해정) 10여 척.

지원함정(호위함/초계함) 20여 척.

잠수함 22척. 장보고-I급(209급) 9척, 장보고-II급(214급) 9척, 장보고-III급(도산안창호급) 3척. 2024년 해군에 인도된 신채호함 1척을 포함한 수치다.

어뢰정/고속정 약 50척. 대한민국 해군은 어뢰정을 운용하지 않지만 현재 약 50척의 고속정을 운용하고 있다. 이 중 참수리급 고속정은 노후화로 점차 퇴역 중이며 이를 대체하기 위해 신형 참수리급 고속정PKMR이 도입되고 있다. 신형 참수리급 고속정은 230톤급으로, 76밀리미터 함포와 130밀리미터 유도로켓 등을 탑재해 연안 방어 임무를 수행한다.

북한

병력 약 6만 명. 북한은 해병대라는 조직은 없지만 전략군 1만 명 정도를 보유하고 있다(일부 전문가들은 북한의 특수부대를 경보병 부대, 저격 부대, 근위 부대까지 포함해서 최대 20만 명으로 추산하기도 한다).

전투함정 420여 척으로 남한의 90여 척보다 3.5배 많다. 단, 대부분 소형 전투함으로 구성되어 있다. 남한의 전투함은 숫자는 적으나 대부분

2,000톤이 넘는 대형 전함이며 이지스 구축함 등 첨단 함정들이다.

상륙함정 250여 척으로 남한의 10여 척보다 25배 많다. 북한 해군의 주된 목적이 상륙작전에 있다는 것을 보여주는 지표다.

기뢰전함정(소해정) 20여 척으로 남한의 10여 척보다 두 배 많다.

지원함정(호위함/초계함) 40여 척으로 남한의 20여 척보다 두 배 많다.

잠수함 약 70척(로미오급, 상어급)으로 남한의 약 22척보다 3.5배 많다. 하지만 전면전을 시작하면 짧은 운용 시간과 순항 거리로 운용에 제한이 크다. 결국 북한 잠수함은 전면전을 목적으로 하지 않고 침투와 ICBM 발사에 목적을 둔다.

어뢰정/고속정 약 250척.

공군 군사력 비교

남한

병력 약 6.5만 명.

전투기 약 410대. 남한은 F-35A 스텔스 전투기, F-15K, KF-16 등 4.5세대 이상의 전투기를 보유해 북한의 노후 전투기보다 질적으로 우세하다.

공중기동기(AN-2기 포함) 약 50대.

공중지원 및 특수임무기 남한은 E-737 항공통제기, 공중급유기 등 첨단 감시 및 정찰 자산을 보유하고 있으며 북한보다 정보 수집 능력이 뛰어나다.

훈련기 약 190대. 북한의 약 80대보다 두 배 이상 많고 성능도 우수하다.

헬기 약 700대. 북한의 약 290대보다 두 배 이상 많고 성능도 우수하다.

북한

병력 약 11만 명으로 남한보다 우세하다.

전투기 약 810대(MiG-29, MiG-21/23). 남한의 약 401대보다 두 배 많다. 하지만 전투기의 성능은 남한이 월등한 우위에 있다. 한국 전투기는 레이더 탐지거리와 사정거리가 더 길기 때문에 북한 전투기를 먼저 보고 선제공격으로 격추 가능하다. 그리고 북한 전투기는 연료 부족으로 오랫동안 훈련을 제대로 하지 못한 상황이다.

공중기동기(AN-2기 포함) 약 350대. 남한의 약 50대보다 일곱 배 많다. 북한 공군의 주된 목적이 공중 침투 및 교란 작전에 있다는 것을 보여주는 지표다. 비록 구식 항공기지만 전시 초기 혼란 조성과 후방 교란이라는 특수한 목적에 적합한 특성을 갖추고 있어 여전히 위협적인 전력으로 평가된다. 북한의 공중기동기는 저고도(100~150미터) 및 저속(시속 약 250킬로미터)으로 비행하고 목재와 천으로 제작되어 레이더 반사율이 낮아서 레이더 탐지 회피가 용이하며 요격이 쉽지 않다. 야간 침투 시 식별에도 어려움이 있고 짧은 활주로(약 150미터)에서도 이착륙 가능해서 다수의 동시 침투시 방어에 부담이 크다.

훈련기 약 80대.

헬기(육해공군) 약 290대.

종합적으로 북한은 육·해·공군 모든 전력 면에서 병력과 일부 장비 수량에서 우세하다. 하지만 남한은 첨단 무기 체계와 장비의 질적 측면에서 압도적 우위를 점한다고 평가할 수 있다.

군사력 차이를 이용한 전략 중에 '복어형 군사전략puffer fish strategy'과 '빙산형 군사전략iceberg strategy'이라는 게 있다. 복어형 군사전략은 복어의 생존 전략을 빗댄 말이다. 복어는 작은 물고기지만 배가 볼록해서 정면에서는 큰 고기처럼 보인다. 이런 복어와 같이 실제보다 더 힘이 센 것처럼 과시하는 전략을 복어형 군사전략이라고 한다. 반면에 빙산은 수면 위로 일부만 드러난다. 즉 빙산형 군사전략은 빙산처럼 실제 군사력을 감추는 전략이다.

복어는 약하고 작은 물고기지만 치명적 독을 포식자에게 쏘아서 피해를 줄 수 있다.[26] 북한은 전형적인 복어형 군사전략을 구사한다. 육·해·공군의 전력을 부풀려 상대에게 위압감을 주는 것이다. 그러나 실제 전력은 미미하다. 그래서 우리는 북한이 한반도에서 전쟁을 일으키는 것 자체가 불가능하다고 생각한다. 하지만 정말 그럴까? 복어와 같은 북한은 미국과 같은 강대국도 조심하게 만드는 치명적인 독을 품고 있다.

다음 내용을 보자. 북한은 첨단무기와 전략무기 전력에서 남한과 동등하거나 절대 우위에 있다. 핵무기는 말할 것도 없고 생화학 무기는 사용하는 순간 핵무기와 버금가는 공포를 발휘한다. 또한 북한의 사이버 전력은 세계 4위이며 방어용이 아니라 공격용이다. 최근 북한은 극초음속 미사일까지 개발 중이다. 북한은 한·미의 미사일 방어 시스템을 압도할 수 있는 미사일 전력 배치에 총력을 기울이고 있다.

첨단 무기 및 전략 무기 비교

남한
미사일방어체계 패트리어트, THAAD.

순항미사일 현무-3.

탄도미사일 현무-2.

정찰위성 및 군사위성

첨단 드론/무인기

북한
핵무기 추정 30~40개.

ICBM 화성-17·18형.

SLBM 북극성 계열.

순항미사일 다양한 종류 보유.

화학/생물학 무기 추정 보유.

사이버 부대 보유 전 세계 4위(1위 미국, 2위 중국, 3위 러시아).

흔히 북한의 재래식 무기가 형편없다고들 하지만 전쟁에서 사용하지 못할 정도는 아니다. 전쟁에서 사용할 수준이 아닌데 러시아를 비롯해 수많은 나라와 테러 조직에서 북한의 무기를 구매할까? 북한의 재래식 무기는 남한의 무기 성능과 현격한 차이가 나지만 아주 엉터리는 아니다.

그리고 북한 장병들이 영양실조에 시달린다고 하지만 정신력은 남한의 장병보다 나을 수도 있다. 북한은 17세에 입대해 10~15년간 복무한다. 그리고 군대에서 엄청난 세뇌교육을 받는다. 18개월간 근무하는 남한 장병과는 일단 시간적 측면에서도 차이가 엄청나다. 체력 면에서는 남한 장병이 북한을 압도한다. 하지만 정신력이나 개인별 전투 능력은 남한 장병보다 더 나을 수도 있다.

북한의 재래식 군사력 열세를 보완해줄 러시아와 중국

전쟁이 벌어지면 북한의 재래식 군사력의 열세를 보완해주는 러시아와 중국의 지원도 감안해야 한다. 2023년 12월 26~30일 개최된 북한 노동당 중앙위원회 제8기 제9차 전원회의는 남북 관계가 동족 관계가 아니라 전쟁 중에 있는 두 교전국 관계라고 선언했다. 그 후 '적대적 두 국가', '교전 국가'라는 말을 반복했고, 미국 대통령 선거를 겨냥해 보란 듯 러시아에 파병을 단행했다. 파병 시기, 방식, 기대효과 등이 모두 계산된 행동이다.

김정은은 두 국가론를 선언하기 전인 2024년 6월에 러시아와 「포괄적인 전략적 동반자 관계에 관한 조약」을 체결했으며 사회주의헌법도 개정했다. 10월에는 군사분계선^{MDL} 일대에서 남측과 연결되는 도로·철도 등을 끊고 요새화 작업을 시작했다. 그리고 러시아 파병을 단행해 몇 년 동안 국제 사회에서 고립된 상황을 돌파하고 국제 사회가 참여하는 '거대한 체스판'에서 단숨에 조커로 등장했다.[27]

북한은 러시아로부터 북한 병사 1인당 3,000~5,000달러 정도의 용병 비용을 받았으며, 한국과 미국이 체결한 「한미상호방위조약」과 같은 군사동맹까지 이끌어내는 데 성공했다. 이 조약 제4조에는 '자동군사개입' 조항이 있다. 동맹국 중 한 국가가 전쟁에 처하는 경우 상대국은 유엔 헌장 제51조와 양국의 국내법에 준해서 '지체 없이 원조를 제공하도록' 되어 있다. 1961년 김일성은 소련과 「조소 우호 협조 및 호상원조에 관한 조약」을 체결했고 제1조에 이와 비슷한 내용을 명기했다. 그리고 1996년에 북·러는 1961년의 조약을 폐기했다. 2000년 북한과 러시아는 「우호·협조·선린조약」을 다시 체결했다. 하지만 '자동군사개입' 조항은 명기하지 않았다. 하지만 2024년 조약에서 그 부분을 다시 부활시킨 것이다.[28]

이제 한반도에서 전쟁이 벌어지면 러시아는 자동 개입하거나 최소한 북한의 열악한 재래식 무기의 공백을 메워줄 후방 지원을 할 것이다. 북한은 한반도에서 국지 전쟁을 벌인 이후 러시아의 확장 억제력을 뒷배로 미국의 대북 전면전쟁을 억제하는 확실한 '계약'을 얻어냈다. 북한과 오랜 동맹을 유지한 중국의 지원도 절대적이다. 북한의 김씨 일가는 김일성 때부터 중국과 러시아 간에 균형 잡기를 잘했다. 지금은 러시아와 가깝게 지내지만 이것이 중국과 완전히 적대적 관계로 돌아서는 것은 절대 아니다.

김정은은 러시아와 밀착 관계를 유지하고 있지만 북·중·러의 반미 전선 때문에 중국이 북한을 버리지 못하는 것을 안다. 그렇기에 러시아와의 관계는 오히려 중국이 북한의 필요성을 더 느끼도록 하는 교묘한 전략이다. 중국 입장에서도 북한을 절대 버릴 수 없다. 또한 러시아가 북한을 두고 중국과 힘겨루기를 하고 있지만 러시아와 중국의 관계는 굳건하다. 2024년 5월 16~17일 푸틴은 다섯 번째 대통령 취임식 기념으로 중국을 방문했다. 시진핑은 푸틴을 국빈 자격으로 환대하며 연대를 과시했다.

앞으로 트럼프 2기에 미국의 권위와 신뢰가 흔들리는 것은 '정해진 미래'다. 국제 사회에서 미국의 위상이 흔들릴수록 북한의 전략적 지위와 가치는 강화되며 중국에 대한 북한의 전략적 가치도 올라간다. 마이크 폼페이오Mike Pompeo 전 국무부 장관은 회고록에서 김정은이 중국을 폄훼하는 발언을 자주 했다고 밝혔다. 중국의 시진핑도 이 점을 잘 안다. 속으론 부글부글하지만 별다른 보복을 하지 못하고 속앓이만 한다. 러시아에 대한 미국과 나토의 제재나 견제가 높아질수록 러시아에 대한 북한의 전략적 가치도 높아진다.

북한은 러시아에 파병을 하고 다음과 같은 두 가지 군사적 이득을 추가로 얻었다.

첫째, 북한은 러시아와 맺은 조약 제8조에 '방위 능력을 강화할 목적 아래 공동 조치들을 취하기 위한 제도'를 명기했다. 푸틴은 "북한의 위성 개발을 돕겠다", "군사기술 협력 진전을 배제하지 않을 것"이라고 밝혔다. 러시아는 신형 위성운반 로켓의 엔진을 비롯해 몇 가지 ICBM의 기술을 북한에 넘겨준 것으로 추정된다. 그러나 러시아가 북한에 ICBM의 핵심 기술을 넘겨주지 않아도 북한이 러시아에서 얻을 군사기술은 많다. 러시아는 잠수함 기술, 원격 감시위성, 항공기 엔진 분야에서 중국보다 우수한 기술을 보유 중이다.

2024년 1월 김정은은 잠수함발사 순항미사일 시험 발사를 지도하는 자리에서 "해군의 핵 무장화는 절박한 시대적 과업"이라고 강조했다. 따라서 러시아에 잠수함 건조를 위한 기술 지원을 요청할 수도 있다. 북한이 러시아 기술로 군사위성 네트워크를 완성하면 유사시 미사일로 한반도 전역을 공격할 목표물을 신속하게 식별하는 능력을 확보하는 것이다. 이는 북한이 한반도의 비행장, 항구, 지휘통제 시설을 공격할 경우 우리가 대응할 시간이 '단 몇 분'으로 줄어든다는 의미다.

둘째, 북한은 우크라이나에서 자국산 무기의 장단점을 테스트하는 '전장 실험실battlefield laboratory'을 얻었다. 북한은 전 세계의 다양한 분쟁에서 소형 무기의 실전 성능을 시험했다. 미사일의 실전 성능은 어디에서도 하지 못했으며 공해상에 발사해 거리 측정만 했을 뿐이다. 하지만 이제 북한은 실전에서 화성-11을 포함한 자국 미사일 프로그램에 대한 필수적인 지식과 정보를 수집할 수 있다.

우크라이나 전장에서 러시아군이 발사한 북한 미사일의 명중률은 약 20퍼센트에 불과하지만 전투를 거듭할수록 명중률을 개선할 지식과 정보를 얻을 가능성이 크다. 북한은 우크라이나 전쟁이 끝난 후 재래식 무기를 개선할 것이고 중동에 대량으로 수출할 것이다.

그리고 이후 한반도에서 전쟁이 일어나면 지금보다 향상된 무기를 사용할 가능성이 크다. 또한 우크라이나 실전에 투입된 북한 장교와 군인들은 실전 전투 경험 부족을 보완했을 것이다.

2023년 10월 하마스가 이스라엘을 공격한 직후 워싱턴DC에서 열린 핼리팩스 국제안보포럼에서 포럼의 회장 피터 반 프라흐^{Peter} $^{Van\ Praagh}$는 '크링크^{CRINK}'라는 단어를 언급했다. 중국(C), 러시아(R), 이란(I), 북한(NK)의 첫 글자를 딴 말로 북·러 조약 이후 재조명되고 있는 표현이다.[29] 러시아-우크라이나 전쟁, 이스라엘-하마스 전쟁이 끝나도 이 네 나라는 서로에게 '핵심적 조력자$^{critical\ enablers}$'로 남을 가능성이 크다. 이제 트럼프가 재선에 성공했으니 그 가능성은 더욱 크다고 볼 수 있다.

평소 중국, 러시아, 이란, 북한, 이 네 나라의 동맹은 경제적, 군사적으로 국제 사회에 큰 위협이 되지 않는다. 하지만 어디선가 전쟁이 일어나면 달라진다. 특히 한반도에서 전쟁이 벌어지면 이 네 나라의 연대는 무서운 위력을 드러내고 골치 아픈 동맹이 된다.

미국을 비롯한 나토는 우크라이나를 침공한 러시아를 초토화하지 못하고 있으며 직접 나서서 전쟁을 벌이지도 못한다. 이는 북한에 대해서도 마찬가지다. 평소 북한은 중국이나 러시아와 별개의 독립국가지만 전쟁이 벌어지면 이들 나라와 한 몸이 된다. 전쟁이 벌어지면 미국이 한국을 보호하는 것과 북한을 멸망시키는 것이 별개의 문제가 될 수 있다는 말이다. 북한이 서해 5도를 기습 점령하면 미국이 북한을 서해 5도에서 몰아내는 것은 가능해도, 북쪽으로 병력을 돌려 김정은 정권을 무너뜨리고 통일 전쟁으로 나아가는 것은 별개의 문제라는 말이다.

심지어 미국은 과거 6.25 전쟁 당시에 비해 현저히 약화되었고 리더십도 훼손되었으며 글로벌 패권국의 지위도 도전받고 있다. 반면 푸틴은 전쟁을 두려워하지 않는다. 중국 경제가 흔들리고 있어서 시진핑도 정권 유지에 안간힘을 쓰고 있다. 러시아와 중국이 앞장서서 한반도 전쟁을 일으킬 가능성은 제로다. 전쟁이 일어나기를 바라지도 않을 것이다. 하지만 한반도에서 전쟁이 일어나면 기존의 세계 질서를 세차게 흔들 기회로 여길 가능성은 크다. 자국의 성난 민심이나 불만을 외부로 돌릴 기회라고 여길 것이다.

다시 말하지만 미국이 한반도를 침략한 북한 군대를 밀어내는 데 성공하고 전면 전쟁으로 확전되는 것을 막는다고 해도 우리는 그 사건만으로도 많은 것을 잃게 된다. 벨라루스, 쿠바, 에리트레아, 니카라과, 베네수엘라 등은 미국 주도의 글로벌 질서에 반발하고 있다. 이스라엘과 하마스의 전쟁으로 이란과 시리아 등 중동의 절반은 미국에 적대적이다. 아프리카 지역에서는 정치적 불안정성이 높다. 동남아 일부 국가, 인도와 파키스탄 등은 한반도에서 전쟁이 벌어지면 중립에 설 가능성이 큰 국가들이다. 이들은 한반도 전쟁이 제3차 세계대전으로 확전되는 것을 절대 반대할 것이다. 북한이 기습적인 국지전을 감행해도 적당한 수준에서 협상을 맺고 끝내라고 목소리를 높일 것이다.

뜻밖의 시나리오 2:
북한의 핵 시설 공격과 사이버 공격

상황 1: 핵 시설이 공격당하다

　남쪽 해안의 원전 시설은 평소와 다름없는 하루를 보내고 있었다. 복도에 흐르는 형광등 빛은 여느 때와 같이 쌀쌀한 냉기를 뿜어내고 제어실의 스크린들은 은은한 파란색 빛을 발산하고 있었다. 하지만 평화롭던 이 공간이 곧 혼돈의 중심이 될 것임을 아무도 예상하지 못했다. 연구원 이창준은 터미널 앞에서 커피를 홀짝이며 시스템 점검 기록을 검토하고 있었다. 그가 매일같이 반복하는 일상이었다. 하지만 그날따라 센서 데이터가 이상하게 느껴졌다. 파일 하나가 비정상적으로 느리게 열렸고 시스템 응답 속도가 평소와 다르게 늦었다.

　"미선 씨, 지금 데이터 흐름이 느리지 않나요?"

　"네? 조금 느리긴 한데, 네트워크 문제겠죠. 주간 점검 보고서를 한꺼번에 올려서 그런 것 같아요."

　그때 시스템 모니터가 깜빡거리며 경고 메시지가 떴다. 이창준의 눈이 커졌다.

　"침입? 미선 씨, 보안 시스템 확인하세요!"

　양미선은 다급히 키보드를 두드렸지만 모니터가 금세 검은 화면으로 바뀌더니 곧 낯선 코드로 뒤덮였다. 마치 누군가 원전을 통째로 장악한 것 같았다.

"안 돼요. 접근이 차단됐어요!"

"무슨 소리예요? 우린 시스템 내부에 있잖아요!"

그 순간 경고음이 울리기 시작했다. 소리는 점점 더 빠르게 그리고 더 날카롭게 변화하며 시설 전체를 뒤덮었다. 이창준은 심장이 덜컥 내려앉는 기분을 느끼며 모니터를 다시 확인했다. 원자로 냉각 시스템이 멈췄다는 경고가 화면을 가득 채웠다. 멀리 있는 해안 너머에서 조용히 떠오르던 통신 신호가 전파 방해를 뚫고 남한 원전의 핵심 시스템을 마비시키고 있었다. 북한은 정면 대결 대신 전면전을 준비하며 원전을 먼저 겨냥했다. 한편 제어실에서는 이창준과 직원들이 패닉 상태에 빠져 있었다.

"수동으로 냉각 시스템을 재가동해야 해요!"

"이미 수동 제어권도 잠겼어요. 이건 외부에서 시스템을 장악했단 뜻이에요."

원전은 곧 마치 고통스러운 비명을 지르는 생물처럼 흔들리기 시작했다. 이창준은 무전기를 들고 외쳤다.

"현장 직원들, 원자로 구역 상태를 확인하고 즉시 보고하세요!"

그러나 돌아오는 건 정적뿐이었다. 그 순간 시설이 갑작스러운 섬광과 함께 폭발음을 내뱉었다. 이창준은 본능적으로 몸을 낮췄다. 거대한 충격파가 철제 문을 밀어붙였고 유리창은 산산이 조각났다. 공기 중에는 먼지와 불길이 뒤섞여 맴돌았다. 말도 안 되게 혼란스러운 상황에서도 냉정을 되찾으려 애쓰던 그는 마지막으로 무전기를 들고 외쳤다.

"내부 직원들에게 알립니다. 상황을 안정화하기 위해 최후의 방법을 사용하겠습니다. 모두 대피하세요. 지금 당장!"

이창준은 혼자 제어실을 떠나 원자로 구역으로 향했다. 폭발 잔해와 불길 사이를 뚫고 그는 수동 밸브를 조작할 수 있는 마지막 장소로 발걸음을 옮겼다. 그가 발을 디딜 때마다 붉은 경고등은 살아 있는 생물처럼 그를 쫓아갔다. 그의 눈에 비친 계기판은 이미 치명적인 방사능 수치를 넘어서 있었다. 이창준은 마지막으로 가족의 얼굴을 떠올렸다. 폭발이 일어난 뒤 50킬로미터 떨어진 도시에서는 정전이 발생하며 모든 전력이 꺼졌다. 거리의 신호등은 멈췄고 시민들은 교차로에서 차량 충돌을 목격하며 혼란에 빠졌다. 이때 도시의 주요 전광판에 붉은 메시지 하나가 떴다.

"남한은 우리의 손바닥 안에 있다."

화면은 깜빡이며 긴박감을 더했다. 시민들은 공포에 휩싸여 휴대폰을 들었지만 통신은 이미 끊긴 지 오래였다.

상황 2: 마비된 한반도

한국의 핵발전소를 정밀 공격한 북한은 동시에 대규모 사이버 공격을 감행해 한국의 전력망, 금융 시스템, 교통 시스템도 마비시켰다. 공격 직후 한국은 방사능 유출로 일부 지역이 격리되었고, 전력 부족과 디지털 네트워크 붕괴로 지역사회 전체가 혼란에 빠졌다. 한국 정부와 군부는 물리적 재건과 사이버 방어라는 두 개의 전선에서 동시에 대응해야만 했다. 먼저 방사능 누출 지역의 주민들, 인프라

마비로 극심한 불안에 빠진 도시민들을 위해 긴급히 보호소를 마련했다.

임시로 마련된 보호소는 거대한 체육관을 개조해 만든 곳이었다. 낡은 바닥에는 고무 매트가 깔렸고 사람들은 모포와 간이 침대에 나뉘어 앉아 있었다. 형광등은 희미하게 깜빡였고 창문으로 들어오는 흐릿한 빛조차 매연과 먼지에 가려 어둑했다. 보호소 내부는 조용했지만 그 고요함은 불편했다. 곳곳에서 나지막한 기침 소리와 아이의 울음소리가 들릴 뿐이었다. 아침이 되자 보호소 한가운데 마련된 배급소에서 소란이 시작되었다. 사람들이 줄을 서기 시작했지만 배급 속도는 터무니없이 느렸다.

"왜 이렇게 오래 걸려? 우리 애들 배고파 죽겠다고!"

한 여자가 고함을 질렀다. 그녀의 목소리는 금세 다른 사람들의 원망 섞인 중얼거림과 섞였다. 줄 맨 앞에서 누군가 비상식을 손에 쥐고 뒷사람을 무시한 채 비켜 나갔다. 기다리던 사람들 사이에서 불만이 터져 나왔다.

"왜 먼저 주는 거야? 우린 어제도 못 받았어!"

한 남자가 목소리를 높이며 앞으로 나섰다. 보호소 관리 요원들이 급히 다가와 사람들을 밀어냈다.

"줄을 지키세요. 그렇지 않으면 배급이 중단됩니다!"

그러나 사람들의 분노는 쉽게 가라앉지 않았다. 아이를 안은 여성이 요원에게 다가가 소리쳤다.

"내 아이가 지금 굶고 있어요! 그쪽은 뭘 숨기고 있는 거예요?"

그 순간 앞에서 실랑이하던 남자가 뒤로 넘어졌다. 그의 손에서 떨어진 쌀 주머니가 바닥에 흩어지자 그를 중심으로 사람들 간의 충돌이 격렬해졌다. 누군가의 손이 다른 이의 팔을 잡아당기며 비명이 터졌다.

"놔! 그건 내 거야!"

"다 같이 굶어 죽자는 거야?"

이때 보호소에 설치된 확성기에서 낮고 메마른 목소리가 흘러나왔다.

"현재 외부의 방사능 농도는 위험 수준입니다. 대피 구역을 벗어나지 마십시오. 반복합니다. 대피 구역을 벗어나지 마십시오."

방송은 여러 차례 반복되었지만 사람들은 더 이상 신뢰하지 않는 듯했다. 한쪽 구석에서 앉아 있던 남자가 냉소적으로 중얼거렸다.

"정부가 우리를 버린 거야. 우린 여기 갇혀 죽을 때까지 기다리라는 거지."

그의 말을 들은 몇몇 사람들이 고개를 끄덕였다. 사람들의 얼굴은 이미 피로와 절망으로 물들어 있었다.

상황 3: 사이버 공격과 도시의 혼란

같은 시각, 남한의 수도 서울에서도 북한의 사이버 공격을 받고 극심한 혼란이 일어나고 있었다. 서울을 비롯한 주요 도시들의 밤은 암흑 속으로 빠져들었다. 북적이던 거리와 화려하게 빛나던 네온사인이 모두 사라진 도시는 낯설고 섬뜩했다. 북한의 인프라 공격으로 주요 대도시들의 정전된 지 몇 분 되지 않아 병원과 지하철, 신호등이 모두 멈췄다. 어둠 속에서 차량 경적 소리가 비명을 내지르듯 터져 나왔고 사람들은 서로를 향해 고함을 질렀다.

한 병원의 응급실. 직원들이 랜턴 불빛에 의지하며 환자들을 간신히 살펴보고 있었다. 의사 김유진은 마스크 위로 흐르는 땀을 닦아내며 모니터 앞에서 손을 허공에 허우적댔다.

"모니터가 다 꺼졌어요! 산소호흡기도 멈췄습니다. 환자를 옮겨야 해요. 다른 병원으로…."

간호사의 목소리가 떨리고 있었다. 그러나 김유진은 이를 악물며 고개를 저었다.

"다른 병원도 마찬가지예요. 지금 우리가 할 수 있는 건 여기서 버티는 것뿐이에요."

환자의 침상 옆에 놓인 호흡기 화면이 깜빡이다가 완전히 꺼졌다. 그 순간 병원 복도 끝에서 누군가 절규하듯 외쳤다.

"우린 다 죽는 거야!"

김유진이 환자를 살펴보는 동안 병원 밖 도심에서는 혼란이 더욱 깊어졌다. 교차로의 꺼진 신호등은 도시 전체를 거대한 미로로 바꿔 놓았다. 운전자들은 어둠 속에서 방향을 잃고 클랙슨을 울려댔고, 몇몇 차량은 충돌로 도로에 뒤엉켜 있었다. 사람들이 다투는 사이 구급차 한 대가 신호등 없이 교차로를 통과하려다 멈춰선 차량과 충돌했다. 앰뷸런스의 사이렌 소리가 한순간에 고통스러운 비명으로 바뀌었다. 길거리를 걸어가던 시민들은 혼란에 휩싸였다.

휴대폰은 더 이상 연결되지 않았고 라디오에서는 의미 없는 잡음만 흘러나왔다. 곳곳에서 아비규환이 일어나고 있었다. 전쟁이 일어나지 않아도 사회 전체가 공포와 혼란에 빠질 수 있다는 것이 놀라웠다. 모든 것이 북한이 의도한 대로 흘러가고 있었다.

정부의 사이버 방어 센터는 그야말로 혼돈 그 자체였다. 전문가들은 수십 개의 컴퓨터 앞에 앉아 헝클어진 머리를 부여잡고 키보드를 두드렸다.

"공격이 너무 정교합니다. 외부 네트워크와의 연결이 완전히 차단됐습니다!"

"데이터가 복구되기는커녕 더 빠르게 손상되고 있어요."

책임자인 김성훈 요원은 자신도 모르게 책상을 주먹으로 쳤다. 방 안의 공기가 얼어붙었다. 컴퓨터 화면에 떠오른 해킹 코드들은 끝없이 복제되며 네트워크를 점령하고 있었다. '방어벽 뚫림'이라는 알람이 계속해서 울렸고 사이버 공격은 단지 전산 시스템에 그치지 않고 국가 전력망 전체를 집어삼키고 있었다. 이때 사이버 방어 센터의 한구석에서 정윤호라는 민간 화이트 해커가 조심스럽게 입을 열었다. 그는 전문가들이 복잡한 시스템 문제를 논의하는 사이 홀로 조용히 데이터를 분석하고 있었다.

"이건 단순한 공격이 아니에요. 우리 메인 서버를 장악하려는 건 사실이지만 그보다 더 중요한 게 있어요. 그들은 단순히 데이터를 훔치려는 게 아니라 혼란 속에서 결정적인 타격을 가할 타이밍을 기다리고 있는 겁니다."

상황 4: 북한의 함정에 빠지다

회의실은 무거운 긴장감으로 가득 차 있었다. 테이블 위에는 북한의 원전 공격 데이터를 요약한 보고서와 작전계획이 놓여 있었고, 스크린에는 전광판을 해킹해 띄운 북한의 메시지가 비춰졌다. 강경파를 대표하는 정영진 대장이 두 손을 테이블에 얹고 낮고 굵은 목소리로 말했다.

"우리의 대응이 너무 미온적입니다. 북한은 이미 핵 시설을 공격했고 사이버전으로 우리를 무력화하려 하고 있습니다. 지금이야말로 그들의 영토를 직접 타격할 기회입니다."

반대편에 앉아 있던 온건파를 대표하는 박윤철 중장이 차분하면서도 단호한 목소리로 맞섰다.

"그들은 바로 그걸 노리고 있습니다. 선제공격은 우리를 함정에 빠뜨릴 겁니다. 전면전이 시작되면 국제 사회에서의 명분을 잃는 건 바로 우리입니다."

정영진은 눈썹을 찌푸렸다.

"명분이요? 한반도는 이미 위기 상황입니다. 적을 눈앞에 두고 물러서는 것이야말로 더 큰 위험을 부르는 겁니다."

박윤철이 정영진을 노려보며 천천히 말했다.

"대장님, 전면전은 단순한 군사행동이 아닙니다. 한반도 전체가 불바다가 될 수 있습니다. 이건 우리가 책임질 수 없는 선택입니다."

회의실의 다른 장교들은 침묵 속에서 두 사람의 논쟁을 지켜보며 숨죽였다. 일부는 고개를 끄덕이며 동조했고, 일부는 망설이는 표정을 지었다. 한편 군 기지의 병사들은 명령 대기 상태로 무기를 점검하고 있었다. 전투복을 입은 병사들의 얼굴은 굳어 있었고 아무도 대화를 먼저 시작하려 하지 않았다. 중대장 이승훈은 병사들이 모여 있는 트럭 옆으로 다가갔다. 그의 표정은 단호했지만 그 또한 흔들리고 있었다.

"장비 점검은 완료됐나?"

병사들이 조용히 고개를 끄덕였지만 중대장은 그들의 불안한 눈빛을 놓치지 않았다. 트럭 뒤편에서 두 병사가 나직한 목소리로 속삭였다.

"이번에 우리가 먼저 쏘는 거 맞아? 북한 쪽 영토로?"

"그렇다던데. 그럼 이거 전면전 아닌가?"

"전면전이면 한반도 전부가 불바다가 되는 거야. 그때는 우리도 못 살아남아."

"그래도 우리가 먼저 밀어붙이면 이길 수 있지 않을까? 국군의 힘을 보여주는 거야."

하지만 이렇게 말하는 병사의 목소리에도 자신감보다는 두려움이 묻어 있었다. 옆에 있던 병사가 낮게 속삭였다.

"이건 함정일지도 몰라. 북한이 우리 명분을 뺏으려고 일부러 이런 거 시작한 거 아니냐?"

대화는 이승훈 중대장이 다가오면서 급히 끊겼다. 중대장은 병사들을 둘러보며 말했다.

"우린 명령을 따르면 된다. 쓸데없는 걱정은 집어치워라."

그러나 그의 말조차도 이미 두려움에 사로잡힌 병사들의 마음에 안정을 주지 못했다.

회의실에서 논쟁은 절정에 이르고 있었다. 강경파 정영진 대장은 스크린을 가리키며 외쳤다.

"이건 이미 전쟁입니다. 북한은 우리를 공격했고 우리 국민들은 방사능 위험과 공포에 시달리고 있습니다. 이 상태로 물러나면 적에게 더 큰 공격의 기회를 줄 뿐입니다!"

온건파 박윤철 중장은 이를 반박하며 테이블 위의 작전계획서를 가리켰다.

"북한은 지금 우리가 먼저 선제공격하기를 기다리고 있습니다. 그들은 국제 사회에 우리가 도발자로 보이게 만들려는 겁니다. 만약 우리가 그들의 함정에 빠지면 UN과 동맹국들의 지지를 잃고 고립될 겁니다."

정영진은 차가운 웃음을 지으며 말했다.

"그렇게 걱정된다면 당신은 여기 앉아 민간인들의 비난이나 듣고 있으시오. 우린 그들을 위해 움직이는 군대요."

"민간인의 생명을 지키는 것이 우리의 임무입니다. 선제공격으로 한반도 전체가 화염에 휩싸인다면 그것이야말로 우리가 저지른 최악의 선택이 될 겁니다."

박윤철이 반박하자 정영진은 주먹을 테이블 위로 내리쳤다.

"희생 없는 전쟁이 어디 있습니까? 지금 중요한 건 국민들에게 우리가 싸울 의지가 있다는 것을 보여주는 겁니다!"

회의 결과 정영진 대장의 의견이 채택되었다. 대통령의 승인이 떨어지자 선제공격 명령이 공식적으로 내려졌다. 군 기지는 긴박하게 움직였다. 탱크가 도열했고 미사일 발사 차량이 지정된 위치로 이동하기 시작했다. 전투기 조종사들이 헬멧을 쓰고 전투기에 오르는 모습이 밤하늘 아래 비쳤다. 첫 번째 타격은 성공적으로 보였다. 북한의 군사 기지 일부가 큰 타격을 입었고 작전은 순조롭게 진행되는 것처럼 보였다.

　하지만 북한은 기다렸다는 듯 즉각적으로 준비된 보복 공격을 개시했다. 북한은 휴전선 70킬로미터 이내에 전력의 70퍼센트 이상을 배치해둔 상태였다. 이 모든 곳에서 일제히 남쪽을 향해 모든 화력을 퍼붓기 시작했다. 사이렌이 울리고 남쪽 민간 지역 곳곳에서 대피 명령이 내려졌다. 남한의 일부는 북한의 공격을 직접 받아 핵 시설이 파괴되면서 방사능 위험 지역으로 변했다. 선제공격을 반대했던 온건파 박윤철 중장은 이 소식을 듣고 곧바로 통신 장비를 붙잡았다.

　"작전을 중단해야 합니다! 민간 피해가 치명적입니다. 지금 이대로 가면 틀림없이 전면전으로 이어질 겁니다! 북한이 추가로 남쪽을 향해 화학탄을 퍼붓고 전술핵 카드까지 꺼내면 상황은 돌이킬 수 없게 됩니다. 혹시라도 우리가 전쟁에서 이겨도 회복 불능의 나라로 전락합니다!"

　그러나 본부에서는 단호한 대답이 돌아왔다.

　"명령은 이미 내려졌습니다. 작전 중단은 불가능합니다."

박윤철은 손을 떨며 자리에서 일어섰다. 그의 눈에는 깊은 무력감이 스쳐갔다.

"그들은 바로 이걸 노린 거야…. 우리가 이렇게 반응하기를."

북한이 한국의 핵발전소를 공격하면 어떻게 될까?

북한의 사이버 전력은 세계 4위이며 심지어 방어용이 아니라 공격용이다. 최상의 암호 체계를 자랑하는 비트코인도 쉽게 탈취한다. 이런 북한이 날로 발전하는 AI 기술을 공격용으로 사용한다면 어떻게 될까? AI로 고도화한 악성코드를 만들거나 우리의 보안 취약점을 집요하게 공격하면 어떻게 될까?

2024년 7월 구글의 보안 및 개인정보보호 연구개발 총괄인 어맨다 워커Amanda Walker는 서울에서 열린 '세이퍼 위드 구글' 미디어 세션에서 "아직은 사람이 AI를 활용해 악성코드를 만들고 있지만 앞으로 AI 자동 공격도 대비해야 한다"라고 경고했다. 그러면서 "공격자는 수많은 공격 중 한 번만 성공하면 된다"며 이에 대한 철저한 대비를 강조했다. 아주대학교의 곽진 사이버보안학과 교수도 "AI는 어떻게 사용하느냐에 따라 훌륭한 방어 도구가 될 수도, 악의적인 공격 도구가 될 수도 있다"며 "AI가 고도화될수록 공격 대상의 취약점을

찾아내는 능력이 커질 수 있다는 점은 상당한 위협으로 다가온다"고 우려했다.[30]

AI 기술을 활용한 사이버 공격은 배후가 누구인지를 밝혀내는 데 생각보다 오랜 시간이 걸린다. 만약 북한이 위 시나리오처럼 AI 기술을 활용한 사이버 공격을 감행하면 사회는 물론이고 군부에 이르기까지 심각한 혼란이 발생할 것이다. 특히 배후가 북한이라는 결정적인 증거를 찾아내기 전까지 한국은 북한에 '동등 대응 원칙' 또는 '비례적 대응 원칙'을 적용해 반격할 명분이 없다. 반면 한국이 받는 충격과 혼란은 상상을 초월할 수 있다.

국회 과학기술정보방송통신위원회에 따르면 '고위험 AI' 혹은 '금지된 AI'의 범위는 먹는 물·생체정보·보건의료·핵·원자력·교통시설·대출심사 등으로 정해져 있다. 한국을 비롯한 선진국들에서는 먹는 물·생체정보·보건의료·핵·원자력·교통시설·대출심사 등 인간 존엄과 인류 안전에 심각한 침해가 있는 영역에서는 AI 개발이 이뤄지지 않도록 규제해야 한다는 목소리가 크다.[31] 하지만 이런 규제는 북한과 같은 테러국가에서는 통용되지 않는다. 오히려 북한은 이런 영역에 혼란을 일으키고 공격을 감행할 특화된 AI를 개발할 가능성이 크다.

이런 정황으로 미뤄 봤을 때 북한이 부지불식간에 한국의 핵발전소를 공격하는 일이 벌어질 수도 있다. 앞에서 다룬 시나리오는 머나먼 이야기도, 허황된 허구의 이야기도 아니다. 결국에는 우리 스스로를 지키기 위해 미리 준비하는 수밖에 없다. 북한이 사이버 공격을 통해 남한의 핵발전소와 국가 인프라를 공격하는 미래를 철저하게 대비해야 한다.

KOREAN WAR

4장
불가능한 미래는 없다

전쟁을 통한 급작스러운 통일은 결코 바람직한 해결책이 될 수 없다. 오히려 한반도에서 전쟁이 일어나 급작스러운 통일을 이루게 된다면 매우 위험하고 복잡한 결과를 초래할 수도 있다.

나를 과신하고 남은 폄하하는 사고의 함정

필자의 여러 시나리오를 듣고 어떤 생각이 드는가? 어떤 독자는 "말도 안 된다", "너무 과장된 우려다"라고 말할지 모른다. 물론 그럴 수 있다. 하지만 인류 역사를 되돌아보면 '설마 일어나겠어?' 하고 가볍게 여긴 일이 생각보다 자주 발생했다. 비합리적인 사건과 행동들도 수없이 일어났다.

특히 전쟁은 '설마?' 하는 안이한 생각과 '비합리적 선택과 행동'의 종합판이다. 인간은 본래 자기 자신은 과신하고 상대는 얕잡아 보는 성향이 있다. 나를 과신하고 남은 폄하한다. 남북의 시각도 같다. 북한은 그들의 비대칭 전력 무기에 대해 과도한 확신을 가지고 있고, 남한은 북한을 능가하는 군사력에 도취되어 있다. 반대로 북한은 한국의 군사력을 애써 낮게 평가하고, 남한은 북한의 군사력을 형편없다고 폄하하며 북한의 사이버 전력도 무시한다. '기껏해야 암호화폐나 탈취하고 피싱 공격이나 하는 애들 장난 같은 기술을 가지고 뭘 할 수 있겠어?' 이런 편향된 시각, 자기확증적 시각에서 보면 북한의 핵 시설 공격과 사이버 공격으로 충격과 혼란에 빠진 한반도에 대한 이야기가 지나치게 과장된 것이라고 일축하는 것도 일리가 있다. 하지만 그 힘을 아는 외부 전문가의 생각은 다르다.

토론토대학교의 제프리 힌턴 명예교수는 AI 사이버 공격과 생물학적 무기 제조가 매우 쉬워진 세상이 도래했다고 경고했다. 그는 2023년에는 챗봇들이 피싱 공격에 이용되면서 피싱 공격이 1,200퍼센트 증가했다고 우려했으며 AI를 이용해 새로운 병원체를 만들어내는 미래에 대해서도 우려를 표명했다. 앞으로 2~3년 안에는 자율 살상무기도 등장할 것으로 전망했다.[1] AI가 만들어낼 '위험한 미래'에 대한 그의 경고 속에는 러시아, 중국, 북한 같은 테러국가, 호전적 국가가 이런 능력을 획득하는 미래가 포함되어 있다.

전쟁이 일어나면 어떻게 결말이 날까?

한반도에서 국지전이든, 전면전이든 실제 전쟁이 발발하면 이후에 어떻게 결말이 날까? 시나리오는 크게 세 가지다.

1. 전쟁을 통한 강제적이고 급작스런 통일.

2. 휴전.

3. 북한군 내부 반란과 중국과 러시아의 압력으로 북한에 사회주의 집단지도체제 입성(재분단).

위 세 가지 시나리오를 역사적 사례를 바탕으로 분석해보자.

먼저 전쟁을 통해 강제적이고 급작스럽게 통일이 되는 경우다. 이 시나리오는 인류 역사에서 드물지만 강렬한 흔적을 남긴 사례들이 몇 있어서 생각해볼 만한 미래다. 가장 주목할 사례는 1975년 베트남의 통일이다. 전쟁을 통한 강제적 통일이 어떤 결과를 초래할 수 있는지를 여실히 보여주는 역사다.

베트남은 1954년 「제네바 협정」으로 북위 17도선을 기준으로 남북으로 분할되었다. 북베트남은 공산주의 체제를, 남베트남은 자본주의 체제를 채택하며 대립했다. 그리고 1960년대부터 이념 갈등이 본격화되어 베트남 전쟁으로 이어졌다. 북베트남은 남베트남 내의 베트콩과 협력해 게릴라전을 펼쳤으며, 남베트남은 미국의 지원을 받아 이에 대응했다. 베트남 전쟁은 1975년 '호치민 작전'으로 알려진 북베트남의 대대적인 봄 공세로 마무리되었다.

전쟁을 통한 베트남의 통일에는 세 가지 핵심 요인이 작용했다. 첫째, 1973년 「파리 평화협정」으로 미군이 철수했는데 이 사건이 남베트남의 전력을 크게 약화시켰다. 둘째, 북베트남의 군사력이 소련과 중국으로부터 지속적인 군사 지원을 받아 크게 향상되었다. 셋째,

북베트남의 정규군과 남베트남의 공산주의 비정규군 군사 조직(베트콩) 간 연계 작전이 효과적으로 이뤄졌다. 즉 베트남 남북 정권 간 힘의 균형이 한쪽으로 급격하게 기울면서 '전쟁을 통한 강제적 통일'이 가능했다.

한반도에서 전면전이 일어났을 때 힘의 균형이 한쪽으로 급격하게 기울면 전쟁을 통한 강제적 통일이 가능해진다. 앞서 남북의 군사력을 비교했다. 재래식 무기 수준만 비교하면 북한은 남한의 경쟁 상대가 되지 않는다. 하지만 비대칭 전력과 더불어 중국과 러시아의 지원을 종합하면 남북 간 무력 수준의 격차는 좁혀진다. 이런 상황에서 힘의 균형이 남한 쪽으로 급격하게 기울려면 중국과 러시아가 북한 지원에 발을 빼고 한반도 전쟁에서 철수해야 한다. 그리고 부수적으로 남한의 정규군과 북한에 있는 김정은 정권에 대한 반란 세력 간의 연계 작전이 효과적으로 이뤄지면 된다.

하지만 한반도에서 전면전이 발발하면 중국과 러시아는 곧바로 발을 빼지 못한다. 그들이 한반도 전쟁에서 발을 빼는 조건은 하나다. 전쟁의 장기화. 베트남 전쟁에서 미국이 남베트남 지원을 포기하고 철수한 핵심 이유는 '전쟁의 장기화'였다. 전쟁이 장기화되면서 남베트남과 미국은 점차 지쳐갔고, 특히 미국은 경제적 압박이 커지면서 1973년에 「파리 평화협정」이라는 그럴듯한 명분을 만들어두고 전격 철수해버렸다. 미국이 철수하자 힘의 균형이 급격히 무너지면서 북베트남은 1975년 4월 30일 사이공을 함락시키며 통일 전쟁에서 승리했다.

물론 이런 시나리오가 한반도에서 현실화되더라도 낭만적인 미래가 펼쳐지는 것은 아니다. 북베트남은 통일 전쟁에서 승리했지만 심각한 후유증을 겪었다. 오랜 전쟁으로 막대한 인명 피해가 발생했고 '재교육 캠프'라는 명목 아래 이뤄진 대규모 숙청 등 사회적 혼란이 초래되었다. 또한 100만 명이 넘는 보트피플boat people*이 발생했다. 경제적 어려움과 사회적 혼란이 이어진 건 당연한 일이었다.

통일 이후 초래되는 사회적 혼란은 아라비아반도 남서부에 있는 나라 예멘의 사례를 통해서도 알 수 있다. 예멘은 1990년 합의 통일로 시작했으나 1994년에 내전이 발발했다. 결과적으로 군사적 전쟁은 인구와 경제력에서 우위에 있던 북예멘의 승리로 귀결되었다. 그러나 통일 후에도 예멘 정부가 사회적 혼란을 해결하지 못하자 2015년 다시 내전이 발발했고, 부족과 종파 간의 갈등은 현재까지도 이어지고 있다.

이런 역사적 사례들을 한반도의 상황에 적용해보면 전쟁을 통한 통일이 얼마나 위험한 시나리오인지 분명히 알 수 있다. 현재 한반도는 베트남이나 예멘의 사례와는 비교할 수 없을 정도로 복잡한 상황에 놓여 있다. 전쟁의 방식으로 급작스럽고 강제적인 통일이 일어나면 남한도 심각한 전쟁 피해를 입을 수밖에 없는 상황이다. 대규모 난민 문제, 보복과 숙청의 위험, 천문학적인 사회통합 비용 등 심

---

* 보트피플은 베트남전에서 북베트남이 승전하고 공산국가가 된 뒤 보트를 타고 베트남을 떠난 남베트남 사람을 일컫는다. 지금은 선박을 이용해 해로로 탈출한 난민을 가리키는 의미로 쓰인다.

각한 문제들이 발생할 것이 뻔하다. 전쟁을 통한 급작스러운 통일은 결코 바람직한 해결책이 될 수 없다. 오히려 한반도에서 전쟁이 일어나 급작스러운 통일을 이루게 된다면 매우 위험하고 복잡한 결과를 초래할 수도 있다.

'이상한 휴전' 시나리오

한반도에서 국지전이든, 전면전이든 전쟁이 발발하면 가장 가능성이 큰 결말은 '휴전'이다. 이와 관련해 살펴볼 수 있는 최근의 사례는 아마 러시아-우크라이나 전쟁이 될 것이다. 2022년 2월 러시아는 우크라이나에 대한 전면 침공을 감행했고 전쟁은 현재까지도 지속되고 있다. 하지만 양국 모두 압도적 전력 차이를 만들어 내지 못해서 결국 휴전으로 마무리될 가능성이 크다. 그런데 우크라이나와 러시아의 전쟁은 이번이 처음이 아니다. 그리고 이 두 나라의 전쟁은 기존 전쟁이나 휴전 개념과 전혀 다른, 새롭고 이상한 형태였다.

 2014년 초봄 크림반도에서 러시아는 전통적인 전쟁의 개념을 완전히 뒤바꿔놓는 군사 작전으로 도발했다. 정규군의 대규모 투입도, 선전포고도 없었다. 대신 '녹색 군복의 사나이들'이라 불린 정체불명의 무장 세력이 조용히 반도의 전략적 거점들을 장악해나갔다. 이는 후일 '하이브리드 전쟁'으로 불릴 새로운 전쟁의 시작이었다.

이상한 전쟁의 발단은 우크라이나의 정치적 격변에서 비롯되었다. 2014년 2월 친러시아 성향의 빅토르 야누코비치Viktor Yanukovych 대통령이 대규모 시위로 권좌에서 물러났다. 러시아는 이를 서방의 사주를 받은 쿠데타로 규정했다. 푸틴 정부는 '러시아계 주민 보호'라는 명분을 내세우며 신속하고도 치밀한 계획에 따라 크림반도 장악을 시작했다.

여기서 주목할 점은 러시아의 작전 수행 방식이다. 군복에서 소속을 나타내는 계급장과 표식을 제거한 특수부대원들이 핵심 시설들을 장악했다(러시아는 처음에는 이들의 정체를 부인했다). 동시에 사이버 공격과 정보전을 통해 우크라이나 정부의 대응 능력을 무력화했다. 현지 친러 세력들은 이런 혼란 속에서 신속하게 자신들의 영향력을 확대해나갔다.

2014년 3월 16일 국제 사회가 인정하지 않는 주민투표가 실시되었다. 러시아 측이 발표한 공식 투표 결과에 따르면 96.6퍼센트가 러시아 합병을 찬성했다. 3월 18일 푸틴은 이 투표 결과를 근거로 크림공화국과 크림반도 최대 도시 세바스토폴을 러시아연방에 편입시키는 조약에 서명을 해버렸다. 우크라이나군은 실질적인 저항을 하지 못했고 국제 사회의 대응은 이미 벌어진 현실을 되돌리기에는 역부족이었다(참고로 이는 현대전에서 '기정사실화 전략'이 얼마나 효과적일 수 있는지 보여주는 사례가 되었다).

2014년 3월 21일에는 러시아연방 상원인 연방평의회가 「크림공화국 합병조약」을 만장일치로 비준했고 푸틴 대통령이 최종 서명함으로써 크림반도의 러시아연방 편입을 법적으로 완료시켜 버렸다. 우크라이나를 비롯해 미국, 유럽연합 등 대부분의 국가들은 러시아의 크림반도 합병을 불법으로 규정하고 이를 인정하지 않았다. 그리고 러시아에 대한 경제제재와 외교적 압박을 강화했다.

그러자 러시아는 2014년 4~5월 우크라이나 동부 지역으로 분쟁을 확대하는 것으로 맞받아쳤다. 우크라이나 동부의 도네츠크와 루한스크 지역에서 러시아의 지원을 받은 친러시아 성향의 분리주의 세력들이 정부 청사 등을 점거하며 독립을 선언했고 도네츠크인민공화국DPR과 루한스크인민공화국LPR의 수립을 선포했다. 5월 24일에는 도네츠크인민공화국과 루한스크인민공화국의 대표들이 모여 노보로시야연방국의 수립을 선언했다.

우크라이나 정부군도 반격을 시작했다. 2014년 6~8월 사이에 우크라이나 정부는 동부 지역의 분리주의 세력에 대한 대대적인 군사작전을 전개했다. 이 과정에서 도네츠크 공항 등 전략적 요충지를 둘러싼 치열한 전투가 발생했으며 많은 사상자가 발생했다. 수많은 주민이 피난을 떠나는 등 심각한 인도적 위기도 초래되었다.

상황이 점점 더 악화되자 국제 사회가 나서서 분쟁을 종식시키기 위한 노력을 기울였다. 그 결과 2014년 9월 5일 벨라루스의 수도 민스크에서 우크라이나, 러시아, 분리주의 세력, 유럽안보협력기구OSCE 대표들이 모여 「민스크 협정」을 맺고 휴전에 합의함으로써 전쟁이 가까스로 종결되었다.

이 협정은 즉각적인 휴전, 포로 교환, 인도적 지원 등의 내용을 담고 있었지만 곧 근본적인 한계를 드러냈다. 협정에는 중화기 철수, 국제 감시단의 배치, 특별자치 지위 부여 등이 포함되어 있었지만 이행 우선순위를 둘러싼 갈등과 해석의 차이로 1차 협정이 깨졌고, 협정 체결 이후에도 산발적인 교전이 이어졌던 것이다.

이듬해인 2015년 2월 앙겔라 메르켈Angela Merkel 독일 총리와 프랑수아 올랑드François Hollande 프랑스 대통령, 블라디미르 푸틴 러시아 대통령, 페트로 포로셴코Petro Poroshenko 우크라이나 대통령과 루간스크인민공화국, 도네츠크인민공화국의 대표가 유럽안보협력기구의 중재로 다시 민스크에서 모여 16시간 동안 합의한 끝에 「민스크 2차 협정」을 다시 체결했다.

「민스크 2차 협정」은 즉각적이고 포괄적인 휴전, 양측의 중화기 등 모든 군사장비와 외국인 무장조직 철수, 유럽안보협력기구의 전선 감시, 인질 교환, 인도적 지원 제공, 전쟁에 참여한 모든 이에 대한 사면, 사회적·경제적 연대 회복 등의 내용을 담고 있었다. 우크라이나 법률에 따라 도네츠크, 루한스크의 자치를 위한 임시 조치를 논의하고 의회 결의를 통해 특별한 지위를 인정한다는 항목도 포함되었다. 협정에 따라 유럽안보협력기구가 전선을 감시하고 정전 협정 위반 사안을 보고하면서 대규모 충돌은 멈췄다. 하지만 양국의 교전은 완전히 끝나지 않았다. 분쟁 지역에서의 무력 충돌을 완화하는 데 그쳤다.

결국 2022년 2월 24일 러시아는 우크라이나를 다시 침공했다. 명분은 세 가지였다. 첫째, 우크라이나의 비무장화와 비나치화다. 푸틴은 우크라이나 내에서 네오나치Neo-Nazi* 세력이 권력을 잡고 자국 내 러시아인들을 탄압하고 있다는 주장을 펼치면서, 우크라이나를 비무장화하고 비나치화하는 것이 목표라고 밝혔다.

둘째, 돈바스 지역 주민의 보호였다. 푸틴은 우크라이나 동부 돈바스 지역의 도네츠크인민공화국과 루한스크인민공화국을 지원하기 위한 특별 군사 작전을 선언하며, 이 지역 주민들을 보호하는 것이 침공의 목적이라고 주장했다.

셋째, 나토의 동진에 대한 안보 우려였다. 러시아는 미국과 나토가 지속적으로 동쪽으로 확장해 자국의 안보를 심각하게 위협한다고 판단하고, 우크라이나의 나토 가입을 저지하고 유럽 안보 지형을 재편하는 것을 목표로 삼았다.

최근 러시아-우크라이나 간 벌어진 두 차례 전쟁은 현대 전쟁에서 나타나는 '모호한 방식의 전쟁의 시작과 이상한 휴전'이라는 새로운 양상을 여실히 보여준다. 먼저 전쟁의 시작과 끝이 모호해졌다. 선전포고 없이 시작되고, 공식적인 휴전 없이 실효적 지배가 확립되는 양상이다. 그다음으로 국제법적 모호성을 전략적으로 활용하는 경향이 두드러진다. 마지막으로 휴전이라는 개념이 상당히 취약해지는 경향이 있다. 전통적인 휴전은 교전 당사자들이 명확히 존재하고 전선이 뚜렷하며, 교전과 적대 행위의 중단을 양측이 합의하는

- 네오나치는 스스로를 나치의 후계자라 칭하는 사람을 말한다. 신나치주의자라고도 한다.

것을 전제로 한다. 그러나 2014년 크림반도 사태는 이런 전통적 휴전 개념 자체가 무력화되었다. 그 이유는 다음과 같다.

첫째, 교전 당사자가 누구인지 모호했다. 러시아는 크림반도에 개입한 '녹색 군복의 사나이들'이 자국 군대라는 사실을 처음에는 부인했다. 이는 누구와 휴전 협상을 해야 하는지조차 불분명한 상황을 만들었다. 전통적 휴전의 기본 전제인 '교전 당사자의 명확성'이 사라진 것이다.

둘째, 전쟁과 평화의 경계가 모호해졌다. 러시아는 공식적으로 전쟁을 선포하지 않았다. 대신 인도주의적 개입이나 러시아계 주민 보호를 명분으로 내세웠다. 전쟁이 공식적으로 시작되지 않은 상황에서 휴전을 논의한다는 것 자체가 모순이었다. 이는 '회색지대 전략'의 전형적인 사례로 전통적인 전쟁, 휴전, 평화 사이의 명확한 구분을 무력화했다.

셋째, 국제법적 모호성의 전략적 활용이다. 러시아는 '보호책임Responsibility to Protect, R2P'● 이나 '민족자결권' 같은 국제법 원칙을 자의적으로 해석해 자신들의 행동을 정당화했다. 이는 휴전 협상의 기준이 될 수 있는 국제법적 근거마저 모호하게 만들었다.

넷째, 하이브리드전의 특성상 어디까지를 적대 행위로 볼 것인지

● 보호책임은 주권을 특권이나 통제가 아닌 책임으로 재정의하는 새로운 규범이나 원칙을 뜻한다. 특히 국제 사회가 학살이나 폭력 분쟁 상황에서 민간인을 보호하기 위해 언제, 어떻게 개입해야 하는가 혹은 할 수 있는가에 대한 정책안을 제시해주는 데 의의가 있다.

가 불분명해졌다. 사이버 공격, 허위 정보 유포, 경제적 압박 등은 물리적 전투 행위가 아님에도 실질적인 공격 수단으로 사용되었다. 이런 상황에서는 '적대 행위의 중단'이라는 휴전의 기본 개념을 어떻게 적용할 것인지가 문제가 된다.

다섯째, 기정사실화 전략이 휴전 협상의 의미를 퇴색시켰다. 러시아는 신속한 군사 작전과 주민투표를 통해 크림반도 병합을 기정사실화했다. 이는 휴전 협상의 전제가 되는 '원상회복 가능성'을 원천적으로 차단하는 효과를 가져왔다.

이처럼 우크라이나 사태는 21세기 현대전의 새로운 양상을 보여주는 대표적 사례였다. 그러면 새롭게 등장한 '이상한 휴전' 개념을 한반도 전쟁 상황에 대입해보자.

한반도에서 국지전이나 전면전이 벌어질 경우 교전 당사자의 모호성, 인도주의적 개입이나 주민 보호를 명분으로 전쟁과 평화의 경계를 모호하게 만드는 것, 국제법적 모호성의 전략적 활용은 해당되지 않는다. 하지만 하이브리드전의 특성상 어디까지를 적대 행위로 볼 것인지가 불분명해지는 것과 '기정사실화 전략' 구사로 휴전 협상의 의미를 퇴색시키는 상황은 충분히 발생할 수 있다.

현대전에서는 전선의 고착화가 뚜렷하다. 우크라이나 사태에서 보듯이 오늘날은 군사기술의 발달로 어느 한쪽이 결정적 승리를 거두기가 매우 어려워졌다. 한반도에서도 마찬가지일 것이다. 북한의 핵무기 보유는 이런 교착 상태를 더욱 강화하는 요인이 될 수도 있다. 북한이 러시아-우크라이나 전쟁에서 영감을 얻어 이런 전략을 한반도 전쟁에 적용하면 전통적인 의미의 휴전선과 비무장지대만으로는 위협에 대응하기 어려울 것이다.

북한에 반란이 일어난다면: 집단지도체제 모델

한반도 전쟁 결말에 대한 필자의 세 번째 시나리오는 '북한군의 내부 반란과 중국과 러시아의 압력으로 북한에 사회주의 집단지도체제 등장'이다. 이 시나리오는 전쟁으로 김정은 정권은 붕괴하지만 남북의 '재분단'이 이루어지는 새로운 국면이다.

필자는 과거 북한에서는 평상시에는 군부 쿠데타가 성공할 가능성이 낮다고 분석했다. 북한은 전 세계에서 인적 네트워크 감시와 사회 통제 시스템이 가장 뛰어난 나라다. 휴대폰 보급이 수백만 대를 넘었지만 이 역시 철저하게 감시하고 있다. 지리적으로는 평양에 가까울수록, 인적으로는 고급 간부로 올라갈수록 이중삼중의 첩보 및 감시 체계가 정교하게 작동된다. 바늘 하나 떨어지는 소리도 보위 계통에서 파악할 정도로 모든 지휘관의 일거수일투족이 실시간으로 보고된다.

군도 예외가 아니다. 군부대를 통솔하는 모든 지휘관 옆에는 군총정치국 소속의 정치위원이 있어서 사소한 결제 권한까지 공유하고 감시한다. 북한 전 지역에서 3인 이상 회합 시에는 사전에 계통보고를 하게 되어 있다. 북한 사람들은 결혼이나 장례식 같은 공인된 장소에서의 만남 외에는 서로 만나지 않고 사는 게 자연스러운 일상이다. 모든 전화나 대화도 상시 도청되고 기록이 남기 때문이다.[2] 북한 고위직이 숙청당했다는 소식이 전해지면 도청으로 무언가가 발각되거나 꼬리가 잡혔다는 의미다. 이런 환경이다 보니 쿠데타를 은밀히 모의하기도 힘들지만 성공하기는 더욱 힘든 구조다. 이런 감시 체제 아래서는 반체제 인사가 있더라도 힘이 규합되지 못하고 개별적으로 존재할 가능성이 크다.

북한 내부에서 군부의 반란 시도가 없었던 것은 아니다. 대표적으로 1995년의 '제6 군단 쿠데타 모의사건'이 있었다. 함경북도 청진시에 주둔하던 제6 군단의 정치위원이 정권 전복을 기도한 사건이었다. 당시 제6 군단은 보병 세 개 사단, 포병 한 개 사단, 방사포 네 개 여단으로 구성된 향토군단이었으며 김일성 사망 이후 권력 공백을 틈타 반란을 계획했으나 사전에 발각되어 관련자들이 처형되었다.

1992년에는 북한판 '하나회'로 불리는 군부 내 비밀조직이 체제 전복을 시도하다가 실패한 사례도 있었다. 이들은 군부 내에서 세력을 키우며 쿠데타를 계획했으나 기밀이 새어나가면서 대거 총살당하는 등 참혹한 결말을 맞았다.

암살로 김정은을 권좌에서 끌어내리는 가능성도 생각해볼 수 있다. 하지만 이 역시 쉽지 않다. 예를 들어 49년간 통치한 쿠바 공산주의 혁명의 상징 피델 카스트로Fidel Castro 전 쿠바 국가평의회의장은 총 638회의 암살기도를 당했지만 무사히 살아남았다.³ 김씨 일가는 김일성, 김정일, 김정은으로 이어지면서 암살에 대한 대비가 거의 완벽하게 이뤄졌다.

김정은은 수도 평양에 머무는 날이 1년에 불과 두 달밖에 되지 않는다. 대부분을 북한 전역에 마련한 초대소 이곳저곳을 이동하면서 생활한다. 초대소는 김씨 일가의 호화 별장으로 북한 전역에 수십 개가 있다. 김정일이 가장 많이 찾았다는 원산 초대소, 백사장이 아름다운 72호 초대소(함흥), 김정은이 머물 때마다 농구 시합을 관전했다는 묘향산 초대소, 좋은 온천이 있고 꿩 사냥을 할 수 있는 신천 초대소, 18홀 골프장이 있는 진달래 초대소, 외국 VIP를 영접하는 영빈관이 있는 9호 목란 초대소(평양), 성지로 여기는 백두산에 있는 백두산 초대소 등이다.⁴ 내부 암살 위험을 피하고 미국 등이 운영하는 정찰위성에 노출되지 않으려는 김씨 일가만의 노하우다.

초대소 안에서는 수행원 전체가 무선전화기 등 전파가 탐지되는 장비를 사용할 수 없다. 김정은이 초소대를 돌아다닐 때는 겉으로는 군이나 산업시설을 시찰하는 모양새를 낸다. 이동할 때도 여러 대의 차량을 대동해 급작스런 공격에 대비한다. 기차로 이동할 때는 출발역부터 도착역까지 전 구간에 50미터 간격으로 역무원과 병사들을 배치해놓고 그 누구도 주변 50미터 이내에 접근하지 못하게 하며 각 건널목은 완전 차단시킨다.⁵

북한에서 군사 쿠데타로 김정은 정권 붕괴가 발생하려면 세 가지 조건이 한꺼번에 발생해야 한다. 중국이나 러시아 등의 주변국의 외면, 내부 국민의 대규모 봉기, 군부 내에서 상당 규모의 반란 동참이다. 내부 북한 주민의 정치적 소요(봉기)가 쿠데타에 힘을 실어줄 수 있는 수준으로 확대되려면 실시간으로 생생한 정보를 순식간에 전달할 수 있는 휴대폰과 같은 통신수단, 마을 단위에서 일어나는 국민의 소요를 전국적으로 확장시킬 수 있는 네트워크의 연결, 정치적 소요가 표출될 수 있는 공간 등도 필요하다.

특히 주변국의 외면, 내부 국민의 대규모 봉기라는 두 가지 전제조건이 확보되지 않으면 군부의 쿠데타라는 힘만으로 김정은 체제를 전복시키는 일은 결코 쉽지 않다.

김정은이 평양에 웅크리고 있을 때는 더욱 힘들다. 평양의 지리적 형태를 보자. 김정은 주석궁이 있는 평양의 중심부인 중구역과 모란봉구역은 대동강에 의해 둘러싸인 호리병 형태다. 쿠데타 세력이 전차와 대규모 병력을 평양으로 진입시킬 수 있는 곳은 칠성문 승리거리뿐이다. 이 길목에는 김정은에게 충성을 다하고 북한 최고의 전력을 자랑하는 호위사령부가 철통같이 버티고 있다. 호위사령부는 호위총국, 평양경비사령부, 제91 수도방어군단(구 평양방어사령부) 등 세 개 군단 약 12만 명 규모의 병력으로 편성되어 있다.

이 길목 이외에 평양 중심부 진입이 가능한 통로는 평양 남쪽에 있는 다섯 개의 대동강 다리들이다. 이 다리들은 규모가 크지 않아서 대규모 병력이 진입하기는 매우 어렵다. 평양의 이런 지형적 특성 덕분에 쿠데타가 일어나도 방어하는 진압군에게 매우 유리하다.

특히 호위사령부는 반란을 대비해 국방성이나 국가보위성, 보위국, 사회안전성 같은 핵심 기관까지도 요원들을 심어두고 감시한다. 호위부의 모든 여단은 내전이나 쿠데타, 대규모 폭동 같은 비상사태가 발생하면 국방성 예하의 기갑부대나 육해공군의 어떤 부대라도 즉각 호위사령부에 배속해 지휘할 수 있다. 전시에는 평양 전체의 방어작전 총지휘도 한다.

호위사령부는 신원조사를 꼼꼼하게 해서 인원을 선발한다. 호위사령부 요원의 혜택도 상상을 초월하는데, 기본적으로 평양에서 거주하며 핵심 계층으로서 모든 권세를 누릴 수 있다. 기쁨조 요원을 아내로 삼을 수 있고 제대한 후에는 본인이 원하는 대학에 들어갈 수 있으며 원하는 직업에 종사할 수 있다. 어지간한 과사실過事實도 거의 무마되며 김일성종합대학도 시험 없이 입학할 수 있다. 원하는 대학에서 성적이 나빠도 별문제 없이 졸업할 수 있다.

가족 중에서 호위사령부 요원이 배출되면 출신 성분이 핵심 계층으로 단번에 뛰어오르는 혜택도 준다. 월급도 일반 조선인민군 하급 전사보다 여섯 배 정도 더 받는다. 그래서 호위사령부 내부 인물이 김씨 일가에 대한 직접적인 암살 기도는 공식적으로 없었다.

호위사령부 중에서도 김정은의 근접 경호를 맡고 있는 일명 호위총국, 위장 명칭으로는 '974부대'라고 불리는 김정은 호위무사 부대는 북한 최고의 전투력과 무소불위의 권력을 가지고 있다. 특히 특수 정예교육을 받은 군관 이상의 정예병력 3,000여 명으로 구성된 제1 호위부의 위상은 막강하다. 이들은 김정은 전용 특수차량과 비행기, 첨단 경호장비를 갖추고 김정은 및 가족들의 호위를 담당한다.

이들에게는 김정은 주변에 확인되지 않은 사람이 접근하면 무조건 사살하라는 임무가 주어져 있다.

실제로 김정은이 군 시찰을 나갔을 때 해당 부대 연대장이 권총이 흘러내려 그걸 추켜올리자 974부대원이 그 자리에서 연대장을 사살했다. 이 외에도 5분 늦게 도착했다고 사살당한 사건, 휴대폰을 받으려다 사살된 사건, 초대소(별장)에서 담배를 피우려고 철조망을 넘어가다가 사살된 사건, 초대소 건설에 투입된 청년돌격대 대원들이 실수로 출입통제구역을 침범해서 사살된 사고 등이 있었다. 974부대원은 경호 과정에서 오인으로 사람을 사살해도 '최고 존엄을 사수하기 위한 노력'으로 간주되기 때문에 포상을 받는다. 당연히 호위사령관의 권력은 북한의 국방부 장관인 국방상을 능가한다.

쿠데타 세력이 평양 시내에 진입에 성공한다 해도 난관은 끝이 아니다. 김정은이 평양을 탈출하거나 지하에 숨어서 중국과 러시아 군의 지원을 기다릴 수도 있다. 평양에 있는 편도 4차선으로 된 지하갱도는 200만 주민과 군대가 들어가 두 달간 버틸 규모다. 쿠데타 세력이 평양에 진입하기 전에 김정은이 이를 통해 해안가로 나와 잠수함으로 탈출할 수도 있다. 평양에서 남포까지 이어지는 해저 갱도도 있다. 김정은이 해저 갱도를 통해 남포로 도망을 치고 잠수함으로 해상 도피를 할 수도 있다. 북중 접경지대인 자강도, 양강도에는 중국과 연결된 대피로도 있다.

김정은이 중국이 아니라 러시아로 도피할 가능성도 있다. 북한 나산과 러시아 하산 사이에도 유사시에 김정은이 도망갈 지하 갱도가 있을 것으로 추정된다. 만약 김정은이 중국이나 러시아로 도망해 쿠데타 세력에 반격을 가한다면 전세가 금방 역전될 수 있다.

필자는 오랫동안 북한 시나리오를 연구했고, 필자가 발표한 다양한 북한 관련 시나리오들은 실제 현실로 된 것이 많았다. 2011년 11월 17일 오전 8시 30분 김정일 국방위원장이 사망했다. 필자는 김정일 국방위원장이 사망이 공식적으로 발표된 후 SNS에 시나리오 하나를 썼다. 당시 전문가들의 의견은 어린 김정은이 북한 권력 장악에 실패해서 급변 사태가 초래되어 북한이 붕괴될 가능성이 크다는 쪽으로 모아졌다. 필자는 다르게 예측했다. 김정일이 사망하고 51시간 30분이 지난 후 필자는 김정은이 단기적인 정권장악에 필요한 8부 능선은 넘었을 것으로 분석하고, 김정은 정권의 안정적 정착을 준비해야 한다고 예측했다.

실제로, 짧지만 가장 중요한 바로 그 시간에 북한에서는 많은 전문가의 예측과 다르게 급변 사태는 일어나지 않았다. 필자는 '권력 장악'이라는 측면에서든 혹은 '권력 탈취'라는 측면에서든 이 시간(51시간 30분)이 김정일의 사인과 관련된 명분 싸움에서 가장 중요한 시간이었다고 분석했다. 김정은 세력이 김정일의 사인이 암살이 아닌 자연사라는 것을 부검을 통해 최종적으로 객관화하는 데 성공함으로써, 권력 장악을 위한 가장 중요한 첫 번째 싸움에서 승리한 것이다. 그리고 공식적으로 김정일의 사망을 발표하기 전까지 군 강경파의 충성을 확인하고 반대 세력에 대한 기습적인 제압과 주변 국가들에 대한 대응 전략을 완료했을 것이다.

사실 김정일도 1994년 7월 8일 2시 김일성이 사망했을 때 부검을 함으로써 사망에 대한 의혹을 빠르게 차단했다. 그리고 무려 34시간 동안 미국과 한국의 정부가 김일성의 사망 사실을 인지하지 못할 정도로 철저히 보안을 유지하면서 내부 장악에 성공했다.

필자는 곧바로 김정은과 북한 정권의 미래에 대한 중요한 예측 시나리오 하나도 추가 발표했다. 김정은은 겉으로 3년상을 지내면서 효자의 모습을 보이며 김정일의 '유훈 통치'를 시행할 것이고 개혁·개방과 같은 '유화적 통치'를 구사할 가능성이 크다고 봤다. 반면에 내부적으로는 더 강력한 군부 감시와 주민 통제를 시행할 가능성이 커 보였다.

이는 통치 초반에 아버지의 유훈 통치와 북한의 군부와 정치를 장악한 고모부 장성택을 전면에 내세워 자신의 기반을 안정시키면서 대내외적으로 어려운 시기를 돌파하는 전략이다. 하지만 결국에는 장성택을 숙청할 것이며 군부 내 강경 세력의 지지를 유지하기 위해 미국과 중국의 비위를 크게 상하게 하지 않는 범위에서 간간이 미사일 발사나 국지적 도발을 할 가능성도 크다고 예측했다.

필자의 예측대로 김정은은 고모부 장성택을 숙청했고 연평도에 포격을 가하는 대담성을 보였다. 여기서 과거 사례를 언급한 이유가 있다. 북한 사회에서 장성택 숙청은 여러 의미를 지닌다. 그 누구라도 배신하면 비참한 결말을 맞게 되고 장성택처럼 치밀한 사람도 김정은을 못 이긴다는 생각을 사람들에게 심어주었다. 이런 다양한 이유로 북한에서 평상시에 군부 쿠데타는 힘들며 그것만으로 김정은 정권을 몰락시킬 수 없다.

군부 쿠데타가 김정은 정권을 붕괴시키는 성공적 결말에 도달하려면 한반도 전쟁이 유일한 기회다. 한반도 전쟁이라는 혼돈의 순간에 북한군 내부에서 전쟁 반대 세력이 반란을 일으켜서, 김정은 세력을 모조리 숙청하는 데 성공하는 시나리오다. 하지만 이 시나리오에는 커다란 함정이 하나 있다. 중국과 러시아가 북한을 남한에 순순히 넘겨주지 않으리라는 것이다. 중국과 러시아는 군부 쿠데타 세력을 지원하거나 압력을 가해 북한에 새로운 사회주의 집단지도체제를 수립할 가능성이 크다.

중국과 러시아, 이 두 나라는 북한에서 김정은 체제의 급격한 붕괴가 가져올 혼란을 우려한다. 하지만 그보다 더 우려하는 건 남한 주도의 흡수통일이다. 중국과 러시아는 한반도의 통일이 자국에 불리하게 작용할 것을 우려하기 때문에 지금의 분단 상태의 유지를 선호할 가능성이 크다. 심지어 일본도 한국을 중심으로 한 통일이 이뤄져 한반도가 거대해지는 걸 환영하진 않을 것이다.

북한의 권력 엘리트들도 남한과 흡수통일을 원하지 않는다. 그들은 이미 시장화 과정에서 상당한 경제적 이권을 확보했다. 이들은 기득권을 유지하려면 흡수통일보다 북한에서 새로운 집단지도체제로의 전환을 더 선호할 가능성이 크다. 예를 들어 베트남이나 중국식의 시장사회주의를 지향하되, 정치적으로는 당–국가 party-state 체제를 유지하는 모델을 채택할 수 있다. 그래서 이 시나리오는 남북이 '재분단'되는 결말로 이어진다.

전쟁이 없어도
'뜻밖의 미래'는 일어난다

필자가 이 시나리오에서 다루지 않은 것이 하나 있다. 바로 '북한 내 부패한 세력들의 권력투쟁'이다. 만약 군사 쿠데타나 북한 주민들의 대규모 봉기가 성공한다면 반드시 부패한 세력들의 권력투쟁이라는 동인이 작동해 정권의 통제력이 약화되었기 때문일 것이다. 즉 필자는 철옹성 같던 북한 정권이 전쟁 없이 무너지게 만드는 유일한 방아쇠가 있다면 북한 내 부패한 세력들의 권력투쟁이라고 예측한다.

2012년 이후 북한에서는 '장마당 세대'가 북한 사회의 주역으로 부상했다. 이들은 1990년 이후 출생한 세대다. 장마당은 북한 내 민간 영역에서 운영되는 시장을 의미하는데, 국가 배급망이 무너진 후 부모들이 장마당에서 힘겹게 번 돈으로 키운 세대라는 의미에서 붙여진 이름이다.

장마당 세대는 몇 가지 중요한 특징이 있다. 북한 역사상 가장 가난한 시기에 태어나 자랐다(이들은 1990년대 '고난의 행군'을 유소년기에 겪었다). 어렸을 적부터 시장에서 부모의 장사를 돕거나 구걸하면서 자라나 돈에 대한 집착이 강하다. 부모나 조부모 세대처럼 국가에 대한 충성심이나 김일성에 대한 향수도 없다. 낮은 출산율로 형제도 적다. 그래서 그 어느 세대보다 이기적이고 반항적이며 물질만능주의자다.[6] 물론 같은 세대라고 하더라도 지역에 따라 나눠서 볼 필요는 있다. 평양 밖에 사는 장마당 세대는 태생적으로 국가와 가난에 대한 원한이 깊다. 반면 평양 안에 사는 장마당 세대는 아버지의 권력을 활용해 초고속 승진을 하면서 유흥과 공금유용, 뇌물수수의 주역이 되고 있다.

현재 김정은은 구세대를 몰아내고 자신의 통치를 견고하게 하기 위해 이들에게 수많은 이권을 나눠주면서 아슬아슬한 공생관계를 맺고 있다. 김정은은 당, 군, 북한 주민에게 할아버지와 아버지처럼 절대적 충성을 받지 못한다. 충성심이 약해질 때 정권을 유지하는 방법은 '이익 공유 집단'으로 변신하는 것이다.

대표적인 예가 휴대전화 보급에 관한 문제다. 김정은 정권은 북한 내부에 휴대전화가 널리 보급되면 정보 통제에 큰 문제가 발생할 것을 잘 안다. 이를 알고도 휴대전화 사용을 허용하는 이유는 두 가지다. 하나는 통제와 감시에 대한 자신감이고, 다른 하나는 외화벌이 목적이다. 북한 정부가 휴대전화 개통과 사용으로 한 해에 벌어들이는 달러가 세전 영업이익으로 수천만 달러에 이를 것이라는 분석이 있다. 북한의 시장도 당 간부, 보안기관 간부, 군인 등이 그물망처럼 연결되어 철저히 이권에 의해 움직인다.[7]

만약 김정은의 지갑에서 이들에게 나눠 줄 이권이 줄어들면 어떻게 될까? 이권을 챙기려는 기성세대와 새로운 장마당 세대 간의 치열한 권력 암투와 부패 경쟁이 심해지면 어떻게 될까? 게다가 이런 암투가 극에 달할 때 김정은이 후계 구도를 완성시키지 못하고 갑작스럽게 병사하면 어떻게 될까? 김정은이 돌연사하는 갑작스러운 사태가 발생한 후 백두혈통인 김여정이나 김정철 혹은 김정은의 자녀 중에서 권력 세습자가 나오지 못한다면 어떤 일이 벌어질까?

아마도 군벌 간의 내전 발생 가능성이 커질 것이다. 하지만 승리한 군벌이 마음대로 군부 독재국가를 수립하는 것은 불가능하다. 중국이 이런 상황을 가만히 두지 않을 것이기 때문이다. 그리고 특정 군벌이 권력을 장악하려면 중국의 도움 없이는 불가능하다. 결국 어떤 군벌이 정권을 장악하더라도 중국 정부는 중국식 공산당 엘리트 정치 시스템을 모방한 '집단지도체제'만 허락할 가능성이 크다.

사회주의 국가 중국은 공산당 일당제 아래서 엘리트 정치라는 독특한 시스템을 운영한다.[8] 프랑스 부르봉 왕조의 루이 14세는 "짐이 곧 국가다"라는 유명한 말을 남겼다고 알려져 있는데, 중국의 경우 이 말은 "공산당이 곧 국가다"는 말로 바뀐다. 중국의 이런 독특한 체제를 '당-국가'라 부르기도 한다.[9] 중국에도 다른 민주주의 국가처럼 인사권, 감독권, 입법권 등을 독립적으로 수행하는 기관들이 있다. 중앙정부 격인 국무원, 입법 의회이자 헌법에 명시된 최고 국가 권력 기관인 전국인민대표대회 등이다. 하지만 이런 기관들은 허수아비다. 실세는 공산당이다.

중국 공산당은 국가 조직 전반에 공산당원을 배치해 공산당의 영도領導에 따라 일사불란하게 움직이게 한다. 엘리트 정치는 국가 그 자체인 공산당 내부의 핵심 시스템으로 '소수의 정치 지도자가 국가 핵심 사안을 결정'하는 정치 구조를 가리킨다. 공산당이 국무원, 전국인민대표대회 등 모든 기관을 실질적으로 지배하며 그 안에서도 정책의 대부분은 소수의 공산당 엘리트 계급이 결정한다.[10] 심지어 각 지방 정부 전반, 심지어 개별 기업까지 이들 엘리트 계급의 영도에 따라 치밀하게 조정되고 감시받는다.

중국의 엘리트 정치 시스템도 크게 3단계 변화를 겪었다. 바로 1인 지배, 원로 지배, 집단 지도다. 1인 지배는 중국 사회주의 혁명을 완성시키고 중화인민공화국을 건립한 마오쩌둥 시절을 가리킨다. 마오쩌둥은 절대 권위를 가지고 황제처럼 국가의 중요한 사안을 직접 결정하는 개인 지도 시대를 열었다. 마오쩌둥이라는 한 인물이 공산당과 국가 위에 군림하며 무소불위 권력을 행사했고 다른 정치 지도자들조차 주종관계 혹은 군사부일체君師父一體 관계였다.[11]

마오쩌둥은 황제처럼 연령 제한이나 임기 제한 없이 중국 입법, 사법, 행정 및 군사 전체의 권력의 운영·승계·유지 등 모든 것을 직접 결정했다. 북한에서는 김일성이 이런 수준의 권위를 가진 통치자였다. 아들 김정일과 손자 김정은은 이런 1인 지배 시스템을 세습한 통치자들이다. 북한은 이를 '유일영도'라고도 부른다.

마오쩌둥은 김일성처럼 자신의 권력을 세습하는 데는 성공하지 못했다. 1958~1960년 대약진운동이 실패로 끝나고 수많은 아사자가 나온 데다 소련에서 니키타 흐루쇼프Nikita Khrushchev가 축출되자 마오쩌둥은 두려움에 빠졌다. 베이징에서 자신을 몰아내는 반정이 일어날 수 있다는 공포였다. 마오쩌둥은 이 문제를 일거에 해결하는 방법으로 전면적 계급 투쟁을 떠올렸고, 문화대혁명이라는 비극을 일으켰다.[12] 문화대혁명의 중심에 섰던 학생 중심의 홍위병과 노동자 중심의 조반파造反派는 덩샤오핑, 류샤오치劉少奇, 펑전彭眞 등 당권파를 자산 계급을 비호하는 대표 인물로 낙인찍어 몰아냈다.[13]

1971년 마오쩌둥의 명을 받아 군권을 장악하고 문화대혁명을 주도했던 린뱌오林彪의 장남 린리궈林立果 일당이 마오쩌둥 암살을 모의했다. 사전에 암살 모의를 알아차린 마오쩌둥은 가까스로 목숨을 부지했다. 1973년 마오쩌둥은 덩샤오핑을 불러 군권을 다시 맡기고 안위를 보장받았다.[14] 마오쩌둥이 세습을 하지 못하고 죽자 중국 공산당은 내분에 휩싸였다. 1976년 10월 6일 덩샤오핑이 우여곡절 끝에 정권 장악에 성공했다. 그는 문화대혁명이 전 인민에게 엄청난 불행을 가져다준 내란이라고 규정하고 주도자들을 숙청했다.[15]

하지만 덩샤오핑은 정권 장악에 성공했음에도 마오쩌둥과 같은 무소불위의 권위를 얻지는 못했다. 그래서 중국의 엘리트 정치 시스템은 두 번째 단계로 전환된다. 세습자가 없으니 원로 그룹이 권력의 핵심 세력이 된 것이다. 1978년 공산당 11기 중앙위원회 3차 회의에서 덩사오핑은 천윈陳雲, 리셴녠李先念, 펑전, 쑹런충宋任窮, 양상쿤楊尙昆, 보이보薄一波 등 8대 혁명 원로들과 함께 권력을 장악하고 소수 지도 시대를 열었다.[16] 덩사오핑은 황제의 권한은 갖지 못했고 혁명 원로들의 맏형 위치에서 함께 국가를 운영하는 모양새를 취했다.

덩샤오핑이 죽고 8대 혁명 원로들도 정치의 뒤안길로 사라지자 중국의 엘리트 정치 시스템도 세 번째 단계로 나아갔다. 바로 집단지도체제다. 덩샤오핑 이후 정권을 잡은 장쩌민은 공산당 정치국과 정치국 상무위원회를 중심으로 집단으로 권력을 유지하고 지도하는 시대를 선택했다.[17] 집단지도체제는 하위에 두 개의 엘리트 그룹을 거느린다. 하나는 350명 내외의 공산당 중앙위원회다. 다른 하나는 25인으로 된 공산당 중앙정치국이다.

정위원 200명과 투표권이 없는 후보위원 150명으로 구성되는 공산당 중앙위원회는 넓은 의미에서 통치 엘리트 그룹이다. 공산당 중앙, 국무원, 전국인민대표대회, 중국 인민정치협상회의 전국위원회, 인민해방군의 지도부를 비롯해서 지방 31개 성의 당서기, 성장, 시장, 주석, 주요 인민 단체 지도자, 국유기업 최고경영자 등 중국의 정치·경제·사회·군사 등 모든 분야의 엘리트 집단을 하나로 묶은 기관이기 때문이다.[18] 각 분야의 최고 엘리트들이 모인 기관이며 법적으로도 강력한 권한을 가진다. 하지만 중앙위원회는 1년에 1~2회만 모여 이미 결정된 사안을 법적 절차를 따라 형식적으로 통과시키는 일을 맡을 뿐으로 통치 엘리트 그룹이라 해도 실세는 아니다. 실세는 중앙정치국이다.

중앙정치국은 공산당 중앙위원회 주석 혹은 총서기를 비롯해 정치국 상무위원회, 중앙 서기처, 4대 직할시(베이징, 상하이, 충칭, 톈진) 당서기, 중앙 군사위원회 구성원으로 이뤄진다. 하지만 중앙정치국 기관 자체도 종이호랑이다. 실세 중의 실세는 따로 있다. 바로 '중공중앙'이다. 중앙정치국이 폐회 중일 때는 정치국 상무위원회를 '중공중앙'이라 부른다. 공산당 중앙위원회 주석 혹은 총서기를 포함한 정치국 상무위원회, 이들이 중국 정치를 좌지우지하는 집단지도체제의 핵심 엘리트 그룹이다.[19]

이들이 핵심 집단지도체제를 유지하면서 중국의 입법, 사법, 행정 및 군사 전체의 권력 운영·승계·유지를 결정한다. 집단지도는 집체영도集體領導라는 말을 풀어 쓴 용어다. 3세대 지도자 장쩌민부터 4세대 지도자 후진타오를 거쳐 5세대 지도자 시진핑까지는 권력이 한 세대에서 다음 세대로 집단적으로 승계되는 '세대별 권력 승계와 운영'하는 특징을 갖는다.[20] 집단지도 혹은 집체영도는 한 사람이 권력을 독점하는 것은 불가능하고 복수의 정치 지도자와 정치 세력이 균형을 맞춰 권력을 나눠 갖는다. 권력이 총서기, 정치국 상무위원, 정치국원에 분점되어 있기 때문에 권력 승계를 포함한 국가 주요 문제를 한 사람이 독단적으로 결정하지 못하며 협의와 타협을 거친 후 규정과 규범에 따라 집단적으로 행사한다.[21]

만약 중국이 북한 정치에 개입해 새로운 정권을 세운다면 현재 중국이 운영하고 있는 엘리트 중심 집단지도체제가 가장 유력한 대안이다. 김일성과 김정은이 당-국가 체제, 당이 군부를 지도하는 비슷한 시스템을 운영했기 때문에 공산당 엘리트의 집단지도 시스템은 큰 거부감이 없을 것이다. 중국은 새로운 지배 그룹인 소수 엘리트 집단에 백두혈통, 혁명원로 자녀 그룹, 군부 실세 등을 포함시킬 것이다. 북한 내부에서도 정치 및 군부 세력들이 이합집산을 하면서 몇 개의 계파가 빠르게 형성될 가능성이 크다. 그리고 중국 정부는 자국의 관리감독 아래 일정 기간을 주기로 각 세력 간 권력 승계와 운영을 하게 할 것이다.

이런 형식으로 북한 정권이 형성되면 중국식 개혁개방 정책도 접

목될 수 있다. 북한 내 정치 투쟁 양상도 바뀔 것이다. 이념을 명분으로 하는 유혈 투쟁에서 각 파벌 간의 요직과 경제적 이권을 두고 벌이는 권력투쟁으로 옮겨 갈 가능성이 크다.

중국도 시장경제론이 이념 대립을 대체하자 각 파벌 간의 싸움은 자리 다툼이나 거래 양상으로 전환되었다.[22] 권력 교체가 일어날 때마다 부패척결을 명분으로 부를 뺏고 빼앗기는 권력 투쟁이 반복되었다. 개혁개방 이후 권력과 자리는 경제적 이권과 직결되며 자리 분배를 두고 합종연횡은 필수다. 그 예로 후진타오는 상하이방 장쩌민보다 권력이 약했다.[23] 그래서 후진타오가 이끄는 공청단파는 쩡칭훙이 이끄는 태자당파와 손을 잡고 공청단파 리커창을 총리로 세운다는 타협을 하고 시진핑을 당서기로 밀었다. 시진핑은 권좌에 오르자 상하이방을 숙청하고 장쩌민 세력을 약화시켰다.

북한에서도 이런 일이 일어날 가능성이 충분하다. 참고로 중국식 집단지도체제 다음으로 유력한 정치 체제는 소수의 권력자가 권력을 공유하는 로마식 과두제적 독재 혹은 푸틴처럼 정보부나 군부 출신이 권력을 장악하고 (겉으로는 민주적 절차를 준수하는 듯 보이지만) 실제적으로 장기 독재를 하는 방식도 유력하다.

나가는글

새로운 한반도
미래 시나리오

기나긴 논리와 확률적 상상력으로 전개한 '한반도 전쟁 시나리오'를 마칠 시간이다. 우리는 급변하는 국제 정세를 목도하고 있다. 앞으로 10~30년, 북한을 비롯해 전 세계에 커다란 변화는 계속 진행될 것이다.

김정은과 북한 체제를 둘러싸고 있는 주변 환경도 과거와 크게 달라지고 있다. 경제 상황은 물론이고 미국과 중국 간의 관계, 기술과 산업의 변화 그리고 코로나19 팬데믹 같은 전염병의 반복 주기가 짧아질 정도로 지구 환경의 변화 속도도 빨라졌다. 대한민국의 인구, 경제, 산업, 정치와 사회도 지난 50년과 전혀 다른 방향으로 흘러가고 있다. 제2차 세계대전 이후 이어져온 평화의 시대도 저물고 있으며 도처에서 우려의 목소리가 들리고 있다.

하지만 우리만 한가하게 생각하는 듯하다. 순진한 걸까, 어리석은

걸까? 과거 제국주의의 지리학적 중요성은 경제로 대체되었지만 각국이 자국 문제를 경제로 못 풀면 군사적 전쟁을 선택할 가능성은 얼마든지 있다. 이런 시기에 한반도 미래 정세를 제대로 예측하기 위해서는 경제학, 기후학, 지리학, 사회학 등은 물론 당대의 세계 정세, 시대의 변화까지 아우르는 폭넓은 시각이 필요하다.

이제 한반도의 미래 시나리오를 과거와는 다르게 생각해볼 때가 되었다. 언젠가 통일 한반도 시대는 올 것이다. 김정은 정권의 4대 세습 성공 가능성이 점점 낮아지고 있기 때문이다. 하지만 통일이 되더라도 그 과정에서 예상치 못한 고비들이 많이 발생할 것이다. 국지전 또는 전면전 같은 전쟁 가능성도 그중 하나다.

많은 사람이 통일의 가장 큰 위협은 '통일 비용'이나 '북한 주민들이 대거 남쪽으로 내려와 벌어질 사회적 혼란' 등을 꼽는다. 틀린 말은 아니다. 하지만 이런 위협들은 통일이 평화적으로 이뤄진 후의 문제들이다. 필자가 염려하는 가장 위험한 고비는 통일로 넘어가는 과정에서 일어날 수 있는 군사적 충돌이다. 북한과 남한 사이에 국지전만 벌어져도 상상을 초월하는 피해가 발생할 수 있다.

우리의 시선은 아직도 통일 불가론 혹은 통일 환상론에만 매몰되어 있다. 그리고 통일이 되더라도 평화적으로 이뤄질 것이라는 편향적 사고에 사로잡혀 있다. 이는 매우 위험한 태도다. 전쟁이 일어나지 않는 건 압도적 전력 차이가 유일한 이유가 아니다. 평상시에 모든 전쟁의 가능성을 따져보고 철저하게 대비했기 때문에 가능한 일이다. 이 책이 바로 그런 의미 있는 역할을 하기를 바란다.

주

1장

1. 고일환, 〈美전문가 "한반도 전쟁 발발 가능성, 1950년 이후 가장 높아"〉, 《연합뉴스》, 2024. 10. 8.
2. 허고운, 〈"北 핵무기 약 90발 보유… 2030년엔 160여발 이를 듯"〉, 《뉴스1》, 2022. 12. 18.
3. 권혁철, 〈미국발 '한반도 전쟁설' 확산…윤 정부만 모르는 '억제력 신화'〉, 《한겨레》, 2024. 1. 26.
4. 심성아, 〈"한국, 그 어느 때보다 위험한 상황"…남침 시나리오 경고한 전문가〉, 《아시아경제》, 2024. 10. 9.
5. 김예진, 〈'中 외화벌이' 노동자 연쇄 소요사태… 北 체제 위기의 전조?〉, 《세계일보》, 2024. 3. 13.
6. 함지하, 〈"북 핵 보유는 현실… 북 핵 시설 공격 반대한 건 한국"〉, 《VOA》, 2024. 10. 7.
7. 김미나, 〈"북한 핵탄두 추정 보유량 50기로 늘었다‥90기 조립 가능"〉, 《한겨레》, 2024. 6. 17.
8. 허고운, 앞의 기사.
9. 신규진·손효주, 〈"北, 한국 겨냥한 핵무기 최소 180기… 2030년 300기 보유"〉, 《동아일보》, 2024. 8. 22.
10. 〈"우크라이나 전쟁 러시아군 사상자 60만"〉, 《VOA》, 2024. 10. 11.
11. 복거일, 〈北의 '임계 미만 전쟁'에 대비하라〉, 《신동아》, 2024. 10. 5.
12. 김준태·김지헌, 〈북, 화살머리고지 도로에도 지뢰…'남북연결' 도로 모두 폐기〉, 《연합뉴스》, 2024. 4. 29.
13. 임정환, 〈한반도 전쟁시 첫 해 5528조 증발…전 세계 경기침체〉, 《문화일보》, 2024. 7. 31.
14. 김지영, 〈러시아·우크라이나 전쟁 사상자 100만 명에 달해〉, 《YTN》, 2024. 9. 18.
15. 안희, 〈커지는 민간인 피해…유엔 "우크라서 6~8월 589명 사망"〉, 《연합뉴스》, 2024. 10. 2.
16. 김인한, 〈가림막 세운 북한, 경의선·동해선 연결도로 폭파 준비…"오늘도 가능"〉, 《머니투데이》, 2024. 10. 14.
17. 박준상·김정은, 〈서울지도 펼쳐놓고 "한국은 명백한 적국"〉, 《국민일보》, 2024. 10. 18.
18. 안보정책네트웍스, 다음 기사에서 재인용(이미지 재편집), 이호현, 〈김정은 엄포 북한판 '작계' 3일 전쟁 시나리오는…선제공격 남한 점령〉, 《서울경제》, 2024. 10. 14.
19. 이현호, 앞의 기사.
20. 이철재, 〈'눈엣가시' 백령도 치려는 北…해병대는 지하요새 만들었다〉, 《중앙일보》, 2024. 4. 29.
21. 신현아, 〈"김정은, 팔레스타인 포괄적 지원방안 찾으라 지시"〉, 《한국경제》, 2023. 11. 1.
22. 김동현·김종우, 〈김정은의 '전쟁할 결심'…불바다인가 불장난인가〉, 《한국경제》, 2024. 2. 4.
23. 노민호, 〈파병으로 선 넘은 북러 군사 밀착…中은 '북중러 거리두기' 이어갈 듯〉, 《뉴스1》,

2024. 10. 20.
24. 이상현, 김정은, 〈'남북관계 근본적 전환' 선언…"적대적인 두 교전국 관계"〉,《연합뉴스》, 2023. 12. 31.
25. 박민지·박준상, 〈北 "도로·철길 완전 차단" 영토분리 공식화〉,《국민일보》, 2024. 10. 10.
26. 고은희, 〈"북한 헌법 개정, 허를 찔렸습니다" KBS 기자의 반성문…예측 왜 틀렸나?〉,《KBS》, 2024. 10. 12.
27. 노정태, 〈임종석 통일포기론, 28년 전 지만원 주장과 데칼코마니〉,《신동아》, 2024. 9. 29.
28. 정혜연, 〈"폭풍군단" 노림수는 다탄두 ICBM 텔레메트리 기술"〉,《신동아》, 2024. 11. 25.
29. 후지모토 겐지, 한은미 옮김,『북한의 후계자 왜 김정은인가?』, 맥스미디어, 2010, pp. 88, 97.
30. 후지모토 겐지, 앞의 책, p. 216.
31. 후지모토 겐지, 앞의 책, pp. 20-21.
32. 후지모토 겐지, 앞의 책, pp. 23-24.
33. 후지모토 겐지, 앞의 책, p. 83.
34. 후지모토 겐지, 앞의 책, pp. 130-131.
35. 후지모토 겐지, 앞의 책, pp. 73, 96.
36. 후지모토 겐지, 앞의 책, p. 127.
37. 후지모토 겐지, 앞의 책, pp. 136-143.
38. 후지모토 겐지, 앞의 책, pp. 153-157.
39. 후지모토 겐지, 앞의 책, p. 129.
40. 남주홍,『통일은 없다: 바른통일에 대한 생각과 담론』, 랜덤하우스코리아, 2006, p. 9.
41. 홍주형·김예진, 〈北 비핵화보다 '스몰딜' 가능성… 한반도 정세 지각변동 예고〉,《세계일보》, 2024. 11. 27.
42. 〈북한 외교부장 안보리 서한전문〉,《매일경제》, 1993. 3. 13.
43. 〈IAEA, 북핵 안보리 회부〉,《한겨레》, 1994. 3. 22.
44. 〈북핵 긴장, 작년 5,6월 미국 영변시설 폭파 검토〉,《동아일보》, 1995. 4. 14.
45. 〈김일성, 카터 3시간 회담 핵문제 깊이 논의〉,《동아일보》, 1994. 6. 17.
46. 유지혜·박유미, 〈북·미 비핵화 간극…미 "북핵 폐기" 북 "미군 핵도 폐기"〉,《중앙일보》, 2018. 3. 10.
47. 홍주형·김예진, 앞의 기사.
48. 김은중, 〈트럼프, 대북 특사에 '대화 지지파' 임명〉,《조선일보》, 2024. 12. 16.
49. 이호령, 〈트럼프와 대북정책의 '착시 현상'〉,《서울신문》, 2024. 11. 8.
50. 이용준,『북핵 30년의 허상과 진실: 한반도 핵게임의 종말』, 한울, 2018. p. 326.
51. 주연종,「북한 유일지배체제의 법적 체계화 연구」, 고려대학교 대학원 박사 학위 논문, 2023. 8.
52. 박성의·이원석, 〈"김정은, 러시아에 파병 대가로 1년간 7200억 받는다"〉,《시사저널》, 2024. 10. 25.

53. 김현정, 〈北 병사 뱃속에 기생충 가득, 진짜 무서운 점은…" 英 매체, 위험성 조명〉, 《아시아경제》, 2024. 10.
54. 박성의·이원석, 앞의 기사.
55. 이가영, 〈美 차세대 스텔스 폭격기 'B-21' 공중 촬영 사진 첫 공개〉, 《조선일보》, 2024. 5. 23.
56. 김인한, 〈김정은 집무실 훤히 본다…'킬체인의 눈' 군 정찰위성, 임무 개시〉, 《머니투데이》, 2024. 8. 14.
57. 김경희, 〈美, 김정은의 '해상국경선' 발언에 "긴장 고조 발언 실망"〉, 《연합뉴스》, 2024. 2. 17.

2장
1. 조영신, 〈中, 대만 무력 통일 작전시 타이완섬 북쪽과 남쪽에 상륙〉, 《아시아경제》, 2022. 5. 13.
2. 유상철, 〈국가주석 임기 없앤 시진핑 최소 2035년까지 집권 생각〉, 《중앙일보》, 2018. 3. 9.
3. 조영남, 『톈안먼 사건: 1976-1982』(덩샤오핑 시대의 중국 3), 민음사, 2016, pp. 243-244; 조영남, 『중국의 꿈: 시진핑 리더십과 중국의 미래』, 민음사, 2013, p. 99.
4. 조영남, 『파벌과 투쟁: 1983~1987』(덩샤오핑 시대의 중국 2), 민음사, 2016, p. 66.
5. 조영남, 『중국의 꿈: 시진핑 리더십과 중국의 미래』, 민음사, 2013, p. 83; 조영남, 『개혁과 개방: 1976~1982』(덩샤오핑 시대의 중국 1), 민음사, 2016, p. 30.
6. 인교준, 〈시진핑의 10년 칼끝 사정이 향한 곳…반부패 그리고 '정적 제거'〉, 《연합뉴스》, 2023. 11. 15.
7. 최유식, 〈"열심히 할수록 나라 망쳤다"…시진핑의 '숭정제 트라우마'〉, 《조선일보》, 2023. 11. 8.
8. 신윤재, 〈"독립분자는 사형"…트럼프 집권땐 중국의 대만 침공 가능성 커진다는데 왜?〉, 《매일경제》, 2024. 7. 26.
9. 윤고은, 〈中, 군사훈련→전면공격 신속 전환 역량 구축 중〉, 《연합뉴스》, 2024. 10. 17.
10. 신윤재, 〈중국발 '최악의 상황' 온다?…지금 '이곳'에 주목해야하는 이유〉, 《매일경제》, 2021. 10. 30.
11. 심형준, 〈김정 "핵을 놓고 흥정할 수 없어…핵무력법제화"〉, 《파이낸셜뉴스》, 2022. 9. 9.
12. 이장훈, 〈中 보복에 대만 위안등그룹 '휘청'〉, 《주간동아》, 2021. 12. 21.
13. 김정덕, 〈"2차전지가 위험해?" 中 흑연 통제와 칼 같은 청구서〉, 《더스쿠프》, 2023. 10. 27.
14. 김동수, 〈중국의 주향해양 II〉, 《울산매일》, 2023. 4. 3.
15. 이은택, 〈핵어뢰 '포세이돈' 장착한 러 잠수함 사라져…나토, '만일의 사태' 경고〉, 《동아일보》, 2022. 10. 4.
16. Dediou, Florian, *Navires de Guerre*, Episode 4: Nouvelles Menaces, 2020.; 양욱, 〈제럴드 R. 포드급 항공모함〉, 《조선일보》, 2017. 7. 31.
17. 박대로, 〈美中, 대만해협서 전쟁시 누가 이길까…"美, 전 분야서 우위"〉, 《뉴시스》, 2022. 8. 7.
18. 박수찬, 〈'탄도미사일로 대만 공항 무력화' 中 군사잡지, 3단계 시나리오〉, 《조선일보》, 2023. 12. 11.
19. 박준상, 〈리일규 "김정은, 필요하면 500만명 빼고 다 죽일 사람"〉, 《국민일보》, 2024. 8. 28.

20. 이종현, 〈인공위성·AI로 북한 경제 지켜보니… 공업지구 쇠퇴하고 우라늄 광산 키워〉, 《조선비즈》, 2023. 11.
21. 윤정훈, 〈"북한서 女 성공 위해선 성상납·볼륨 필수"〉, 《이데일리》, 2024. 2. 24.
22. 최정희, 〈英매체 〈北김정은 위원장 '큰아들' 있다"…공개 꺼리는 이유는〉, 《이데일리》, 2024. 2. 24.
23. 김현정, 앞의 기사.
24. 이윤희, 〈"김정은, 군부 일어나면 남한 침략 지시…이미 문제 조짐"〉, 《뉴시스》, 2024. 3. 5.
25. 박종인, 〈화산 폭발이 프랑스혁명의 원인?〉, 《조선일보》, 2010. 5. 29.
26. 구동환, 〈'백두산 화산' 폭발 가상 시나리오〉, 《일요시사》, 2019. 4. 22.
27. 김우영, 〈하와이 화산에 이어 옐로스톤 마그마도 꿈틀…폭발하면 어떻게?〉, 《헤럴드경제》, 2022. 12. 4.
28. 이재영, 〈통가 화산에 '활화산' 백두산에도 관심…1천년전 '대폭발'〉, 《연합뉴스》, 2022. 1. 31.
29. 김성우, 〈19세기 화산 폭발로 세계적 기후 재앙 조선 대기근 덮쳐 인구 35% 잃어〉, 《대구한국일보》, 2023. 2. 24.
30. 이재영, 앞의 기사.
31. 고서령, 〈백두산 폭발지수 6이면 "피해는…"〉, 《온케이웨더》, 2012. 2. 6.
32. 〈재앙-더스트 볼〉, 《서울경제》, 2008. 7. 23.
33. 윤성효, 〈백두산 폭발 시뮬레이션〉, 《과학동아》, 네이버지식백과, 2024. 12. 19. 2024년 12월 9일 확인. https://terms.naver.com/entry.naver?docId=3580960&cid=58947&categoryId=58981.
34. 육지훈, 〈네바도 델 루이스 화산 다시 폭발 움직임〉, 《포춘코리아 디지털 뉴스》, 2023. 4. 12.
35. Dzurisin, Daniel, "Mount St. Helens Retrospective: Lessons Learned Since 1980 and Remaining Challenges", *Frontiers in Earth Science*, 2018. 5. https://www.frontiersin.org/journals/earth-science/articles/10.3389/feart.2018.00142/full.
36. Sakurajima: The "Cherry Blossom Island Volcano", Volcanoes and Volcanism Worldwide, Vulkan Network, 2024년 11월 22일 확인, https://www.vulkane.net/en/volcanoes/sakurajima/sakurajima.html.
37. 권영인, 〈"백두산 마그마 존재는 화산 폭발할 수 있다는 의미"〉, SBS, 2016. 4. 16.
38. 김세호, 〈한국과 '무기 경쟁' 나선 일본…위기의 동북아〉, YTN, 2024. 9. 3.
39. 권희진, 〈누가 전쟁으로 이익을 얻는가〉, 《기자협회보》, 2024. 10. 15.

3장
1. 유지한·안상현, 〈"5000달러 드론이 500만달러 탱크 파괴"…전쟁 바꾼 빅테크〉, 《조선일보》, 2024. 11. 2.
2. 이재철, 〈우크라戰 판세 흔드는 '드론'…'전쟁 경제학'마저 바꾼다〉, 《매일경제》, 2024. 7. 13.
3. 유지한·안상현, 위의 기사.

4. 이정현, 〈美 육군, 소총으로 무장한 '로봇개' 테스트…"드론 폭파 목적"〉, 《ZDNET Korea》, 2024. 11. 1.
5. 김상훈, 〈'로봇 전쟁' 시대 연 우크라…로봇개 이어 지상전투로봇 투입〉, 《연합뉴스》, 2024. 8. 23.
6. 박수찬, 〈전쟁의 모습이 바뀐다…북한 내륙 타격할 자폭드론의 역습〉, 《세계일보》, 2024. 8. 9.
7. 류한석, 〈'침묵의 전사' 로봇, 전쟁 패러다임 바꾼다〉, 《주간조선》, 제2824호, 2024. 9. 4.
8. 문지연, 〈혼자 300명 사살한 우크라 드론 조종사, '괴짜 게이머'였다〉, 《조선일보》, 2024. 11. 5.
9. 이창민, 〈"새 모양 드론에 전기 스케이트보드까지"…中 특수부대의 훈련〉, 《전자신문》, 2024. 8. 7.
10. 이재철, 앞의 기사.
11. 최현준, 〈"중국군을 완전 비참하게"…대만해협 '무인 지옥' 만들 무기 깔린다〉, 《한겨레》, 2024. 10. 16.
12. 오수연, 〈머스크 "한국 인구 3분의 1로 감소할 것…세계에서 가장 빠른 붕괴"〉, 《아시아경제》, 2024. 10. 30.
13. 장형태, 〈"AI 활용한 무기 가공할 위력… 오용되면 끝장"〉, 《조선일보》, 2024. 11. 6.
14. 구자룡, 〈드론 강국 中의 PLA, 드론 떼 잡는데도 맹훈련 중〉, 《뉴시스》, 2024. 9. 3.
15. 하채림, 〈北 김정은, '자폭형 무인기' 성능시험 공개…"더 많이 생산"〉, 《연합뉴스》, 2024. 8. 26.
16. 옥승욱, 〈군 "북, 하마스 식으로 대남 기습공격 가능성"〉, 《뉴시스》, 2023. 10. 17.
17. 권남영, 〈"김정은 전쟁준비…서해 충돌 예상" 美 전문가 섬뜩 경고〉, 《국민일보》, 2024. 3. 28.
18. 하채림, 〈김정은도 푸틴 이어 '전쟁시 지원' 북러조약 서명…발효 초읽기〉, 《연합뉴스》, 2024. 11. 12.
19. 김기호, 〈北, 서해 5도 국지 도발로 북·미 재협상 노린다〉, 《신동아》, 2024. 3. 4.; 권남영, 앞의 기사.
20. 윤승옥, 〈북한, 초대형 방사포로 핵반격훈련…김정은 지도〉, 《채널A》, 2024. 4. 23.
21. 김기호, 앞의 기사.
22. 이현호, 〈서울 상공 800m서 북핵 폭발땐…사상자 최대 53만명〉, 《서울경제》, 2024. 3. 9.
23. 남문희, 〈북한의 '동족 관계' 부정에 담긴 숨은 그림〉, 《시사IN》, 제858호, 2024. 3. 3.
24. 박수찬, 〈"군대 갈 사람 없다" 50만 병력 무너진 한국군 '비상'〉, 《세계일보》, 2024. 7. 28.; 김동현, 〈내년부터 '군병력 50만' 유지 어렵다…'간부 정년연장 필요'〉, 《한국경제》, 2024. 7. 16.
25. 인포맨119, '남북한 군사력 비교 및 육·해·공 전략자산 현황', 2024. 2. 18. https://infoman119.com/entry/남북한-군사력-비교-및-육-해-공-전략자산-현황?utm_source=chatgpt.com#google_vignette.
26. 백승주, 〈김주애는 '김정은 권력' 향한 공격 막는 방탄 도구〉, 《신동아》, 2023. 3. 29.
27. 김찬호, 〈국제질서 흔드는 북한군 파병…김정은의 승부수인가, 자충수인가〉, 《주간경향》, 2024. 10. 26.

28. 송승종, 〈북한이 '격변의 축'이 되고 있다〉, 《주간조선》, 제2816호, 2024. 7. 6.
29. 송승종, 앞의 기사.
30. 김민석, 〈구글 "AI시대 취약점 방어 핵심은 악성코드 생성 주체 탐지"〉, 《뉴스1》, 2024. 7. 18.
31. 최정희, 〈어디까지가 '고위험AI'인가…AI법 제정 핵심 논제로 부각〉, 《이데일리》, 2024. 7. 18.

4장
1. 미래기획 대전환 1부 'AI 혁명, 누가 부자가 되는가', KBS, 2024. 11. 9.
2. 후지모토 겐지, 앞의 책, p. 117.
3. 이철재·곽재민, 〈638번 암살을 피한 피델 카스트로…흥미진진한 암살 시도 뒷얘기〉, 《중앙일보》, 2016. 11. 27.
4. 후지모토 겐지, 앞의 책, pp. 45-51.
5. 후지모토 겐지, 앞의 책, pp. 41, 44, 138.
6. 주성하, 『김정은의 북한, 어디로 가나』, 기파랑, 2012, pp. 43-50.
7. 주성하, 앞의 책, pp. 60, 63.
8. 조영남, 『중국의 엘리트 정치: 마오쩌둥에서 시진핑까지』, 민음사, 2019, p. 7.
9. 조영남, 앞의 책, p. 7.
10. 조영남, 앞의 책, p. 15.
11. 조영남, 앞의 책, p. 42.
12. 조영남, 앞의 책, pp. 180-182.
13. 조영남, 앞의 책, pp. 184, 192, 195.
14. 조영남, 앞의 책, pp. 194, 208, 228.
15. 조영남, 앞의 책, pp. 15. 231, 237.
16. 조영남, 앞의 책, pp. 193, 237, 241.
17. 조영남, 앞의 책, pp. 8, 31, 32.
18. 조영남, 앞의 책, pp. 19-21.
19. 조영남, 앞의 책, pp. 20, 21.
20. 조영남, 앞의 책, pp. 27, 33, 36.
21. 조영남, 앞의 책, pp. 34, 39.
22. 조영남, 앞의 책, pp. 328.
23. 조영남, 앞의 책, p. 323.

한반도 전쟁 시나리오

초판 1쇄 발행 2025년 2월 14일
초판 2쇄 발행 2025년 2월 24일

지은이 최윤식

발행인 이봉주 **단행본사업본부장** 신동해
편집장 김경림 **책임편집** 김종오
디자인 김은정 **교정교열** 김순영
마케팅 최혜진 이인국 **홍보** 반여진
국제업무 김은정 김지민 **제작** 정석훈

브랜드 리더스북
주소 경기도 파주시 회동길 20
문의전화 031-956-7359(편집) 031-956-7089(마케팅)
홈페이지 www.wjbooks.co.kr
인스타그램 www.instagram.com/woongjin_readers
페이스북 www.facebook.com/woongjinreaders
블로그 blog.naver.com/wj_booking

발행처 ㈜웅진씽크빅
출판신고 1980년 3월 29일 제406-2007-000046호

© 최윤식, 2025
ISBN 978-89-01-29334-9 03340

- 리더스북은 ㈜웅진씽크빅 단행본사업본부의 브랜드입니다.
- 저작권법에 의해 한국 내에서 보호를 받는 저작물이므로 무단전재와 무단복제를 금합니다.
- 이 책 내용의 전부 또는 일부를 이용하려면 반드시 저작권자와 ㈜웅진씽크빅의 서면 동의를 받아야 합니다.
- 책값은 뒤표지에 있습니다.
- 잘못된 책은 구입하신 곳에서 바꾸어 드립니다.